さっさと不況を終わらせろ

End This Depression Now!

ノーベル経済学賞受賞
ポール・クルーグマン
山形浩生 訳・解説

早川書房

さっさと不況を終わらせろ

END THIS DEPRESSION NOW!
by
Paul Krugman

Translated by
Hiroo Yamagata
First published 2012 in Japan by
Hayakawa Publishing, Inc.
This book is published in Japan by
arrangement with
W. W. Norton & Company, Inc.
through Japan Uni Agency, Inc., Tokyo.

装幀：渡邊民人（TYPEFACE）

不当な目にあっている失業者たちへ

目次

はじめに：これからどうする？

この本は、アメリカなど多くの国をむしばむ経済停滞についての本だ——停滞はすでに五年目で、一向に終わる気配がない。言うまでもなく、この停滞の発端となった二〇〇八年金融危機についてはは多くの本が出ているし、これから出る本もたくさんあるのはまちがいない。でも本書は、そうした本のほとんどとはちがっている。答えようとする質問がちがうからだ。この経済的な惨状について増える一方の文献は、ほとんどが「どうしてこうなった？」と問う。でもぼくの問いはむしろ「これからどうする？」というものだ。

もちろんこれらはある程度は関連し合っているけれど、決して同じではない。心臓発作の原因がわかっても、その治療法がわかるのとは話がちがう。経済危機にしても同様だ。そして今やいちばん考えるべきなのは、治療法の問題だ。今後の金融危機を防ぐためにはどうすべきかを論じる学術論文や論説を読むたびに——そしてかなりの数を読んでいるのだけれど——ぼくはいささか苛《いら》立つ。はいはい、確かに大事な問題ではあるけれど、いまの危機からまだ回復してないんだし、どうやって回復するかというのを最優先にすべきでは？

というのも、ぼくたちはいまだに四年前に欧米両方を襲った経済危機の影にどっぷり浸っているからだ。国内総生産（ＧＤＰ）は通常は年数パーセントずつ成長するのに、比較的回復の良好な国ですら危機前のピークをほとんど超えていないし、いくつかのヨーロッパ諸国では、二桁ダウンとなっている。そして大西洋の両岸では、危機前には考えられなかったような失業率が続いている。

この停滞継続について考える最良の方法は、ぼくたちが不況にはまっているという事実を受け容れることだと言いたい。確かに大恐慌ではない――少なくともほとんどの国にとっては（でもギリシャやアイルランドや、スペインにさえ訊いてごらん――失業率は二三パーセントで、若年失業は五割近い）。それでも、これはジョン・メイナード・ケインズが一九三〇年代に述べた以下の記述と本質的に同じような状況だ：「回復も見せないが、完全な崩壊に明らかに向かうこともなく、通常以下の活動状態で慢性的に、ずいぶん長い期間とどまり続ける」

そして、こんな状態は容認しがたい。一部の経済学者や政治家・官僚などは、「完全な崩壊」を避けられただけで満足している。でも実際には、「通常以下の活動状態で慢性的にとどまり続ける」と、それが特に何よりも失業に反映され、巨大で累積的な人的被害をもたらしているのだ。

だから、本物の完全な回復をもたらすために行動するのは、きわめて重要となる。そしてここがポイント：みんな、そのやり方を知っている、あるいは知っているべきなのだ。細かい点で見れば、七五年にわたる経済、技術、社会変化はあっても、いまぼくたちを苦しめている悩みは一九三〇年代のものと明らかに似ている。そして、当時の政策立案者たちがどうすべきだったかもわかっている。これは当時のケインズなどの分析からもわかるし、ずっと最近の研究や分析からも明らかだ。その同じ分析を使えば、現在の惨状にあってぼくたちがどうすべきなのかはわかる。

残念ながら、ぼくたちは手持ちの知識を使っていない。重要な地位にいるあまりに多くの人々——政治家、官僚、そして通説なるものを定義づける多くの著述家や評論家——が、あれやこれやの理由で、歴史の教訓や数世代にもわたる経済分析の成果を忘れたがり、苦労して得た知識のかわりに、イデオロギー的、政治的にお手軽な思い込みですませているからだ。何よりも、ぼくたちの一部が嫌みったらしく「お真面目な方々」と呼ぶようになった人々の通説は、ケインズの中心的な主張である「緊縮をすべきなのは好況時であって不況時ではない」を完全に捨て去ってしまった。いまは政府支出を増やすべきときで、減らすべきときじゃない。民間セクターが経済を担って前進できるようになるまでそれを続けるべきだ——それなのに、職を破壊する緊縮政策ばかりが広まっている。

だから本書は、この破壊的な通説の蔓延《まんえん》を食い止め、とっくにやっているべき拡張的な雇用創出政策を主張しようとするものだ。この主張のためには証拠がいる。はい、だから本書にはグラフが出てくる。でも、だからといってあまり専門的になりすぎたり、経済学になじみのない知的な一般読者に敬遠されたりしないことを願いたい。というのも、ここでぼくがやろうとするのは、理由はどうあれみんなをまちがった道にひきずりこみ、経済や社会にすさまじい負担をかけたお真面目な方々を飛び越えて、賢い世論に訴えかけて、正しい行動をとらせようとすることだからだ。

ひょっとしたらひょっとして、本書が店頭に並ぶ頃には各国経済は真の回復へと急速に向かっていて、こんな主張はいらなくなるかもしれない。本当にそう願いたいところだ――が、たぶんあり得ないと思う。どんな指標を見ても、政策立案者たちが方向転換しない限り、経済はずっと弱いままのようだ。そしてぼくの狙いは、賢い世論を通じて圧力をかけてその方向転換を実現させ、この不景気を終わらせることだ。

第1章

事態はこんなにひどい

おそらくあちこちの市場に緑の芽が吹き、多少の安心が回復するにつれて、経済を回復させる正の力学がもたらされると思いますよ。
――芽吹きが見られますか?
見えますとも。芽吹きが見えます。

――ベン・バーナンキ、連邦準備制度理事会(FRB)議長、「60ミニッツ」インタビュー、二〇〇九年三月一五日

ベン・バーナンキは、世界一の楽天家でもないし詩人でもないけれど、二〇〇九年に彼は経済の見通しについてずいぶん明るい発言をした。その六ヶ月前のリーマンブラザーズ崩壊後、アメリカ経済は恐ろしいほどの急降下に突入した。でもテレビ番組「60ミニッツ」に登場したFRB議長は、春は目前だと宣言したのだった。

この発言はすぐに有名になった。映画『チャンス』で賢人扱いされる単細胞の庭師、チャンシ

ー・ガーディナーことチャンスの台詞と不気味なほど似ていたこともある。ある場面で経済政策について問われたチャンスは、大統領にこう保証するのだ。「根っこが切られていなければ、万事大丈夫だし、庭のすべては問題ありません。（中略）春になれば芽が出ます」。でも冗談はさておき、バーナンキの楽観論は広い同意を得た。そして二〇〇九年末に「タイム」誌はバーナンキをパーソン・オブ・ザ・イヤーに選んだ。

残念ながら、庭のすべては問題大ありで、約束された芽は一向に出なかった。

公平のため言っておくと、危機が緩和したという点でバーナンキは正しかった。金融市場を襲ったパニックは落ち着き、経済の急降下もおさまってきた。全米経済研究所の公式採点員によれば、通称大不況は二〇〇七年一二月にはじまり、二〇〇九年六月に終わり、その後は回復が始まった。でもその回復は、ほとんどのアメリカ人には何の役にも立たないシロモノだった。職は少ないまま。ますます多くの世帯が貯金を食いつぶし、家を失い、そして最悪なことと して希望まで失った。確かに、失業率は二〇〇九年一〇月のピークからは下がった。でも改善は遅々たるものだ。あれからずいぶんたっても、ぼくたちは未だにバーナンキの話した「正の力学」が登場してくれるのを待ち続けている状態だ。

少なくとも数字上は回復が見られたアメリカですらこの有様だ。他の国は数字すらダメだ。アイルランド、ギリシャ、スペイン、イタリアでは債務問題と、不安を解消するはずの「緊縮」プログラムがあらゆる回復をつぶしたうえ、経済をかえって悪化させて失業を急増させた。

そして苦痛はどんどん続いた。これを書いているのは、バーナンキが緑の芽とやらを見たと思ってから三年近くたった時期だ。リーマンブラザーズ破綻《はたん》から三年半後、大不況開始から四年以上たっている。世界のほとんどの先進国、つまり資源も才能も知識も――これらはすべて、繁栄と万人にまともな生活水準をもたらすための要素だ――豊富に持つ国々は、すさまじい苦痛を続けている。

本章ではこれから、その苦痛の主要な側面を多少なりとも記述してみよう。ここではもっぱらぼくの故国で一番よく知っているアメリカに注目し、外国の苦痛についての詳述は後の章に譲る。そしてまずは、最も重要な話――そして一番アメリカの出来が悪い問題――から始めよう。失業だ。

職がない

古いジョークによれば、経済学者はあらゆるものの価格は知っているのに価値については何一つ知らないという。そして、あら不思議！　実はこの批判はかなり的を射ている。経済学者はお金の流通と、モノの生産や消費をおもに研究するので、お金とモノこそが重要なのだと思ってしまう内在的なバイアスを持っている。それでも、経済学研究の一分野は、人が自分で感じる厚生の指標、たとえば幸福感や「人生の満足度」が人生の他の要素とどう関わるかに注目している。そう、これは「幸福研究」と呼ばれる――これについては二〇一〇年にベン・バーナンキですら「幸福の経済学」という演説をしている。そしてこの研究は、ぼくたちがはまった惨状についてとても重要なことを教えてくれる。

予想通り、幸福研究によれば、人生の必需品が買えるようになるところまで来たら、お金はそんなに重要でないとのことだ。もっと金持ちになる利得はゼロじゃない——裕福な国の市民は、豊かでない国に比べると、平均では多少は人生の満足度が高い。さらに、自分の比較対象になる人々と比べて豊かか貧しいかというのはかなり重要になる。だからこそ極端な格差は社会をひどく腐食してしまう。でも結局のところ、粗雑な唯物論者——そして経済学者の多く——が信じたがるよりも、お金の重要性は低い。

だからといって、物事の実態の中で経済問題が重要でないというのではない。というのも、経済に左右されることの中で、人々の厚生をすさまじく左右するものがあるからだ。すなわち職があることだ。働きたいのに仕事が見つからない人は大いに苦しむ。それは所得がないからだけでなく、自分の価値が低下したような気分になるからだ。そして、だからこそ大量の失業——これはアメリカですでに四年続いている——は大きな悲劇なのだ。

失業の問題はどこまで深刻なのか？　この疑問に答えるにはちょっとした議論が必要だ。

明らかに、ここで見るべきなのは非自発的な失業だ。働きたくないから働いていない人、少なくとも市場経済で働かないことにした人々——悠々自適の隠居や、専業主婦／主夫になることにした人々——は勘定に入らない。また障害者も入らない。かれらが働けないのは残念だが、それは経済の問題によるものではない。

さて、非自発的失業なんてものはないと主張する人は昔からいた。本当に働く気があって、賃金や労働環境でぜいたくを言わなければ、だれでも仕事は見つけられる、と。二〇一〇年に共和党上院議員候補シャロン・アングルは、失業者は「甘やかされて」いて、仕事を探すかわりに失業手当で暮らそうとしている、と宣言した。シカゴ商品取引所の人々は二〇一一年一〇月に、反格差デモにマクドナルドの求職票をばらまいてバカにした。そしてシカゴ大学のケイシー・マリガンのような経済学者は、二〇〇八年金融危機以降の雇用の激減は、雇用機会がないせいではなく、働く意欲がなくなったからだ、という記事を「ニューヨークタイムズ」ウェブサイトに何度も寄稿している。

こうした人々に対する古典的な答は、小説『シエラマドレの財宝』(一九四八年のハンフリー・ボガートとウォルター・ヒューストン主演の映画『黄金』原作として有名だ)の冒頭近くに出てくる一節だろう。「働く意欲を本気で持ってる人は、確かに仕事を見つけられるだろう。でも、そういう口をきく奴に仕事の世話を頼んでみるがいい。そういう奴に限って、求人の口を知っている知人さえいない。だからこそその人物は、そんな鷹揚《おうよう》な助言を与えてくれるのだ。同胞愛のため、そして世界についての無知を公言するために」

いやまったくだ。あと、マクドナルドの求職票の話をしておくと、二〇一一年四月に、マクドナルドは本当に五万人の求人を発表した。応募者は一〇〇万人ほどいた。

要するに、世の中のことを少しでも知っていれば、非自発失業がいかに現実のものかは知っている。そして現在では、これはかなりひどいことになっている。

非自発失業の問題はどれだけひどくて、どのくらい悪化したんだろうか?

ニュースで通常耳にするアメリカの失業指標は、人々に対していま働いているか、あるいは職を探しているかと尋ねる調査に基づいている。職を探しているのに職がない人は、失業と見なされる。二〇一一年一二月に、これはアメリカ人一三〇〇万人以上で、二〇〇七年の六八〇万人から激増している。

でも考えてみれば、この標準的な失業の定義は実際の苦しみの相当部分をとらえ切れていない。働きたくても、そもそも求人がまったくなかったり、成果がないのでやる気を失い、職探しをやめてしまった人はどうなる？　常勤になりたいのに、パートタイムの仕事しか見つからない人は？　うん、アメリカ労働統計局は、そうした不幸な人々をもっと広い失業指標でとらえようとする。これはU6と呼ばれる。この広い指標によると、アメリカ人失業者は二四〇〇万人いる——労働力の一五パーセントほどだ——危機前に比べて倍増している。

だが、この指標ですら、苦痛の全体をとらえ切れてはいない。現代のアメリカでは、ほとんどの世帯は共働きだ。こうした家族では、どちらか片方が失業したら金銭的にも心理的にも苦しむ。副業でやりくりしていた労働者が、いまは不十分な片方の職だけになって苦しんでいるかもしれないし、残業手当をあてにしていたのが、いまやもらえなくなったかもしれない。収入が激減した自営業者もいる。高技能労働者は、これまでよい仕事に就けたのに、いまやそうした技能をまったく使わない仕事に就かざるを得なくなっている。こうした例はいくらもある。

こうした苦境にはまってしまったアメリカ人の数については、公式推計はない。だが二〇一一年六月に有権者候補——たぶん人口全体よりはよい状況にある——にアンケートをしたところ、世論調査NPOのデモクラシー・コープスによればアメリカ人の三分の一が、自分の失業や家族の失業に苦しみ、さらに三分の一が失業した人を知っているとのこと。さらに、四割近い世帯は勤務時間短縮、賃金や福利厚生カットにあっていた。

つまり苦痛はきわめて広範なものだ。でも話はそれでは終わらない。何百万人もにとって、ひどい経済による被害はずっと深くにまで及ぶ。

人生がめちゃめちゃに

現代アメリカのような複雑でダイナミックな経済では、いつだって多少の失業はある。毎日、どこかで事業が破綻し、それにより職が消えるけれど、一方では成長してもっと人を募集する事業もある。労働者は各種の理由から辞めたりクビになったりするし、雇い主はその代わりとなる人を募集する。二〇〇七年には職の市場はかなり好調で、二〇〇〇万人が辞めたりクビになったりしたが、雇われた人数はそれより多かった。

これだけ入れ替わりがあると、環境がよくてもある程度は失業が残ることになる。労働者候補が、新しい職を見つけたり求人に応えたりするには時間がかかることが多いからだ。すでに見た通り、かなり経済が繁栄していた二〇〇七年秋でも、七〇〇万人近い失業者はいた。一九九〇年代の大好況期のジョークは、「鏡テスト」に通る人——息を吐いて鏡が曇る、つまりは生きている人——はだれでも仕事が見つかるというものだったが、それでも失業者は何百万人もいた。

だが繁栄の時期の失業は、もっぱら短期の現象だ。よい時代には、仕事を探す人と仕事の口とはおおむね一致して、結果としてほとんどの失業者はかなり素早く仕事を見つけられる。危機前の失業者七〇〇万人のうち、失業期間が六ヶ月以上続いている人は五人に一人以下で、一年以上失業が続いた人は一割以下だった。

危機以降は、この状況は完全に変わった。いまでは職一つに対して応募者は四人いる。つまり一回失業すると、なかなか次の職が見つからないということだ。六ヶ月以上も職探しをしている人は六〇〇万人いる。これは二〇〇七年の五倍近い。一年以上職探しをしている人は四〇〇万人。危機の前にはこれはたった七〇万人だった。

これはアメリカ史上でほぼまったく新しい現象だ――ほぼまったく、という言い方をしたのは、長期失業は大恐慌のときには明らかにかなりたくさん見られたからだ。でもそれ以来、こんなことは起きたためしがない。一九三〇年代以来、これほど多くのアメリカ人が、永続的な失業状態に捕らわれたように見える時期は一度もなかった。

長期失業は、どこでも労働者たちのやる気を大幅に削《そ》ぐ。アメリカは他のどんな先進諸国よりも社会的セーフティネットが弱いので、失業はすぐに悪夢になる。失業はしばしば、健康保険を失うということだ。失業手当は、もともとなくした所得の三分の一くらいにしかならないし、それも打ち切りになる――二〇一〇年から二〇一一年にかけて、公式失業率は少し下がったが、失業しているのに失業手当を受けていないアメリカ人の数は倍増した。そして失業がだらだら続くにつれて、世帯の収支は崩壊する――家族の貯金は底をつき、請求書が払えず、家は失われる。

それだけではすまない。長期の失業の原因は明らかにマクロ経済的な事象と政策の失敗によるもので、どんな個人でもそれはどうしようもない。だがそれで被害者が烙印《らくいん》を押されなくてすむわけではない。長期失業は本当にスキルを低下させて、雇うのに不適切な存在にしてしまうのだろうか？　長期失業者の一人だと言う事実は、そもそもその人が負け犬だったという証《しるし》なんだろうか？　ちがうかもしれないが、多くの雇い主はそう考えがちで、当の労働者にとってはそれで話が決まってしまう。この経済で職を失えば、別の職を見つけるのはとても難しい。失業が長く続けば、雇用不適格と思われてしまう。

こうしたすべてに、アメリカ人の内面生活への被害を加えよう。長期失業にはまった人が知りあいなら、ぼくの言いたいことはわかるはずだ。金銭的に苦しんでいなくても、尊厳や自尊心に対する打撃は壮絶だ。そしてもちろん、金銭的に苦しんでいれば事態はもっと悪くなる。ベン・バーナンキが「幸福研究」について語ったときには、幸福は自分のことを自分で決められるという感覚に強く依存しているのだ、と述べた。働きたいのに、何ヶ月たっても仕事が見つからない人は、自分で自分のことを決めていると思えるだろうか。資金が底をつきかけて、自分の築いてきた人生が崩壊しそうなときの無力感はどうだろう。長期失業が、不安と鬱《うつ》をもたらすという証拠があるのも無理はない。

一方、これから初めて就職するので、まだ仕事がない人の悲運もある。まったく、今は若者でいるには最悪の時代だ。危機の直後には、あらゆる年齢層について失業率がほぼ倍増し、その後少し減った。でも若い労働者はよい時期ですら年長者たちよりも失業率が高いので、これは労働力全体と比べて若者層の失業率上昇はずっと高いということになる。

そして、この危機を乗り切るのに一番よい立場にいたと思われがちな若い労働者たち——最近の大卒者たちで、現代経済の要求する知識や技能を持っている見込みがずっと高い存在——もまったく安全ではなかった。最近の新卒の四人に一人は、失業しているかパートタイムの仕事しかない。また常勤職につけた新卒も、かなり賃金が下がった。おそらくその多くは、大学教育を活用しない低賃金労働で我慢しなければならなかったからだろう。

ああ、それともう一つ。二四歳から三四歳のアメリカ人で、親と同居している人数が激増している。これはみんなが突然親孝行に目覚めたわけじゃない。巣立つ機会が激減したことを示しているのだ。

この状況は若者にはひどく苛立たしいものだ。自分の人生を踏み出すはずが、待機状態を余儀なくされてしまうのだから。多くの若者が自分の将来を案じるのも無理はない。現在の問題は、どのくらい長い影を落とすだろうか？　きわめて低迷する経済のさなかに卒業した不運から完全に立ち直るのはいつ？

基本的には、ずっと無理。イェール大学マネジメントスクールの経済学者リサ・カーンは、失業が高い時期に大学を出た人と、好況期に大学を出た人とのキャリアを比べた。タイミングの悪い時期の卒業生は圧倒的にキャリアも悪い。それは卒業後の数年だけの話ではなく、生涯にわたり引退までハンデが続くのだ。そして、過去の高失業期は、いま経験されているものに比べるとかなり短かったので、アメリカの若者たちの生涯に対する長期的な被害は、今回はずっと大きくなると示唆される。

ドルにセント

お金？　だれかお金って言いました？　今のところ、ぼくはお金の話はしていない。少なくとも直接的には。そしてこれは意図的だ。いまぼくたちが暮らしている惨状は、大部分が市場とお金によるものではある。お金の調達と使い方がおかしくなったというものだ。でも、それを大惨事にしているのは人間的な側面であって、失われたお金ではない。

さはさりながら、失われたお金というのもかなりの大金だ。

経済全体のパフォーマンスを見るのに一番使われる指標は、実質国内総生産（実質ＧＤＰ）だ。これはある国の経済の中で生産されるすべての財とサービスの価値について、インフレの影響を調整して示したものだ。ざっと言って、一定期間にその経済が作るモノ（もちろんサービスも含まれる）の総量のことだと言えるし、モノを売ることで所得は得られるのだから、その国で得られる総所得――この大きなパイが賃金や利潤や税金に切り分けられる――のことだとも言える。

危機以前の平均的な年だと、アメリカの実質ＧＤＰは年率二パーセントから二・五パーセント成長した。これは経済の生産能力がだんだん高まっていたからだ。毎年、意欲のある労働者は増えるし、そうした労働者が使う機械や構造物も増えるし、もっと高度な技術も活用できるようになる。たまにそれが後退することもある――不景気だ――すると経済は成長せず、一時的に収縮する。なぜ、どうしてそんなことが起こるのかについては次の章で説明しよう。でもこうした後退は通常は、一時的で小さいものだし、その後で経済が遅れを取り戻そうとするので、大きな成長がやってくるのが常だった。

現在の危機まで、アメリカ経済が大恐慌以来体験した最悪の後退は、一九七九年から一九八二年の「ダブルディップ」――二つの不景気が短期間に続けて起きたもので、一番いい見方はこれが単一の不況で、中間でちょっとしゃっくりが起きたというものだ。一九八二年の不景気の底で、実質GDPは前のピークから二パーセント下がっていた。だが景気はその後、強い回復を見せて、その後二年は七パーセント成長――「アメリカの朝」――を見せた。そして、通常の成長軌道に戻った。

大不況――二〇〇七年末から二〇〇九年半ばまで転落して、その後経済は安定――はもっと急激で落ち込みも深く、実質GDPは一八ヶ月で五パーセント下がった。だがもっと重要なこととして、強い復活はなかった。不況は公式には終了したが、成長は実は通常より低かった。結果として、経済は本来よりはるかに少ないモノしか生産していない。

議会予算局（CBO）は、「潜在」実質GDPの推計値を発表していて、これは広く使われている。その定義は「リソース使用の強度がインフレ圧力を追加も削減もしていない、持続可能な産出」の指標とされている。経済のエンジンが、あらゆるシリンダーで燃焼はしていてもオーバーヒートはしていない状態だと思ってほしい。二〇〇七年の経済をもとに、長期的な平均成長が続いていたらどのくらい生産したかという数字にかなり近いものだ。

一部の経済学者は、こうした推計は誤解のもとだという。というのも経済の生産能力が大きく打撃を受けたというのが彼らの考えだからだ。第2章では、なぜぼくがそれに賛成できないかを説明する。でも今のところは、CBOの推計値を額面通りに受け取ろう。それが何を告げているかというと、いまこれを書いている時点で、アメリカ経済はその潜在力より七パーセントほど下で動いているということだ。あるいは別の言い方をすれば、本来なら生産できるし生産しているべき量に比べて、毎年およそ一兆ドルほど少ない量しか生産していないということだ。

これは一年分の数字だ。失われた価値を停滞の始まりから足し上げると、三兆ドルになる。経済が引き続き弱いので、その数字はずっと大きくなるのは確実だ。現時点では、この産出の累積損失が「たった」五兆ドルですめばまったくの御《おん》の字というところだ。

これは、ドットコムバブルの崩壊や住宅バブル崩壊のように、紙の上だけで消えた損失ではない。実際に作れたし、作られるべきだった貴重な製品の話をしている。稼ぐことができたし、稼がれるべきだったのに、決して実現しなかった賃金や利益の話でもある。そしてそれが五兆ドル、七兆ドル、あるいはもっと多額で、しかも二度と取り戻せない。経済はいずれ回復すると期待したいところだ——でもそれは、よくても昔のトレンド線に戻るということで、トレンド線の下で過ごした年月の埋め合わせをするという話ではない。

「よくても」と言ったのは考えあってのことだ。というのも、弱い経済が長続きすることで、経済の長期潜在力が打撃を受けると考えるべき理由が十分にあるからだ。

将来を失う

この不況を終わらせるための行動を取らない言い訳はいろいろあるが、何もしないのを正当化したがる人が必ず言い出す常套句がある。曰《いわ》く、我々は短期にこだわらず長期を見据えるべきだ、と。

これは多くの水準でまちがっている。それは本書でこれから説明するけれど、何よりこれは知的な逃亡であり、現在の不況を理解する責任の放棄になる。こうした不愉快なことすべてを振り払い、お高くとまって長期の話をしたくなる気持ちはわかるし、それをやるのは簡単だ。でもそれは怠惰で臆病な逃げ道を取ることになる。ジョン・メイナード・ケインズは、まさにこれを主張すべく、最も有名な一節の一つを書いた。「この長期的というのは現在の出来事に対するガイドとして不適切である。長期的には、我々みんな死んでいる。嵐の吹き荒れる季節において、風雨が去ってずいぶん経ったら海はまた凪《な》ぎますよ、としか言えないのであれば、経済学者はあまりに簡単で、あまりに役立たずな仕事しかやろうとしていないことになってしまう」

長期にだけ注目するというのは、現在の不況がもたらしているすさまじい苦しみを無視するということだ。あなたがこれを読む間にも、修復しようもなく破壊されている人生を無視するということだ。でもそれだけじゃない。短期の問題——五年目に入った停滞を「短期」と呼べればだが——は長期的な見通しにも、各種の経路で被害を与えている。

すでにそうした経路はいくつか触れた。一つは長期失業のもたらす腐食効果だ。長期にわたり失業している労働者が雇うに値しないと思われるようになったら、それは経済の実質的な労働力、ひいてはその生産能力が長期的に減少したということだ。技能を活用しない職につくしかない大学新卒者の命運も、ある程度は似ている。時間がたつと、少なくとも潜在的な雇用主の目から見れば、彼らは低技能労働者の地位に貶《おとし》められてしまうかもしれない。つまり教育が無駄になってしまうということだ。

この停滞が将来をダメにする二つ目の方法は、低い事業投資によるものだ。事業は生産能力拡大にあまり支出していない。実は大不況の始まりから、生産能力は五パーセントほど下がっている。企業が古い生産設備をスクラップにして、それに代わる新しい生産設備を設置していないからだ。事業投資の低さについては、大量の神話がついてまわる――不確実性が悪い！　ホワイトハウスにいるあの社会主義者が怖いからだ！――でも実際には、そこには何の不思議もない。投資が低いのは、事業が既存の容量ですら使い切れない程度の売上げしか得ていないからだ。

問題は、経済がやっと回復しても、不況の各種影響で事業が将来への投資を止めていたから、生産能力の限界や生産のボトルネックにずっと早めにぶち当たってしまうということだ。

最後に、負けず劣らず重要なこととして、経済危機への（まちがった）対処方法のおかげで、将来に役立つ公共プログラムがなで斬りにされている点がある。

若者たちの教育は、二一世紀にとってきわめて重要だ――これはあらゆる政治家も評論家も口を揃えて言うことだ。でも継続中の不況は、州や地方政府に財政危機を作り出すことで、学校教師三〇万人のレイオフを余儀なくさせた。その財政危機はまた、州や地方政府による交通や水インフラへの投資を延期、中止させることにもなっている。たとえば、ハドソン川の下の、絶対に必要な二本目の鉄道トンネルや、ウィスコンシン州、オハイオ州、フロリダ州などで廃止された高速鉄道プロジェクト、他にもいろいろある。インフレ分を調整すると、公共投資はこの景気停滞が始まってから激減した。またもやこれは、経済がいずれようやく回復しても、すぐにボトルネックや不足にぶち当たってしまうということだ。

こうした将来の犠牲をどこまで心配すべきだろうか？　国際通貨基金（ＩＭＦ）は、過去の多くの国における金融危機以後の状況を調べたが、その結果はかなり穏やかならぬものだ。そうした危機は多大な短期の被害を与えるだけじゃない。どうやら莫大な長期のツケも遺すらしい。成長も雇用も、ほぼ永続的にもっと低い軌道に押しやられてしまうのだ。そしてここがポイント…金融危機以後の落ち込みの規模や期間を抑えるための有効な行動が実施されれば、この長期的な被害も減ることは実証されている——つまり逆にいえば、そうした行動を（まさにいまのぼくたちのように）実施しないと、目減りした苦々しい将来を受け容れることになるわけだ。

外国での苦痛

ここまでぼくはアメリカの話をしてきた。理由は単純明快。アメリカはぼくの国だから、その苦しみはぼくにとって最も胸が痛む。そしてぼくがいちばん詳しい国でもある。でも苦しんでいるのはもちろん、アメリカだけではない。

特にヨーロッパの様子は、同じくらい嘆かわしい。ヨーロッパ全体で見れば、雇用の落ち込みはアメリカほど悪くはないが、それでもひどいものにはちがいない。GDPで見ると、ヨーロッパのほうが実はひどい。さらにヨーロッパの体験は国ごとにすさまじく不均一だ。ドイツは比較的無傷だ（今のところは――でも次に何が起きるかご覧《ろう》じろ）が、ヨーロッパの周縁部の国はまったくの大惨事に直面している。特に、二五歳以下の失業率一七パーセントという現在がアメリカの若者にとってひどい時期なら、若年失業率二八パーセントのイタリアや、三〇パーセントのアイルランド、四三パーセントのスペインなどでは悪夢だ。

こんな状況のヨーロッパにとってせめてもの救いは、ヨーロッパ諸国のセーフティネットはアメリカよりずっと強いので、失業の直接の影響ははるかに穏やかだということだ。国民皆保険のおかげで、仕事がなくなっても健康保険は消えない。失業手当もかなり気前がいいから、飢餓やホームレスがアメリカほど目立つわけでもない。

でもヨーロッパの、統合と不統合の居心地悪い組み合わせ――ほとんどの国は共通通貨を採用したが、そうした共通通貨に要求される政治的、経済的な連合は作り出していない――は、弱さと危機再燃のすさまじい源《みなもと》になっている。

ヨーロッパでもアメリカと同様に、景気の落ち込みは場所によって差があった。危機以前に最大のバブルが起きていた場所は、いまや落ち込みもずっと大きい――スペインがヨーロッパのフロリダ州で、アイルランドはヨーロッパのネバダ州だと思えばいい。でもフロリダ州の立法府は、メディケアや社会保障の資金を捻出する心配はしなくていい。これらは連邦政府が支払ってくれるからだ。スペインは自前で何とかするしかないし、それはギリシャやポルトガル、アイルランドも同じだ。だからヨーロッパでは、経済の落ち込みによって財政危機が生じ、民間投資家がもう数々の国にお金を貸したがらなくなってしまった。そしてこうした財政危機への対応——狂ったようなすさまじい支出削減努力——はヨーロッパの周縁国一帯で、失業を大恐慌水準にまで押し上げた。そしてこれを書いている時点では、ヨーロッパを文句なしの不景気に押し戻しているようだ。

絶望の政治

大恐慌の究極のコストは、経済的な損失や、大量失業に伴う苦しみですらはるかに超えるものだった。大恐慌は、危機的な政治的影響ももたらした。特に、現代の一般的な見方では、ヒトラー台頭の原因は一九二三年のドイツのハイパーインフレだとされているけれど、実際にヒトラーを権力の座に押し上げたのは、一九三〇年代初期のドイツの不景気だ。その不景気はヨーロッパの他の部分よりはるかにひどかった。これはハインリッヒ・ブリューニング首相のデフレ政策のせいだ。

似たようなことが今日起こり得るだろうか？　ナチスとの類似を指摘して悪印象を喚起するやり方が胡散臭いのはいまや周知だし、その通りだとは思う（「ゴドウィンの法則」を検索してみよう）し、二一世紀にあれほどひどいことが起こるとはなかなか考えにくい。でも、長期化する停滞が民主主義的な価値や制度に及ぼす危険を軽視するのは愚かなことだ。実際、西側諸国では、極端な政策が明らかに台頭しつつある。過激な反移民運動、過激な国民主義運動、そして、はいその通り、専制主義的な感情も高まっている。実際、西洋のある国、ハンガリーは、すでに一九三〇年代の相当部分に広がったものを思わせる専制主義政権に着実に向かっている。

アメリカだって事情は同じだ。共和党が過去数年でずっと極端になってきたことを誰が否定できるだろう？　そして二〇一二年後半には、その過激な政策にもかかわらず、共和党が議会とホワイトハウスの両方を支配する可能性がかなりある。というのも極端な政策は、人々が苦しんでいるのに、まともな声が何の解決策も提供しないような環境で栄えるからだ。

あきらめないで

ここまですさまじい人災の見取り図を描いてきた。でも単なる惨事であればいつの世にもあるものだ。歴史では洪水や飢餓、地震や津波がいくらも起きている。この惨事を実にひどくしていること――みんなが怒るべきこと――は、これがまったく無用のものだということだ。疫病もイナゴも起きていない。技術的なノウハウも忘れてはいない。アメリカもヨーロッパも、五年前より貧しくなるべきではなく、豊かになっているべきだ。

またこの惨事の性質も、謎でもなんでもない。大恐慌時代の指導者たちなら言い訳ができた。

何が起こっているのか、どうやって直せばいいかをだれもまるで理解していなかったからだ。今日の指導者はそういう言い訳はできない。ぼくたちは、この苦しみを終わらせるための知識も手段も持っているのだ。

それなのに、ぼくたちはそれをやっていない。以下の章では、その理由を説明してみよう――利己心と歪《ゆが》んだイデオロギーのために、ぼくたちは解決できる問題を解決できていない。そして、ここまで徹底的にやるべきことができない有様を見ていると、確かにときどき絶望にかられてしまう。

だがそれはまちがった反応だ。

停滞がいつまでも続く中で、ぼくは一九八〇年代の、ピーター・ガブリエルとケイト・ブッシュによる歌を何度も聴くようになっていた。いつどこの話かわからないが大量失業の時代が舞台の歌だ。絶望した男性ボーカルが、自分の絶望的な状況を歌う。「どの求人にも無数の応募者」。でも女性ボーカルが男を励ます。「あきらめないで」と。

現在はひどい時代だし、それが本来はまったく無用だということでひどさに拍車がかかっている。でも、あきらめないで。この不況は終わらせられる。そのための明晰さと意志力さえ見つかれば。

第2章

不況の経済学

世界は、今年の自分たちが現代史上で最大級の経済危機の影にいるということを、なかなか認識してこなかった。だがいまや、市井の人ですら事態を認識するようになった。そして、問題が生じつつあったこれまでは、人々は当然抱くべき恐れを抱いていなかったのだが、いまや問題があることはわかっても、その原因も理由もわからないので、逆に必要以上に恐れているようだ。人々は将来を疑問視し始める。自分はいまや、快適な夢から目覚めて実態の暗黒ぶりに直面しているのだろうか？　それとも単に悪夢に陥っているだけで、やがてそれは通り過ぎるのだろうか？

そんな疑問は無用だ。以前の状況は快適な夢などではなかった。今の状況こそが単なる悪夢で、朝になれば過ぎ去ってしまうのだ。自然の資源や人の創意工夫は、以前と同じく肥沃《ひよく》で生産的である。人生における物質的な問題の解決に向けた進歩の速度が衰えたわけではない。我々には以前と同じくらい、万人に高い生活水準をもたらす能力がある――高いというのは、たとえば二〇年前と比較してということだ――そしてもっと高い生活水準も手に入れられるようになるだろう。これまで我々の目がくらんでいたわけではない。だが今日、仕組みを理解していない繊細な機械の制御に失敗したことにより、我々は途轍《とてつ》もない泥沼にはまりこんでしまった。結果として我々の豊かさの可能性はしばらく無駄になってしまうかもしれない――そしてそれがかなり長く続くかもしれない。

――ジョン・メイナード・ケインズ「一九三〇年の大停滞」

いまの言葉が書かれたのは八〇年以上前、世界が後に大恐慌と呼ばれるようになったものへと落ち込みつつある時期だ。だが文体が多少晦渋《かいじゅう》なのを除けば、今日書かれてもおかしくない。当時と同じく今も、ぼくたちは経済的危機の影の中で暮らしている。当時と同じく今も、ぼくたちは突然貧しくなった――でも、資源も知識も毀損《きそん》してはいない。だったら、この突然の貧困はどこから来たんだろう？　当時と同じく今も、ぼくたちの豊かさの可能性は、かなり長いこと無駄になるかもしれない。

なぜこんなことが起こるんだろうか？　実はこれは謎でもなんでもない。ぼくたちは、こうしたことがどうやって起こるかを理解している――あるいは、これほど多くの人が耳をふさがなければ、理解できるはずだ。ケインズは不景気を理解するために必要な分析的枠組みの相当部分を提供してくれた。現代経済学はまた、ケインズの同時代人だったジョン・ヒックスやアーヴィング・フィッシャーの洞察も活用できる。そうした洞察は多くの現代経済学者により拡張され、もっと高度なものになっている。

こうした研究すべての中心的なメッセージは、こんな事態はまったく起こる必要がないというものだ。冒頭の論文の中で、ケインズは経済が「マグネトーの不具合」に苦しんでいるのだと宣言した。マグネトーというのは自動車の電装系の古い呼び名だ。もっと現代的で、もっと正確かもしれないアナロジーでいえば、いま苦しんでいるのはソフトウェアのクラッシュなのだ、ということになるだろうか。いずれにしても要点は、不具合は経済のエンジンにあるのではないということだ。エンジンは前と同じく強力だ。むしろここで問題になっているのは、基本的には小手先の問題だ。組織と調整の問題——これがケインズの言う「途轍もない泥沼」だ。この小手先の問題を解決すれば、経済は轟音とともに復活する。

さて、多くの人はこのメッセージにまったく納得がいかないし、馬鹿にするなと思う人さえいる。大きな問題には大きな原因があるのが当然に思えるので、大量失業は、単なる泥沼以上の深い原因によるものだろう、というわけだ。だからこそケインズは、マグネトーのアナロジーを使った。時には一〇〇ドルのバッテリー交換だけで、動かなくなっていた三万ドルの車が動き出すのはみんな知っている。これと同じで、原因と結果の大きさにかなりの差がある状況が、不景気についてもあてはまるのだとケインズは納得してほしかったのだ。でもこの論点は多くの人には、今も昔もなかなか受け容れがたいものだった。それは自分が物知りだと自認している人々ですらそうなのだった。

理由の一部は、これほどの悲惨が比較的つまらない故障のせいだというのが、直感的にピンとこないせいだ。また別の一部として、経済学を道徳劇として見たい強い欲望がある。悪い時期というのは、それまでの不品行に対する避けがたい罰なのだ、というわけだ。二〇一〇年に妻とぼくは、ドイツ財務相のヴォルフガング・ショイブレによる経済政策に関する演説を聴く機会があった。演説の半ばで、妻はこちらに顔をよせてこう囁いた。「たぶん出口で、自分を鞭打つための鞭を渡されるんじゃないかしら」。ショイブレは、確かにほとんどの金融高官よりずっと謹厳で手厳しい説教師ではあるけれど、でも他の高官も傾向は似ている。そしてそうしたことを口走る人――賢人ぶった口調で、我々の問題には根深い原因があり、簡単な解決策などあり得ず、みんなもっと質素な将来に慣れるしかないのだと宣言する連中――は賢く現実的に聞こえる。でも、まるっきりまちがっているのだけれど。

本章でやりたいのは、ぼくたちの直面しているのが本当にマグネトーの不具合なんだということを納得していただくことだ。この苦しみの原因は、全体としてみればかなりつまらないことだし、権力の座にある人々のうち十分な数が現実を理解してくれれば、素早くかなり簡単に修理できる。さらに、経済を修理するプロセスは、大多数の人々にとっては何の苦痛もなく、犠牲も必要ない。それどころか、この不況を終わらせれば、ほとんどあらゆる人にとっては実に気分がよい体験になるはずだ。そうでないのは、見当違いの経済学ドクトリンに、政治的、感情的、職業的にはまりこんでいる人々だけだろう。

さて、はっきりさせておこう：経済的な惨状の原因が比較的つまらないことだと言うのは、別にそれが偶然起きたとか、何もなしに生じたとか言いたいのではない。またこのひどい状態から抜け出すのが、政治的な問題として簡単だと言いたいのでもない。この不況に入り込むには、何十年ものダメな政策とダメな発想が必要だった——そのダメな政策やダメな発想は、第4章で見るように、それが長いことかなりうまく機能したために栄えた。ただし、国民全体にとってうまく機能したのではなく、一握りの大金持ちで影響力の大きい人々にとってうまく機能したという意味だが。そして、そうしたダメな政策やダメな発想は、アメリカの政治文化をがっちり握っているため、経済の大惨事に直面してもなかなかその方向性は変わらない。でも純粋に経済的な問題としては、この危機の解決はむずかしくない。知的な明晰さと政治的な行動力さえ見つかれば、素早く強力な回復が起こり得る。

こう考えてみてほしい。仮にあなたの夫が、理由はどうあれ、一家の車の電装系の手入れを長年サボってきたとする。いまや車のエンジンがかからなくなったけれど、夫はバッテリー交換の検討さえ嫌がる。それは自分のかつてのまちがいを認めることになるからだ。そして、一家は歩いたりバスを使ったりするのに慣れるべきだと頑固に主張するのだ。明らかにこれは問題だし、あなたにとっては解決不能な問題かもしれない。でも、その問題の所在はあなたの夫であって、一家の車ではない。車は簡単に直せるし、直すべきなのだ。

が、例え話はこのへんで。世界経済のどこが変になったのかをこんどは話そう。

すべては需要が問題

なぜ失業はこんなに高く、経済産出がこんなに低いんだろうか？　それはぼくたち——ここでの「ぼくたち」とは消費者、事業、政府をあわせたものだ——が十分にお金を使っていないからだ。住宅建設や消費財に対する支出は、アメリカとヨーロッパの双子の住宅バブルが破裂したときに激減した。事業投資も間もなく追随した。というのも売上げが縮小しているのに生産能力を増やしても仕方ないからで、地方、州、さらには一部の国も収入が枯渇してしまい、政府支出の相当部分も減少した。少ない支出は、さらに少ない雇用を意味する。というのも企業は売れないものは作らないし、生産に要らない労働者は雇わないからだ。ぼくたちは全体としての大きな需要不足で苦しんでいるわけだ。

ぼくが今述べたことに対する人々の態度は、雲泥の差がある。一部の評論家は、これが当たり前すぎて議論するまでもないと思う。でも他の人たちは、これがナンセンスだと考える。政治的な舞台にいるプレーヤーたち——重要なプレーヤーで本当の影響力を持っている——の中には、経済全体が不十分な需要で苦しむことがあり得るとは信じない人々がいる。そりゃ一部の財に対する需要が不足することはあるだろうけれど、ありとあらゆるものに対する需要が不足するなんてことはあり得ない、と彼らはいう。なぜかって？　それはだね、人々は所得を何かに使わざるを得ないからだよ、というのがその主張だ。

これはケインズが「セイの法則」と読んだ誤謬だ。これはまた「財務省見解」と呼ばれることもある。ここでの財務省はアメリカのやつではなく、一九三〇年代のイギリスのやつだ。この機関は、あらゆる政府支出は常に同量の民間支出を置き換えると頑固に主張した。ぼくのでっちあげではないとわかるように、ヘリテッジ財団（右派シンクタンク）のブライアン・リードルが二〇〇九年初期に「ナショナル・レビュー」誌で行ったインタビューから以下に引用しよう。

壮大なケインズ派のおとぎ話というのはですね、お金を使えばそれで需要が増えるというものです。そしてこれがおとぎ話なのは、議会は別に経済に配れるようなお金を金庫に持ってるわけではないからなんです。議会が経済に注入するドルは、そもそも一銭残らず経済に課税したり借りたりしなければいけないお金なんです。だから、新しい需要を作ってるんじゃない。単にそれをある集団から別の集団に移転しているだけなんです。

リードルも評価すべきところは評価してあげよう。多くの保守派とはちがって、彼は自分の議論があらゆる新しい支出の源にあてはまることを認めている。つまり、政府の支出プログラムが雇用を増やせないと論じる彼の議論は、たとえば事業投資の大ブームが起きても雇用が増えないという理屈にもなってしまうということを認めている。さらには、これは支出の増加だけでなく減少にも当てはまるはずだ。たとえば負債にあえぐ消費者たちが、五〇〇〇億ドル消費を減らすことにした場合、リードルのような人々の説では、そのお金は銀行に行くはずで、銀行はそのお金を融資するので、事業や他の消費者たちが五〇〇〇億ドルを追加で使うはずだ。ホワイトハウスの社会主義者を恐れる事業が投資支出を削減したら、それほど不安に思っていない事業や消費者たちがかれらの控えた資金を使うだろう。リードルの理屈でいえば、全体としての需要不足が経済に打撃を与えることはない。そんな需要不足は絶対に起こり得ないから、ということになる。

もちろんぼくはこれを信じていないし、一般に道理のわかる人もこれを真に受けることはない。でも、どうやってそのまちがいを示そうか？　これがまちがっていると納得してもらうにはどうすればいい？　そうだな、口頭で理屈をたどってみてもいいけれど、ぼくの経験からすると、ガチガチの反ケインズ派とこの手の議論をしようとすれば、言葉尻の話にあれこれはまりこんで、結局だれも納得してくれない。ちょっとした数式モデルを書いて論点を示してもいいが、これが使えるのは経済学者相手だけで、普通の人間相手では無理だ（そして経済学者でも一部はこれが効かない）。

あるいは実際に起きた話をしてみることもできる——そしてここで登場するのが、ぼくの大好きな経済学のお話だ：子守り協同組合のお話。

このお話が初めて語られたのは、一九七七年の「ジャーナル・オブ・マネー、クレジット、アンド・バンキング」誌で、著者ジョーン＆リチャード・スウィーニーはこれを実際に体験し、それを「金融理論と大キャピトルヒル子守り協同組合の危機」と題する論文にした。スウィーニー夫妻は子守り協同組合の組合員だった。これは主に議会職員からなる若いカップル一五〇組ほどの組合で、ベビーシッター代を節約するために、交替でお互いの子供の面倒を見るようにしたのだった。

協同組合が比較的大きいことは利点だった。というのも自分が出かけたい夜に、子守りをしてくれる人を見つけられる確率がかなり高いからだ。でも問題があった。協同組合創設にあたり、お互いがそれぞれ公平に子守りを分担するような仕組みが必要となるが、それにはどうすれば？　協同組合の答はクーポン制だった。協同組合に参加した夫婦は、クーポン二〇枚をもらう。一枚は子守り三〇分に相当する（協同組合を脱退するときには、同じだけの数を返すことになっていた）。子守りをすれば、子守られ夫婦は子守り夫婦に、その時間に見合うだけのクーポンを渡す。これにより、長期的に見れば、それぞれの夫婦は受けたのとほぼ同じくらいの子守りをこなさなくてはならない。サービスを受けて渡したクーポンを補充しなければならないからだ。

でもやがて、この協同組合はかなり困ったことになった。平均すると、夫婦たちは引き出しに子守りクーポンの予備を少し持っておこうとする。そうすれば何かの折に、何度か続けて外出することがあっても対応できる。でも、ごくつまらない理由のために、流通している子守りクーポンの数は、平均的な夫妻が希望する手持ちの予備の数をはるかに下回るようになってしまったのだった。

何が起きたんだろう？　夫婦たちは、子守りクーポンの予備が減ってきたのに不安になって、他のカップルの子供を子守りして手持ちを増やすまでは、外出したがらなくなった。でもまさに多くの夫婦が外出したがらないために、子守りをしてクーポンを稼ぐ機会も希少になった。するとクーポン貧乏な夫婦たちはますます外出を控え、そして協同組合内の子守り量は激減した。つまるところ、子守り協同組合は不況に陥ったのだった。そしてこれは、組合員の中の経済学者たちが理事会を説き伏せて、クーポン供給を増やすまで続いた。

このお話から何が学べるだろうか？　あまりにかわいくてつまらないように思えるから「何も

学べない」と思う人は、反省すること。キャピトルヒル子守り協同組合は、ミニチュアとはいえ本物の貨幣経済だった。ぼくたちが世界経済と呼ぶ巨大システムの多くの特徴は欠いていたが、世界経済で何がおかしくなったかを理解するために決定的な、ある特徴を備えていた――その特徴は、どうも時代を問わず、政治家や政策立案者には理解不能らしきものではあるのだけれど。

その特徴とは何か？　それは、あなたの支出はぼくの収入であり、ぼくの支出はあなたの収入になる、という事実だ。

そんなの当たり前では？　でも多くの影響力ある人々は、これが理解できない。たとえば、アメリカ下院議長ジョン・ベイナーは、明らかにこれが理解できない。かれはオバマ大統領の経済計画に反対し、アメリカ人たちが苦しんでいるんだから、アメリカ政府もそろそろベルトを引き締めなくてはならない、と論じた（リベラル派経済学者が大いに失望したことだが、オバマは結局この一節を自分の演説で繰り返すことになった）。ベイナーが考えなかった問題というのは、もし一般市民がベルトを引き締め――支出を減らし――、政府も支出を減らしているなら、アメリカ製品はだれが買うんだ、ということだ。

同様に、あらゆる個人の収入――そしてあらゆる国の収入――は、だれか別の人の支出なのだということを、多くのドイツの高官は明らかに理解していない。かれらは、一九九〇年代末から今日までの同国の復活を他の国も見習うべきだと述べる。この復活の鍵は、ドイツが貿易赤字から貿易黒字に移行したことだった――つまり外国に売る額より買う額のほうが多い状態から、その逆に達したということだ。でもそれができたのは単に、他の国（主に南欧諸国）がそれに対応して、大幅な貿易赤字になったからだ。いまやみんなが困ったことになったけれど、でも自分の買う額より多くを売ることを全員がやることは不可能だ。でもドイツ人はそれがわからないようだ。わかりたくないのかもしれない。

そして子守り協同組合は、実に単純で規模も小さいけれど、この決定的で、まったく自明ではない世界経済の特徴を持っているので、協同組合の経験は重要な経済的発想についての「概念実証」として機能できる。この場合には、少なくとも三つの重要な教訓が学べる。

まず、全体として不適切な需要の水準というのが確かに本当にあり得ることがわかる。クーポン不足の子守り協同組合メンバーが、外出する晩にクーポンを使うのをやめても、その決断を自動的に相殺するような他の協同組合メンバーによる支出増加は起きなかった。それどころか、子守り機会の低下のおかげで、みんなの支出はもっと下がった。ブライアン・リードルのような人々は、支出にはかならず同じだけの収入が要るという点では正しい。ある週に稼がれたクーポンの数は、その週に支出されたクーポンの数と常に等しくなる。でも、だからといって人々が経済の生産能力を完全に使うほどの支出を行うということにはならない。むしろ支出と同じ水準まで所得を引き下げるように、生産能力が遊休化してしまうわけだ。

第二に、経済は本当にマグネトーの不具合で停滞してしまうことがある。つまり、生産能力の欠如ではなく、調整の失敗のせいで停滞してしまうのだ。協同組合が困ったことになったのは、そのメンバーがダメな子守りだったり、税率が高すぎたり、あまりに気前のいい政府の失業手当で子守り職に人々が就かなくなったせいでもないし、あるいは過去の過剰に対する必然的な代償を支払っていたせいでもない。困った事態になったのは、一見するとつまらない理由のせいだ。クーポンの供給が少なすぎるため、これがケインズの言う「途轍もない泥沼」を作り出してしまい、協同組合のメンバーたちは、それぞれの個人としては何かしようとする——自分の貯め込んだクーポンを増やそうとする——が、全体としては実際にそれを実現することはできないのだ。

これはきわめて重要な洞察だ。世界経済——子守り協同組合のおよそ四〇〇〇万倍くらい大きい経済——の現在の危機は、規模こそすさまじくちがえ、協同組合の問題と性質はきわめて似ている。集合的には、世界の住民たちは生産できるよりも少ない量のモノを買おうとして、稼ぎよりも少ない額を支出しようとしている。個人ならそれは可能だ。でも世界全体としては、それは無理だ。そしてその結果が、あたり一面の荒廃だ。

これについてはもう少し言わせてほしい。これからの長い説明を、手短で単純化して説明するものにもなる。もし危機直前——まあ二〇〇五年から二〇〇七年を考えようか——の世界の状態を見れば、一部の人が嬉々として他人に大金を貸し、それを借りた人々は嬉々としてそれを消費している様子が見える。アメリカ企業は、手持ちの余った現金を投資銀行に貸していた。投資銀行は、こんどはそのお金で住宅ローンの資金を提供していた。ドイツの銀行は余った現金をスペインの銀行に融資しており、スペインの銀行はそのお金でやはり住宅ローンの資金を提供し、等々。こうした融資の一部は新しい家を買うのに使われたので、そうした資金は結局建設に使われることになった。そうした融資の一部はホームエクイティからお金を引き出すのに使われ、それが消費財を買うのに使われた。そしてあなたの支出はぼくの収入なので、売上げはたくさんあり、仕事は比較的見つけやすかった。

　そこで音楽が止まった。貸し手は、新規融資にずっと慎重になった。借り続けていた人々は、支出を大幅にカットせざるを得なくなった。そしてそこで問題が起きた。だれも代わりに消費をするのに手を挙げてくれなかったのだ。突然、世界経済の総消費は激減し、そしてぼくの支出はあなたの収入だしあなたの支出はぼくの収入なので、収入と雇用も激減した。

　では、何か打つ手はあるのか？　これで子守り協同組合の第三の教訓にやってきた。大きな経済問題には、ときには単純で簡単な解決策があるのだ。協同組合は、単にクーポンをもっと刷るだけで惨状から抜け出した。

　これは中心的な問題を提起する。世界の経済停滞も同じやり方で脱出できるだろうか？　もっと子守りクーポン、つまりお金の供給《マネーサプライ》を増やすだけでアメリカの機能を復活させられるんだろうか？

　うん、実を言えば、子守りクーポンを増刷するというのは、ぼくたちが不景気から脱出するための定石そのものなのだ。過去五〇年にわたり、不景気を終わらせるのは基本的には連邦準備制度理事会（ＦＲＢ）の仕事で、ＦＲＢは（大まかに言えば）経済をめぐるお金の量をコントロールする。経済が落ち込むと、ＦＲＢは印刷機をまわす。そして今までは、これはいつも効いた。一九八一年から八二年にかけての厳しい不景気には見事なほど効いて、ものの数ヶ月でＦＲＢは不景気から急激な経済復活――「アメリカの朝」――を実現した。一九九〇年から九一年の不景気や、二〇〇一年の不景気でも、もっとゆっくりでためらいがちではあったけれど、この方策は効いた。

でも、今回は効かなかった。いまぼくは、ＦＲＢが「大まかに言えば」お金の供給をコントロールする、と書いた。でも実際にコントロールしているのは「マネタリーベース」つまり流通している通貨の合計と、銀行が持っている準備金だ。で、ＦＲＢは二〇〇八年以来、マネタリーベースの規模を三倍にした。それでも経済は停滞したままだ。じゃあ、経済が不十分な需要のために苦しんでいるというぼくの議論は、まちがっているんだろうか？

いや、そうじゃない。実際、金融政策ではこの危機の解決には失敗するというのは、予測可能だった──そして予測されていた。拙著『世界大不況への警告』を一九九九年に書いたのは、日本がすでにお金を刷っても停滞した経済を復活できない状況に陥っていることをアメリカ人に警告するためだった。当時は、多くの経済学者がぼくと同じ懸念を抱いていた。その一人は、いまやＦＲＢ議長となった他ならぬベン・バーナンキだった。

では何が起きたのだろう？　気がつくとぼくたちは、「流動性の罠」というあまり楽しくない状態にはまりこんでいたのだった。

流動性の罠

二〇〇〇年代の半ば頃、アメリカ経済を動かしていた大きなものは二つ：大量の住宅建設と強い消費者支出だった。そしてさらに、この二つを動かしていたのは、高く上昇を続ける住宅価格で、それが建設ラッシュと、豊かになった気分の消費者による支出をもたらした。でも住宅価格上昇は、結局はバブルで、非現実的な期待に基づくものだった。そしてそのバブルが破裂したとき、建設と消費者支出の両方も道連れになった。バブル絶頂の二〇〇六年には、住宅一八〇万戸が着工した。二〇一〇年にはそれがたった五八万五〇〇〇戸だ。二〇〇六年にアメリカの消費者は、乗用車と軽トラック一六五〇万台を買った。二〇一〇年にはたった一一六〇万台だ。住宅バブル破裂後一年ほどは、アメリカ経済は輸出を増やすことでなんとかやりくりしていた。でも二〇〇七年末には下降に向かい、その後いまだに回復していない。

FRBは、すでに述べたように、急激にマネタリーベースを増やすことで対応した。さて、FRBは——子守り協同組合の理事会とはちがって——家族にクーポンを配ったりはしない。お金の供給を増やしたいときには、基本的にはその資金を銀行に貸して、銀行がそのお金を一般に貸し出してくれるものと期待している(実際には直接融資をするのではなく、銀行から債券を買うんだが、だいたい同じことだ)。

これは協同組合のやったこととはずいぶんちがうように聞こえる。でもそのちがいは、実は大したものではない。協同組合のルールでは、退会時には同じ数だけクーポンを返すことになっていたのを思い出そう。つまりこのクーポンは、ある意味で組合経営陣からの融資だったことになる。クーポンの供給を増やしても、夫婦たちは豊かにはならない——もらっただけの子守りはこなさなくてはならない。供給を増やすことで何が起きたかといえば、クーポンがもっと流動的になったのだ。使いたいときに使えるようにして、資金が枯渇するのを心配せずにすむようになったということだ。

さて、非子守り世界では、人々や企業はいつだって流動性を増やせるが、代償はある。現金を借りたら、借りた額に対して金利を支払わなくてはならない。銀行に現金を押し込むことでＦＲＢは金利を押し下げることになる。金利は流動性の値段だからだ——そしてもちろん、投資などの支出の資金調達のために借金をする値段でもある。だから非子守り世界では、ＦＲＢが経済を動かす力は、それが金利を動かす能力を通じてやってくる。

でも、ここでポイント：金利を押し下げるにも限界がある。具体的には、ゼロ以下には押し下げられない。というのも金利がゼロ近くなれば、お金を他人に貸すよりは自分で抱え込んでいたほうがいいからだ。そして今回の停滞では、ＦＲＢがこの「ゼロ下限」にぶち当たるまでにあまり時間はかからなかった。二〇〇七年から金利を引き下げ始めて、二〇〇八年末にはゼロ金利に達した。残念ながら、ゼロ金利でも低さが足りなかった。住宅バブルはそれほどの被害を引き起こしていたのだ。消費者支出は弱いままだった。住宅はどん底で横ばい。事業投資は低いまま。というのも、売上げが弱いままなのに拡張するわけにもいかないからだ。そして失業は悲惨なほど高いままだった。

そしてこれが流動性の罠だ。ゼロ金利でもまだ高すぎるとこうなる。ＦＲＢが経済を流動性で満たし、手持ちのお金を増やすのにまったく費用がかからないのに、それでも全体としての需要はまだ低すぎる状態だ。

子守り協同組合にもう一度だけ戻り、有益なアナロジーではないかと思うものを示そう。何らかの理由で、ほとんどの協同組合メンバーが今年は手持ちのクーポンを増やしたくなったとする。子守りを自分がしてもらうより、他人の子守りをするほうに専念して、来年になったら自分が子守りをしてもらうほうにまわりたいと思ったとしよう。この場合、子守り協同組合は、理事会がどれだけクーポンを刷っても困った状態が終わらない。個々のカップル一組であれば、クーポンを貯め込んで翌年に備えることはできる。でも協同組合全体としてはそれができない。子守り時間を貯めておくことはできないからだ。だから、個々のカップルがやろうとすることと、協同組合全体としてできることとの間に、根本的な矛盾がある。集合的には、協同組合のメンバーたちは自分の収入より少ない額は支出できない。またもや、ぼくの支出があなたの収入で、あなたの支出がぼくの収入だという根本的な問題に戻ってくる。そして、個々のカップルが、集団としては不可能なことをやろうとすることで、クーポン政策がいかに緩和的であっても協同組合は不況のままで、たぶん破綻してしまうだろう。

アメリカと世界経済全体として起こったのはそういうことだった。みんなが突然、借金が多すぎると思い込んだら、借り入れ側は支出を抑えざるを得ないけれど、でも貸し手側も支出を増やそうとは思わず、結果は不況だ——大恐慌ではないけれど、立派な不況だ。

だが、これを何とかする方法はあるはずだろう。世界の生産能力がこんなにたくさん遊休化し、これほど多くの意欲ある労働者が仕事を見つけられないなんて、筋が通らない。そして、はい、出口はある。でもそこに行く前に、まずはぼくがいままで述べてきたことをまるで認めない人々の見解についてちょっと触れよう。

構造問題じゃないの？

私が思うに、現在の我が国の労働供給は、特異な形で適応不能であり訓練不足である。産業が提供しそうな機会に対応できない。これは大いなる格差の状況を意味する——ある一部の有利な集団にとっては、完全雇用と多大な残業、高賃金、大いなる繁栄だが、他の集団には低賃金、時短、失業、そしておそらくは貧窮となる。

——ユアン・クレイグ

いまの引用は、「アメリカ統計学会ジャーナル」の論文から取ったものだ。最近では、こういう議論をする人はあちこちで見かける。ぼくたちが直面している問題は、単なる需要不足より根深いもので、あまりに多くの労働者が二一世紀経済に必要な技能を欠いている、あるいはそうした人々のあまりに多くが、まちがった地域やまちがった産業にはまったままなのだ、という議論だ。

でも、いまのはちょっとしたひっかけだ。いまの論文が発表されたのは、実は一九三五年だ。著者は、アメリカの労働者に対する需要が大幅に増えても、失業は高いままだろうと論じていた。そうした労働者は新しい仕事に向いていないから、というわけだ。でも彼は完全にまちがっていた。アメリカの第二次大戦突入に先立つ軍備増強のおかげで需要が急増すると、そうした何百万人もの失業労働者たちは、生産的な役割を果たす能力を十二分に持っていた。

でも当時と同じく今でも、この問題を「構造的」なものとして見ようとする強い衝動があるようだ――そしてそれは、政治の保守派だけが持っている衝動ではない。この説によると需要を増やすだけでは問題は簡単に解決しない。「マグネトーの不具合」という比喩を続けると、多くの有力な人々が論じているのは、バッテリー交換だけではダメで、問題はエンジンと駆動系にもあるはずだ、という主張になる。

時には、この議論は一般的な技能欠如として主張される。たとえば元大統領ビル・クリントン（これを主張してるのは保守派だけじゃないと言ったでしょう）は、テレビ番組「60ミニッツ」で、失業率が高いままなのは「人々が就職口のある職に必要な技能を持っていないからだ」と語った。時には、技術進歩で労働者がまったく不要になるのだ、といった言い方もされる。オバマ大統領が「トゥデイショー」で以下のように語ったときには、そういうことが言いたかったようだ。

> 経済には多少の構造問題があって、多くの企業は少ない労働者でずっと効率的になる方法を学んだんです。銀行にいってＡＴＭを使うと、窓口の人はいらなくなってますね。また空港にいったら自動チェックイン機を使って、カウンターは使わないでしょう。［強調引用者］

そして、一番ありがちなのは、完全雇用への復帰はずいぶん時間がかかるというものだ。というのも労働者を、ふくれあがりすぎた住宅セクターから移転させ、他の職に向けて訓練し直す必要があるからだというわけ。リッチモンドの連邦準備銀行頭取であり、需要拡大政策反対論者の重鎮であるチャールズ・プロッサーはこう語る。

> 大工をすぐに看護師にはできませんわな。そして住宅ローンのブローカーを、製造業のコンピュータ専門家にするのもなかなか手間ですな。いずれはそういうのも自然と進むでしょうねえ。人々は再訓練を受けて、他の業界で仕事を見つけるでしょう。でも金融政策では人々を再訓練はできません。金融政策ではそうした問題を解決できんのです。［強調引用者］

さて、これが全面的にまちがっているというのがわかるだろうか？

答の一部は、プロッサーが暗黙に抱いている失業者のイメージが、そもそもまちがっているということだ。彼のイメージは、典型的な失業者は建設業界の人だから、住宅バブル以後の世界に適応していないというものだ。でも二〇一一年一〇月に失業しているアメリカ人労働者一三〇〇万人のうち、以前に建設業界にいた人はわずか一一〇万人（たった八パーセント）だ。

もっと一般的にいえば、もし多くの労働者がまちがった技能を持っているとか、あるいはまちがった場所にいるというのが問題なら、正しい技能を正しい場所で持っている労働者たちは、順風満帆なはずだ。彼らは完全雇用と賃金上昇を享受しているはずだ。で、その人たちはどこにいるの？

公平を期すなら、確かにアメリカの高地地帯では完全雇用どころか労働力不足さえ起きている。ネブラスカ州やノースダコタ州とサウスダコタ州は、歴史的基準から見て低い失業率で、これは主に天然ガス掘削がブームになっているためだ。でもこの三州の人口をあわせても、ニューヨーク市のごく一部であるブルックリンよりちょっと多いくらいの人口しかない。そしてそれ以外のあらゆる場所で失業は上がっている。

さらに、主要な職業や技能集団で大盛況のものは存在しない。二〇〇七年から二〇一〇年の間に、ほとんどありとあらゆるカテゴリーで失業率はほぼ倍になった——ブルーカラーもホワイトカラーも、製造業もサービス業も、教育水準の高い人々も低い人々も。大幅な賃上げを経験している人たちなどいない。それどころか第1章で見た通り、高等教育の大卒者たちは、類を見ないほどの大幅な賃金削減にあっている。教育をまったく活用しない職を受け容れるよう無理強いされているからだ。

結局のところ、もしあまりに多くの労働者が適切な技能《ライトスタッフ》を持っていないがために大量失業が起きているなら、そういう技能を持っている少数の労働者は大繁盛のはずだ——でも、そんな人たちは見つからない。むしろ見つかるのは、あたり一面の貧窮化で、これは経済が不十分な需要に苦しんでいる場合に起こる現象だ。

つまりいまの経済は需要不足で機能不全となっているわけだ。民間セクターは全体として、稼ぐよりも少ない額を支出しようとしており、結果として収入が下がった。でも一方で、ぼくたちは流動性の罠にもはまっている。FRBは民間セクターに対し、流通するお金の量を増やすだけではもっと支出するよう説得できない。解決策は何だろうか？　答は明らかだ。問題は、あまりに多くの有力な人々が、その明らかな答を見ようとしないことなのだ。

大量支出で繁栄を実現

一九三九年半ば、アメリカ経済は大恐慌最悪の時期は脱していたけれど、不況はどう見ても終わっていなかった。政府はまだ雇用や失業に関する包括的なデータは収集していなかったけれど、わかる範囲で見る限り、いまの定義でいう失業率は一一パーセント超だった。これは多くの人には永続的な状態に思えた。ニューディール初期の楽観論は一九三七年に、経済が第二の厳しい不景気に突入したことで大打撃を受けた。

でも二年以内に経済は活況となり、失業は急落した。何が起きたんだろうか？

答は、やっとだれかが経済をフル稼働に戻すくらいの支出を始めたということだ。そしてその「だれか」とはもちろん、政府だった。

その支出の狙いは、基本的には建設よりは破壊だった。経済学者ロバート・ゴードンとロバート・クレンが述べるように、一九四〇年夏にアメリカ経済は戦争に向かった。真珠湾よりはるか以前に、アメリカは武器貸与プログラムの一環としてイギリスに送った船や軍備の補充をあわてて行い、軍事支出は急増した。さらに徴兵で採用された新兵たち数百万人を収容するために、軍キャンプが急いで建設された。軍事支出が職を作り、世帯所得が上昇すると、消費者支出もまた回復した（これはいずれ配給制により制約されるが、それはまた後の話だ）。事業の売上げが回復すると、それに応じて企業の支出も増えた。

そして、それであっさり不況は終わり、「適応不能であり訓練不足」な労働者たちはまた仕事に戻った。

その支出が軍事であって国内事業向けではなかったことで問題はあったか？　経済的には、まったくなし。支出はその目的を問わず、需要を作り出す。もちろん、政治的にはすさまじい問題を起こした。不況の間ずっと、有力な論者たちは過剰な政府支出が危険だと論難してばかりだった。おかげでニューディールの雇用創出プログラムは常に、不景気の深さから見てあまりに小さすぎるものばかりとなってしまった。戦争の脅威が実現したのは、その財政保守主義の声をやっとだまらせて、回復への戸口を開いたことだった。いまなら、宇宙人が攻めてきたというデマがあれば何より好都合かもしれない。そうすれば、対エイリアン防衛支出が大量に生まれて、景気は一気に回復するだろう。これは二〇一一年夏にぼくが考えた冗談ではあるのだけれど。

でも要は、現在の不況を脱出するために必要なのは、もう一段政府支出をドンと行うことだ、というのがここでの論点だ。

そんな単純な話でいいのか？　そんな簡単にいくだろうか？　基本的には、大丈夫。金融政策の役割についても話は要るし、政府負債への影響も考え、政府支出が止まったときに経済がすぐに不況に戻ってしまわない方策も考えるべきだ。この停滞の根幹にあるとも言われる、しつこい民間負債を減らす方法についても検討がいる。さらには国際面についても話そう。特に、ヨーロッパが自分で作り出した奇妙な罠は特筆すべきだ。こうしたすべては、本書でこれから採り上げる。でも中心的な洞察——つまり、世界がいま必要なのは、政府が支出を増やしてこの不況からみんなを引っ張り出してくれることだ、というもの——は不動だ。この不況を終わらせるのは、ほとんど驚異的なまでに簡単なはずなのだ。

だったら、なぜそれをやっていないんだろう？　その質問に答えるには、多少の経済史と、もっと重要なこととして政治史を見る必要が出てくる。でも、まずはぼくたちをこの不況に叩き込んだ、二〇〇八年の危機についてもう少し話そう。

第3章

ミンスキーの瞬間

一度このすさまじい信用収縮がやってきたら、不景気に陥るまでに時間はかかりませんでした。その不景気は、こんどは需要と雇用を引き下げて、信用収縮をさらに深めたのです。そして金融機関の貸し倒れは急増しました。実際、わたしたちは一年以上にもわたり、まさにこの負のフィードバックループに捕らわれているのです。バランスシートの負債圧縮《デレバレッジ》プロセスが、経済の隅々にまで広がっています。消費者たちは、特に耐久消費財の購入を控えて貯蓄を増やそうとしています。事業は予定の投資をキャンセルし、労働者をレイオフして現金を温存しています。そして金融機関は資産を収縮させて、資本を強化して現在の嵐を乗り切る見込みを高めようとしています。ここでも、ミンスキーはこの力学を理解していました。彼は負債圧縮のパラドックスについて語っています。そこでは、個別の個人や企業にとっては賢明かもしれない予防措置――そしてそれは確かに経済を通常の状態に復帰させるには不可欠なものです――は、経済全体の苦痛をかえって拡大してしまうのです。

――FRB副議長ジャネット・イエレン、「ミンスキー・メルトダウン：中央銀行家への教訓」と題した演説より、二〇〇九年四月一六日二〇一一年四月、新経済思想研究所——これは二〇〇八年金融危機後に、まあ何というか、新しい経済思想の普及のために創設された組織だ——はニューハンプシャー州ブレトン・ウッズで会議を開いた。ここは戦後金融システムの基盤を敷いた、一九四四年の有名な会合が開かれた場所だ。会議の参加者の一人で、有力なブログ「経済学者の視点」を主催する、オレゴン大学のマーク・トマは、パネラーたちの発言をある程度聞いてから「新しい経済思想というのは古い本を読むってことなんですね」と皮肉を放った。

他の人々がすぐに指摘したことだけれど、古い本がまた注目を集めるにはそれなりの理由があった。はいはい、経済学者たちは金融危機後に、少し新しい考えを思いつきはした。でも、考え方の面でもっとも重要な変化——少なくとも、現在の惨状の中で自分の見解を見直そうという気のある経済学者たちの中では重要な変化で、この集団はみんなが期待するより小さな集団だ——は、過去の経済学者の発想が改めて見直されたということだ。こうした過去の経済学者の一人は、もちろんジョン・メイナード・ケインズだ。ぼくたちは明らかに、ケインズが描いたような世界に暮らしている。

だが、強力かつ正当な復活をとげた、死んだ経済学者が他にも二人いる。ケインズの同時代人でアメリカのアーヴィング・フィッシャー、そしてもっと最近の人物である故ハイマン・ミンスキーだ。ミンスキーへの新たな注目として特におもしろいのは、彼は存命中は経済学の主流から完全にはずれていたということだ。だったらなぜ、こんなに多くの経済学者——本章冒頭で見た、ＦＲＢトップを含む——が、いまやミンスキーの名前を唱えているんだろうか？

みんながミンスキーを読みなおした夜

二〇〇八年危機よりはるか以前に、ハイマン・ミンスキーは——ほとんど貸す耳を持たない経済学専門家に対し——今回の金融危機のようなものが起こりかねないというだけでなく、いつか必ず起こると警告していた。

当時は、ほとんど黙殺された。ミンスキーはセントルイスのワシントン大学で教えていたが、経済学者としては一貫して周縁的な存在だったし、一九九六年に他界したときも周縁のままだった。そして正直いって、ミンスキーが主流派から無視されたのは、その異端学説のせいだけではない。彼の著書は、どう見ても読みやすいものではない。すばらしい洞察のかたまりが、仰々《ぎょうぎょう》しい文章と無意味な数式の中に散在している。そしてまた、彼はあまりに警鐘を鳴らしすぎた。ポール・サミュエルソンの古いジョークを言い換えるなら、ミンスキーは過去三回の大規模金融危機のうち、およそ九回を予言していた。

でも最近では多くの経済学者は、このぼくも大いに含め、ミンスキーの「金融不安定性仮説」の重要性を認識するようになっている。そしてミンスキーの著作を比較的最近になって読み始めた人々は、またもこのぼくを含め、もっとずっと前に読んでおけばよかったと思っている。

ミンスキーのすごい着想は、レバレッジに注目したことだ――つまり、資産や所得に対して負債がどれだけ積み上がっているかというものだ。彼の議論では、経済安定期にはレバレッジが上昇する。みんな、借し倒れのリスクについて不注意になるからだ。でもレバレッジ上昇はいずれ経済不安定につながる。それどころか、これは金融危機や経済危機の温床となってしまうのだ。

順を追って見ていこう。

まず、負債というのはとても便利なものだ。家を買いたい人がみんな現金払いを求められたり、設備拡張をしたい小事業主がその分を自分の財布から全額払わされたり、余計な事業パートナーからの出資が必要だったりしたら、社会としては貧しくなる。負債は、いますぐによいお金の使い道がない人が、有効に使える人たちに対して、ある値段で自分のお金を提供する手段だ。

あと、みなさんが思いがちなのとはちがって、負債は別に社会全体を貧しくするものではない。ある人の負債は別の人の資産だ。だから富の総量は、負債がいくらあっても変わらない。厳密にいえば、これは世界経済全体についての話で、個別の国ではちがうかもしれず、対外債務が外国資産よりずっと大きな国は確かに存在する。でも、中国からの借金とかの話で何を聞いているにしても、これはアメリカにはあてはまらない。アメリカの「対外資産負債残高」、つまり外国資産と対外債務との差の赤字は「たった」二・五兆ドルでしかない。巨額に聞こえるけれど、実は毎年一五兆ドルもの財やサービスを生産する経済として見れば、大した額ではない。一九八〇年以来、アメリカの負債は激増したが、その負債上昇も、他の世界に対する借りをそんなに増やしたわけでもない。

ただし、二〇〇八年に襲ったような危機に対して経済を脆弱にしてしまったのだった。レバレッジが高いと——つまり自分の収入や資産に対して負債がたくさんある状態だと——何かまずい事態が起きたときには明らかに弱くなってしまう。頭金なしで一定期間は金利のみ支払いの住宅ローンを組んで家を買った世帯は、住宅市場がほんの少しでも下落したら債務超過になり、困った事態になる。頭金二〇パーセントで、元金もきちんと返済していた家族は、状況が悪化しても乗り切れる見込みがずっと高い。レバレッジドバイアウトのせいで、キャッシュフローの大半を負債返済にまわさざるを得ない企業は、売上げが少しでも停滞したらすぐに倒産しかねないが、無借金経営ならたぶん乗り切れる。

もう少しわかりにくい点として、多くの人や企業のレバレッジが高くなれば、経済全体としても事態が悪化したときに脆弱になる。というのも、負債水準が高くなれば、借り手側による「負債圧縮」、つまり負債を減らそうとする試みそのものが、その負債問題をもっと悪化させるような環境を作ってしまう。

アメリカの大経済学者アーヴィング・フィッシャーは、この話を古典的な一九三三年論文「大恐慌の負債デフレーション理論」で記述した。この論文は、第2章の冒頭で引用したケインズのように、文体は古くさいけれど、中身はつい先日書かれたかのようだ。経済が停滞して、多くの借り手が負債を減らすためにすぐに対応を迫られたとしよう。「流動化」つまり手持ちの資産をなんでも売ろうとするかもしれないし、さらに支出を抑えて、収入を使って借金を返済してみてもいい。もし同じように負債を減らそうとしている人や事業があまり多くなければ、これはうまく行く。

　でも、経済のプレーヤーのうち、負債問題を抱えた人々があまりに多すぎたら、そこから抜けだそうとする集合的な努力は自滅的なものとなる。何百万もの困った住宅所有者たちが家を売って住宅ローンを返そうとしたら、あるいはその住宅が差し押さえにあって、大量の住宅が競売にかけられることになったら——結果として住宅価格は暴落し、おかげでますます多くの住宅保有者が債務超過となり、おかげでますます多くの住宅売却が余儀なくされる。銀行が、自分のバランスシートにはスペインやイタリアの負債が多すぎるのではと不安になり、そうした負債の一部をいっせいに売りに出そうとすれば、スペインやイタリア国債の値段は暴落し、銀行はますます多くの資産を売却せざるを得なくなる。もし消費者が、クレジットカード債務を返済するために支出を抑えれば、経済は停滞し、職は消え、消費者債務の負担はますます悪化する。そして事態がさらに悪化すれば、経済全体がデフレ——物価が全般的に下がる状態——に苦しむことになる。つまりドルの購買力が上がり、したがって負債のドル建て金額は下がっているのに、実質的な負債の負担は上がってしまうことになるわけだ。

　アーヴィング・フィッシャーは、これを簡潔なスローガンでまとめた。やや不正確ながら、本質的な真実を突いたものだ：借り手が支払えば支払うほど、借金は増える。大恐慌の背後にあるのはこれだ、とフィッシャーは論じた——アメリカ経済は、空前の負債を抱えたまま不景気に突入し、それが自己強化的な負のスパイラルをもたらしたのだ、と。たぶんまちがいなくフィッシャーの言う通りだったろう。そしてすでに述べた通り、この論文は昨日書かれてもおかしくない。

つまり、いまぼくたちがはまっている不況の主要な説明は、ここまで極端ではなくても、似たようなお話になるのだ。

ミンスキーの瞬間

フィッシャーの負債デフレに関する簡潔なスローガンの向こうを張って、現在の世界経済に関する同じくらい不正確だが、願わくばわかりやすいスローガンを出してみよう。現在、借り手は支出できないし、貸し手は支出したがらない。

この力学がとても明確なのは、ヨーロッパの政府だ。ヨーロッパの借り手国、危機以前の好調期にたくさん借金したギリシャやスペインのような国（かれらの借金は民間支出向けであって政府支出向けではなかったけれど、それはここでは置いておこう）は、みんな財政危機に直面している。まったく借金できないか、できてもすさまじい高金利を求められる。これまでは、ヨーロッパのもっと強い経済、たとえばドイツやヨーロッパ中央銀行が、そうした国々に融資をあの手この手でまわしていたので、そうした国々も文字通り現金が底をつくことはなかった。でもそうした支援はひもつきだ。借り手側政府は、壮絶な緊縮財政を実施するよう強制され、ヘルスケアのような基本アイテムについての支出すら削れと言われている。

だが貸し手諸国は、それを相殺するような支出増を行っていない。それどころか、かれらも負債のリスクを心配して財政緊縮を行っている。もちろん、その規模は借り手国よりは穏健ではあるが。

いまのはヨーロッパ政府の話だ。でも似たような力学がヨーロッパでもアメリカでも、民間セクターで展開している。たとえばアメリカ世帯の支出を見てみよう。債務水準ごとに支出がどのくらい変わったかという直接のデータはないけれど、経済学者アティフ・ミアンとアミール・スーフィーが指摘したように、債務に関する郡ごとのデータはあるし、住宅や車といったアイテムへの支出もわかる――債務水準は、アメリカの郡ごとにかなりちがうのだ。そして予想通り、ミアンとスーフィーの分析によれば、債務水準の高い郡は自動車の売上げも住宅建設も大幅に低下しているし、債務の少ない郡ではそれが見られない。ただし債務の少ない郡も、危機前と同じくらいの購買しかしていないので、全体としては需要が大きく低下している。

この総需要低下の結果は、第2章で見たとおり、経済停滞と高失業だ。でもなぜこれが、五、六年前ではなく今起きているんだろう？　そして借り手はそもそもどうやってそこまでの借金にはまりこんでしまったんだろう？　ここに登場するのがハイマン・ミンスキーだ。

ミンスキーが指摘したように、レバレッジ上昇――収入や資産に比べて負債のほうが増えること――は、ひどい気分になるまでは気分がよいものだ。拡大する経済で物価も上昇していれば、特に住宅のような資産の価格が上昇していれば、借り手のほうが勝ちだ。ほとんど頭金なしで家を買って、数年後には、単に住宅価格が上がったことで、家の資産価値の相当部分はエクイティとして自分のものになっている。投機家は借金して株式を買い、株価が上がれば、借りた額が多いほど利潤も大きくなる。

でも、貸し手はなぜこんな借金を喜んで認めるんだろうか？

それは、経済全体がそこそこ好調であれば、負債はあまりリスクがあるようには見えないからだ。住宅ローンを考えよう。数年前に、ボストン連邦準備銀行の研究者たちは、住宅ローンの返済不履行、つまり借り手が返済しないか返済できない事例の決定要因を検討した。すると、住宅価格が上がっている限り、失業した借り手ですら滅多に不履行には陥らなかった。単に家を売って借金を返済すればすむからだ。同じような物語は、その他多くの借り手にあてはまる。かなり悪いことが経済に起きない限り、融資はあまり高リスクには思えない。

そしてここがポイント：負債水準がそこそこ低ければ、悪い経済事象は少ないし稀だ。だから負債の少ない経済は、負債が安全に見える経済となりがちで、負債がもたらす悪いことの記憶が歴史の霞の中でぼやけてしまうような世界となる。時間がたつにつれて、負債は安全なものだという認識から、融資基準の緩和が生じる。事業者も世帯も、借金のクセがついてしまい、経済全体のレバレッジ水準は上がる。

これらがすべて、もちろんながら将来の大災厄の舞台を整える。ある時点で「ミンスキーの瞬間」がやってくる。これは資産運用会社であるピムコのエコノミスト、ポール・マッカレーが言い出したものだ。この瞬間というのはときに、ワイリー・コヨーテの瞬間とも言われる。これはマンガのキャラのコヨーテで、しばしば獲物を追いかけて崖から飛び出し、しばらく空中で止まってから下を見る――そしてマンガ物理の法則により、下を見てからやっと落下が始まる。

いったん負債水準が高くなりすぎると、ほんのちょっとしたことがミンスキーの瞬間の引き金

図 3-1 世帯債務の増減

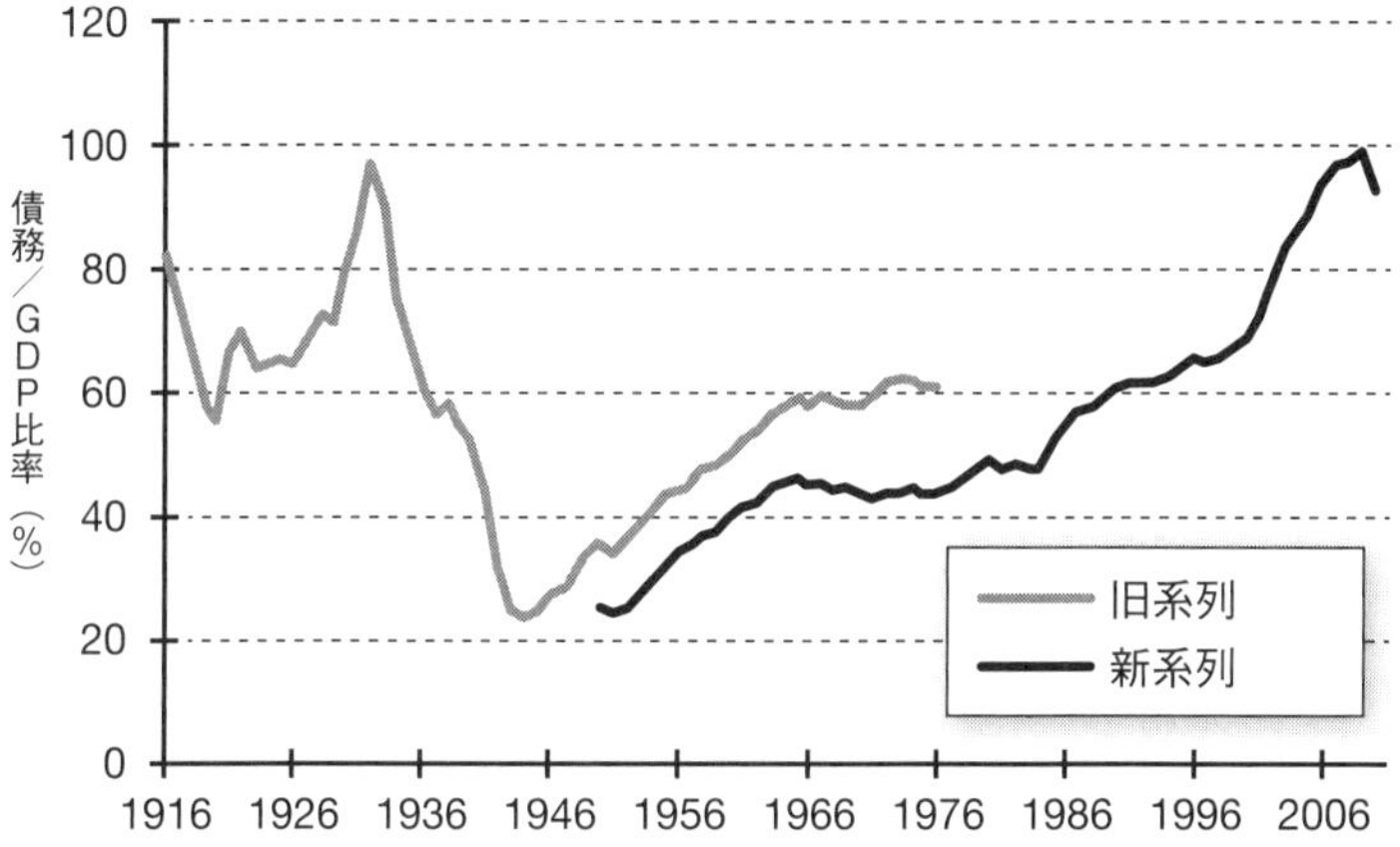

アメリカ世帯は第二次大戦中は債務を減らし、繁栄への基礎を作ったが、1980 年後に債務水準は高騰し、現在の不況の原因を作った。

出所：*Historical Statistics of the United States*, millennial ed. (Oxford University Press) およびＦＲＢ

となる――何の変哲もない不景気、住宅バブル破裂などなど。直接の原因はほとんどうでもいい。重要なのは、貸し手が負債のリスクを改めて思い出し、借り手は負債圧縮を余儀なくされ、フィッシャーの負債デフレスパイラルが始まるということだ。

では少し数字を見よう。上の図は、世帯債務のＧＤＰ比率を示している。ＧＤＰ、つまり経済全体の総所得で割ったのは、インフレと経済成長分を補正するためだ。一九五五年の世帯債務は、ドル額で見れば一九二九年の四倍だったが、インフレや経済成長のおかげで、経済的にはずっと小さいものだった。

さらに、データは全期間にわたって一貫性のあるものではない。一部のデータは一九一六年から一九七六年までだ。もう一つは、技術的な理由のためにちょっと低い数字を示すが、一九五〇年から現在まで続いている。両者が重なる部分も含めて両方を示した。こうすれば長期の話について全体的な感じは伝わるだろう。

そして、何ともすごい物語だ！　一九二九年から一九三三年にかけての、負債／GDP比率の急伸は、フィッシャーの負債デフレそのものだ。負債は増えず、GDPのほうが下がっている。借り手が負債を減らそうとしたために、不況とデフレが同時におきて、負債問題は一層ひどくなったわけだ。ニューディールの下での回復は、不完全とはいえ、負債比率をおおむね出発時点にまで戻した。

そこへ第二次大戦がやってきた。戦時中は、所得や物価が上がっても、民間セクターへは新規の融資はほぼ認められなかった。終戦後の民間負債は所得にくらべてかなり低かったので、戦時中の配給や統制が終わったら、民間需要は激増できた。多くの経済学者（そしてかなりの財界人）は、戦争が終わったらアメリカが不況に逆戻りすると思っていた。でも代わりに起きたのは、民間支出の急増、特に住宅購入の急増で、それが経済をフル回転させ、やがて大恐慌は遠い思い出になってしまった。

そして、およそ一九八〇年頃に始まった負債のすさまじい上昇は、大恐慌の記憶が薄れたことでお膳立てが調ったものだ。そして、はい、それはロナルド・レーガン選出とも一致している。というのもこの物語の一部は政治的なものだからだ。負債が上昇しはじめた理由の一つは、借り手も貸し手も悪いことが起こりかねないのを忘れたからだが、もう一つの理由は政治家や自称専門家たちも悪いことが起こるのを忘れてしまい、大恐慌再発を避けるために導入された規制を廃止しはじめたからだ。

そして、もちろんながら、悪いことが確かに本当に再発してしまった。その結果として、経済危機が生じてしまった。しかもそれは特別な種類の経済危機だった。そこでは、通常はまともとされている政策対応こそが、まさに一番やってはいけないことなのだった。

鏡の国の経済学

一見真面目そうな人たちが、現在の経済状態について語るのをあれこれ聞いていると——そしてぼくは経済評論家でもあるので、まさにそれをやらざるを得ない——やがてその人たちの最大の問題点が見えてくる。みんなまちがった比喩を使って考えているのだ。アメリカが、苦境に陥った家族であるかのように考え、所得に比べて負債が多すぎるのだと考える。だからこの状況の改善への処方箋は、美徳と倹約だ。ベルトを引き締め、支出を減らし、借金を返済し、費用をカットしなければいけません、というわけだ。

でも、これはそういう種類の危機じゃない。所得が落ちているのはまさに、支出が少なすぎるからで、支出を削れば所得はさらに下がるだけだ。過剰な負債という問題は抱えているが、その負債は外部の人に対する借金ではない。アメリカ人がお互い同士に行っている貸し借りで、これは話がまったくちがう。そして費用カットだが、だれと比べての費用カット？　みんなが費用カットを試みたら、事態は悪くなる一方だ。

ぼくたちはつまり、一時的に鏡の向こう側にいるのだ。流動性の罠――ゼロ金利ですら完全雇用を回復できない――と過剰な負債のおかげで、ぼくたちはパラドックスまみれの世界にやってきてしまった。ここでは美徳が悪徳で、堅実は愚行であり、真面目な人々が要求することはほとんどすべて、状況をかえって悪化させる。

ここで言うパラドックスとは？　その一つは「倹約のパラドックス」で、経済学入門の講義で昔は広く教えられていたけれど、大恐慌の記憶が薄れるにつれてあまり流行らなくなった。こんな具合だ。仮にみんなが一斉に貯蓄を増やそうとしたらどうだろう。貯蓄意欲が高まれば、投資が増えると思うかもしれない――新しい工場やオフィスビル、ショッピングモールなどへの投資だ――それは将来の富を増やすはずだ、と。でも沈滞した経済では、みんなが貯蓄を増やそうとすれば（つまりは支出を減らせば）総所得は減り経済は収縮する。そして経済がますます沈滞すると、事業投資は増えるどころか減る。個人としての貯蓄を増やそうとすることで、消費者たちは全体としては貯蓄が減ってしまうわけだ。

倹約のパラドックスの通常の説明だと、それが起こるのに過去の過剰な借金の後遺症が出てくる必要は特にない。とはいえそれは、実際には、停滞し続ける経済に陥る定番の道ではある。さらに過剰な負債は、関連した二つのパラドックスをさらに作り出す。

まずは「負債圧縮のパラドックス」で、これは要するにフィッシャーの簡潔なスローガンである、借り手が返済すればするほど借金は増えるということだ。相当数の個人や企業が負債を一斉に返済しようとしている世界では、所得と資産価値が下落し、このため負債問題は改善するどころか悪化する。

二つ目は「柔軟性のパラドックス」だ。これもフィッシャーの古い論文でおおむね示唆されてはいるが、その現代版を提示したのは、ぼくの知る限りニューヨーク連邦準備銀行のガウティ・エガートソンだ。こんな具合：通常は、何かを売るのに苦労しているなら、値段を下げるのが答だ。だから当然のこととして、大量失業への解決策は賃下げだということになる。実際、保守派経済学者はしばしば、ルーズベルト大統領は一九三〇年代の回復を遅らせたと主張する。ニューディールの雇用重視政策のおかげで、下がるべき賃金が上がったからだ、と。そして今日では、労働市場の「柔軟性」――賃下げの聞こえのいい言い換え――を高めることこそが必要なのだ、と論じられることも多い。

確かに個々の労働者は、低い賃金を受け容れれば、職にありつく可能性を改善できる。他の労働者に比べて魅力的になるからだ。でも、だれもが賃金カットに応じるのであれば、みんなの立場はまったく変わらず、単に全員の所得が下がるが、負債水準は前のままだ。だから賃金（と物価）の柔軟性は、単に事態を悪化させるだけだ。

さて、読者の一部はすでに何かを思いついたかもしれない。通常は立派で堅実と思われていることをすると、現状においては事態がかえって悪化するというぼくの説明が正しいなら、実はその正反対をすべきだってことなんじゃないの？　そして答は、基本的にはその通り。多くの借り手が貯金を殖やして借金を返そうとしているときには、だれかがその正反対をして、もっと支出して借金を増やすのが重要となる——そしてそのだれかになれるのは、明らかに政府だけだ。だからこれは、いまのぼくたちが直面する不況に対する必然的な回答として、ケインズ的な政府支出を導く別のやり方でしかないわけだ。

賃金や物価の低下が状況を悪化させるという議論はどうだろう。それなら賃金や物価が上昇すれば事態は改善し、インフレが本当に有益だということになるの？　その通り。というのもインフレは債務の負担を減らすからだ（そして他にも有益な影響がある。これについてはまた後で）。もっと広く言えば、どんな形であれ債務負担を減らすような政策、たとえば住宅ローン軽減策などは、不況からの持続的な解放を実現するための方策の一部となれるし、またなるべきだ。

が、先を急ぎすぎた。回復戦略の全貌を述べる前に、まず次の数章では、そもそもどうやってこんな不況に陥ってしまったのかについて、もっと詳しく検討しよう。

第4章

たがの外れた銀行家たち

最近の規制改革は、革新的な技術とあわさり、資産担保証券（ＡＢＳ）、債務担保証券（ＣＤＯ）、クレジット・デフォルト・スワップ（ＣＤＳ）といった金融商品の開発をうながし、これによりリスク分散が容易となった。（中略）

こうしたますます複雑な金融商品のおかげで、わずか二五年前のものと比べても、はるかに柔軟で効率的で、したがって頑健な金融システムの発展が実現された。

——アラン・グリーンスパン、二〇〇五年一〇月一二日

二〇〇五年のグリーンスパンはまだマエストロ扱いされていて、ほとんど神託めいた経済的叡智の源だと思われていた。そして現代金融の驚異により安定性の新時代がやってきたという彼のコメントは、そうした神託めいた叡智に基づくものと思われた。グリーンスパン曰く、ウォール街の魔術師たちは、過去のような大規模な金融トラブルは二度と決して起きないことを確実にしてくれたのだ、というわけだ。

この発言をいま読むと、グリーンスパンがいかに徹底的にまちがっていたか、驚かざるを得ない。彼が金融安定性向上の源泉として指摘した金融イノベーションこそまさに——まさに！——三年たらずで金融システムを崩壊寸前まで追いやったものなのだった。いまや、「資産担保証券（ＡＢＳ）」——要するに、銀行が住宅ローンなどの束を、あまりよくわかっていない投資家たちに売りつけて、それを銀行自身の帳簿から落とせるようにする仕組み——が無謀な融資を後押ししたのは明らかだ。債務担保証券（ＣＤＯ）——これは悪い負債を切り刻んでピューレにして作る——は、当初はＡＡＡ格付けをもらい、これまた騙されやすい投資家を引きつけたが、状況が悪化したら、こうした資産は「有害廃棄物」呼ばわりされるのが常となった。そしてクレジット・デフォルト・スワップ（ＣＤＳ）は、銀行が自分の投資は安全だというふりをするのに役だった。だれかが損失に対して保険をかけてくれているから、というわけだ。実際に事態がダメになったら、保険会社、特にＡＩＧは、自分たちの約束をきちんと果たせるだけの資金をまったく持ちあわせていないことがわかった。

困ったことに、この妄想を抱いていたのはグリーンスパン一人じゃなかった。金融危機直前には、金融システムについての議論はアメリカでもヨーロッパでも、驚くほどの自己満足ぶりが特徴だった。負債レベルの上昇や、リスクがますます軽視されるようになっているのを懸念する少数の経済学者たちは、周縁に追いやられるか、さもなくば公然と笑いものにされた。

そしてこの周縁化は、民間セクターのふるまいでも公共政策でもあらわとなった。一歩ずつ、銀行危機を防ぐために一九三〇年代に導入されたルールや規制は解体されていった。

解放された銀行家たち

政府がどうなってしまっておるのかわかりませんな。事業者を守るどころか、事業に鼻を突っ込んでくる！　なんと、銀行査察官まで作る話をしている。我々銀行家たちが銀行運営のやり方を知らんとでも言うようだ！　実際、家に戻れば何やらハイカラ役人から、うちの帳簿を監査すると通知した手紙がきておるんですよ。

全国のあらゆる新聞に大きく載せてほしいスローガンがあって、それは「アメリカをアメリカ人に！」というんです。政府は事業の邪魔をするな！　減税しろ！　我が国の負債はまったく衝撃的だ。毎年一〇億ドル以上ですと！　我が国に必要なのは、事業家を大統領に据えることですな！

——ゲイトウッド、『駅馬車』（一九三九年）の銀行家

ぼくが一九三〇年代から引用する他のせりふと同様に、ジョン・フォードの古典映画『駅馬車』での銀行家の物言いは——「ハイカラ」といった表現を除けば——つい昨日でも十分に通用しそうだ。ちなみにこの映画を見たことがない人のために説明しておくと（是非見ましょう）、このゲイトウッドは実は悪漢だ。彼がこの駅馬車に乗っている理由は、銀行のお金をすべて着服

して町からトンズラしようとしているからだ。

明らかに、ジョン・フォードは銀行家をあまり高く買っていなかった。でもそれを言うなら一九三九年には、だれも銀行家を高く評価したりはしなかった。それ以前の一〇年の記憶、特に一九三〇年から三一年にかけて全米を襲った銀行破綻の波は、広範な不信感と、規制強化の需要を作り出した。一九三〇年代に課された規制の一部は、いまだに機能しており、だからこそ今回の危機では伝統的な取り付け騒ぎがそんなに起きなかった。でも多くは、一九八〇年代と一九九〇年代に廃止された。同じく重要なこととして、規制は金融システムの変化に対応するような更新が行われなかった。この規制緩和と、規制更新の失敗との組み合わせが、負債の急増とその後の危機において大きな要因となった。

まず、銀行とは何をするもので、なぜ規制が必要かについての説明から入ろう。

ぼくたちが知るような銀行ができたのは、ほとんど事故のようなもので、まったくちがう事業である金細工業の副業でしかなかった。金細工職人は、原材料の価値が高いために、きわめて頑丈な泥棒よけの金庫を常備していた。そのうち、一部はその金庫の利用を貸し出すようになった。黄金を持っていても安全なしまい場所のない人々は、それを金細工職人に預け、いつでも好きなときに黄金を引き出せるような引換証を受け取った。

この時点で、おもしろいことが二つ起こり始めた。まず、金細工職人たちは、そんなに大量の黄金を金庫に常備しておく必要がないことに気がついた。黄金を預けた人がみんな一斉に引き出しを要求する可能性は低いので、黄金の大半を貸し出しても（通常は）安全だった。ごく一部だけを予備として手元においておけばいい。第二に、預けた黄金の引換証が、通貨の一種として流通するようになった。だれかに本物の金貨で支払いをするかわりに、金細工職人に預けた金貨の一部の所有権を移転すればいい。そうなると、その金貨に対応する紙切れが、いわば黄金と同じ価値を持つ。

銀行とは要するにそういうことだ。投資家たちは通常、自分のお金がもっと多くのお金を稼ぐよう働かせるときには、流動性――すぐに自分の資金を動かせること――とリターンとの間でトレードオフに直面する。ポケットの現金は完全に流動的だが、まったく何の収益も生まない。たとえば有望そうな新興企業に投資すれば、万事快調なら大儲けできるかもしれない。でも金銭的な危機に直面したら、その投資分を現金に換えるのはなかなかむずかしい。銀行のやることは、このトレードオフの必要性を部分的になくすことだ。銀行は預金者に流動性を提供する。つまり、必要なときにはいつでも資金が取り戻せるようにする。でも、そうした資金の大半を、長期投資によるリターン稼ぎにまわす。たとえば事業融資や住宅ローンなどだ。

ここまでは大変結構――銀行はとてもよいもので、銀行家だけでなく経済全体にとっても、ほとんどの場合にはとてもありがたいものだ。だがたまに、銀行がひどくおかしくなることがある。というのもこの仕組みはすべて、預金者全員が一斉に自分の資金を要求しないことにかかっている。もし何らかの理由で、預金者全員、または少なくとも相当数が一斉に資金を引き出したいと思ったら、銀行は大弱りだ：手元に現金はないし、融資などの資産を売却してすぐに現金を手にしようとしたら、叩き売りせざるを得ない――そしてそれにより倒産しかねない。

銀行の預金者が資金を一斉に引き出したいと思うのはどんな場合だろうか？　それはもちろん、その銀行が破綻しかねないと恐れる場合に決まっている。そしてその銀行がなぜ破綻しそうかといえば、あまりに多くの預金者が逃げだそうとしているせいかもしれない。

だから銀行は、避けがたい特徴を抱えている。それは取り付け騒ぎの可能性だ——突然信頼感が消え失せてパニックが起こり、それが自己成就的な予言になってしまうわけだ。さらに、取り付け騒ぎは伝染しやすい。パニックが他の銀行にも広がりかねず、さらにある銀行が叩き売りを始めたら、それが他の銀行の資産の価値を引き下げ、同じような財務悪化を引き起こしかねないからだ。

すでにお気づきの読者もいるだろうが、取り付け騒ぎの論理——特に伝染する取り付け騒ぎ——と、みんなが一斉に負債を返済しようとするミンスキーの瞬間の論理との間には、明らかな類縁性がある。主要なちがいはといえば、ミンスキーの瞬間をもたらす経済全体としての高い負債水準やレバレッジという条件はごくたまにしか発生しないが、銀行は通常の状態でもレバレッジが高いために、信頼が突然喪失して自己成就的な予言になりかねないという点だ。取り付け騒ぎの可能性は、銀行業の性質から見てほぼ不可避なものとなっている。

一九三〇年代以前には、取り付け騒ぎへの対策は二つあった。一つは、銀行が自らをできるだけしっかりした存在に見せようとすることだ。これは外見面でもそうだ——だからこそ銀行の建物はしばしばすさまじく巨大な大理石造だ。そして、実際にとても慎重になることでもしっかりした存在をアピールした。一九世紀の銀行はしばしば「自己資本比率」が二〇〜二五パーセントもあった——預金の価値は、総資産価値のたった七五パーセントから八〇パーセント分でしかなかったということだ。つまり、融資額の二〇〜二五パーセントを失っても、預金者全員に預金を払い戻せる。これに対し、二〇〇八年危機直前の金融機関の多くは、自己資本が総資産のたった数パーセントしかなく、ちょっとした損失でも破綻しかねなかった。

第二に、「最後の砦となる貸し手」——パニックに見舞われた銀行に資金を提供し、預金者がちゃんと預金を取り戻せることを保証して、パニックを落ち着かせる機関——を作ろうという努力が行われた。イギリスでは、イングランド銀行が一九世紀前半にその役割を果たすようになった。アメリカでは、一九〇七年の危機はＪ・Ｐ・モルガンがとりまとめた付け焼き刃の対応で対処されたが、いつもＪ・Ｐ・モルガンがいてくれるとは限らない。そこで連邦準備制度が設立された。

だがこうした伝統的な対応は、一九三〇年代にはすさまじく不十分なことがわかり、議会が乗り出した。一九三三年のグラス＝スティーガル法（および他国の類似法制）は、経済を金融洪水から守るための、防波堤システムとでも言うべきものを作った。そしておよそ半世紀にわたり、そのシステムはかなりうまく機能した。

一方では、グラス＝スティーガル法は連邦預金保険公社（ＦＤＩＣ）を成立させた。これは銀行が破綻したとき、預金者が損失を負わないように預金保険を提供するものだ（いまもある）。ちなみに映画『素晴らしき哉、人生！』では、ジミー・スチュワートの銀行で取り付け騒ぎが起こるけれど、まったくの時代錯誤だ。あの映画の時代設定は第二次世界大戦の直後だが、そのときには預金保険はちゃんとできていたので、あの手の昔ながらの取り付け騒ぎは過去のものとなっていた。

もう一方では、グラス＝スティーガル法は銀行が手を出せるリスクの量を制限した。これは預金保険が成立したので特に不可欠だった。そうでないと、預金保険がすさまじい「モラルハザード」を作り出してしまう。つまり、銀行が何も問い質《ただ》されずに預金者から大金を調達し——どうせ政府が保証してくれるんだし——それをハイリスクハイリターンの投資につぎ込み、勝てば大儲け、ダメならば納税者が負担と決め込むことが可能になってしまう。規制緩和の最初の惨劇は一九八〇年代、各種のセービングス＆ローン機関が、この種の納税者補助ギャンブルというのが単なる理論的可能性ではないことを思い知らせてくれたのだった。

そういうわけで、銀行は預金者の資金で博打《ばくち》を打たないように、各種の規制を課されることになった。最大の点として、預金を集める銀行はすべて、融資だけしかできないよう規制された。預金者の資金を使って、株式市場や商品市場で投機を行ってはならないし、そうした投機活動を同じ機関の屋根の下で行うことも禁じられた。だからこの法律は、通常の銀行活動、つまりチェース・マンハッタン銀行などが行う事業と、「投資銀行」つまりゴールドマン・サックスみたいなところの活動とを厳しく区別した。

預金保険のおかげで、すでに述べた通り、昔ながらの取り付け騒ぎは過去のものとなった。そして規制のおかげで、銀行は大恐慌以前よりも融資にはるかに慎重となった。結果として、イェール大学のゲーリー・ゴートンが「静かな時代」と呼ぶものが生じた。比較的安定し、金融危機が起きない長い期間のことだ。

だがそのすべてが、一九八〇年に変わり始めた。

この年はもちろん、ロナルド・レーガンが大統領に選ばれた年で、アメリカ政治が大幅に右方向へ舵を取る徴《しるし》が見えていた。でもある意味でレーガン選出は、カーター政権時代ですら進行中だった、政府介入に対する態度の変化をあからさまにしただけだった。カーターは航空会社の規制緩和を主導し、アメリカ人の旅行を変えた。またトラック輸送も規制緩和し、財の流通を一変させた。そして石油と天然ガスも規制緩和した。ちなみにこうした政策は、当時もいまも経済学者たちからはほぼ満場一致で賞賛された。政府が航空料金やトラック運送の料金を決めるべきまともな理由はそもそもなかったし、こうした産業での競争増加により、広範な効率性の向上が見られた。

当時の気運からして、金融もまた規制緩和の対象になったのも無理はない。その方向への大きな一歩も、カーター時代に踏み出されている。カーターは金融コントロール法を一九八〇年に可決させ、銀行が多くの預金に対して金利を払うのを禁止していた規制を終わらせた。レーガンはそれに続いてガーン＝セント・ジャーメイン法を一九八二年に可決させたが、これは銀行が行える融資の種類に対する規制を緩和した。

残念ながら、銀行業はトラック運送業とはちがうので、規制緩和の影響は効率性を高めるよりはむしろ、リスク負担を奨励することになった。預金金利で銀行の競争を促すのは、消費者にとってはよいことのように思えた。でもそれは銀行業を、最も無謀な者しか生き残れない世界にしてしまった。怪しげな融資を敢えてするような銀行だけが、預金者に高めの金利を提供できるわけだ。銀行が課せる金利制限をなくすことで、無謀な融資も魅力的になった。銀行家は高い利子を約束する——が、その約束を守らないかもしれない——顧客に融資できるようになったからだ。そしてある特定事業や個別の借り手に対するエクスポージャーを制限する規制が緩められて、大儲けの可能性はさらに高まった。

こうした変化のおかげで、融資も急増し、また融資のリスクも急増した。そしてほんの数年後には、大きな銀行問題も浮上してきた——これは一部の銀行が自分の融資のための資金調達手段として、他の銀行から借金していたことでさらに悪化した。

また、規制緩和トレンドはレーガンで終わりはしなかった。さらにもう一つ大きな規制緩和が、次の民主党大統領の下で実施された。ビル・クリントンは大恐慌時代の規制にとどめの一撃を加え、商業銀行と投資銀行を分離するグラス＝スティーガル法のルールを排除した。

だが、こうした規制の変化よりはむしろ、変わらなかったもののほうが重要だという説もある——銀行業の性格が変わったのに、それを反映した規制の更新が行われなかったのだ。

そもそも銀行とは何だろうか？　伝統的な銀行とは預金機関であり、窓口でお金を預金して、その窓口から好きなときに引き出せるという場所だ。でも経済学的に言えば、銀行というのは短期で借りて長期で貸し、人々には資金への即時アクセスを約束しつつ、その資金を使ってすぐに現金化できない投資をする機関すべてとなる。預金機関——でかい大理石造にずらりとそろった窓口担当者——は、これをやる伝統的な手法だった。でも、他にもやり方はある。

すぐにわかる例は、マネー・マーケット・ファンド（ＭＭＦ）だ。これは銀行のような物理的な店構えはないし、文字通りのお金（死んだ大統領の肖像画がついた緑の紙切れ）も提供しないけれど、それ以外では当座預金口座とかなり似たような機能を果たす。一時的に現金を預けておきたい企業は、「レポ」に頼ることが多い。これはリーマンブラザーズのような借り手が、ごく短期（しばしば一夜だけ）に不動産担保証券などの資産を担保としてお金を借りる市場だ。リーマンなどは、こうした市場で調達した資金を使い、そうした不動産担保証券などをもっと買う。また、「オークションレート・セキュリティーズ」（どんなものかは聞かないでおくれ）といった仕組みもある。これもまた、通常の銀行と同じような目的を果たすのに、伝統的な銀行に対する規制の対象にはならない。

こうした、銀行と同じことをやる各種の方法は、「シャドーバンキング」と呼ばれるようになった。三〇年前にはシャドーバンキングは、金融システムの中でもごく小さな部分でしかなかった。本物の銀行とは、でかい大理石造の建物に、窓口担当者がたくさん並んでいるものだった。でも二〇〇七年には、シャドーバンキングのほうが古くさい銀行業よりも大きくなっていた。

二〇〇八年に明らかになったこと——そしてずっと早く認識されるべきだったこと——は、シャドーバンキングも伝統的な銀行とまったく同じリスクをもたらすということだった。預金機関と同じく、きわめてレバレッジは高い。伝統的な銀行と同じく、自己成就的なパニックで潰れかねない。だからシャドーバンキングの重要性が高まれば、伝統的な銀行に対するものと似たような規制を受けるべきだった。

だが当時の政治的な気運からして、そんなことが起こるはずもなかった。シャドーバンキングは、監督なしで成長が認められた。そして、伝統的な銀行より大きなリスクを取ってよかったというまさにその理由で、通常の銀行より急速に成長した。

無理もないことだが、伝統的な銀行もそれに参加したくなり、そしてますますお金に支配された政治システムのおかげで、銀行は望み通りのものを手に入れた。グラス＝スティーガル法による、預金銀行と投資銀行との区分は一九九九年に、シティコープからの明示的な要望に応えて廃止された。シティコープはシティバンクの持ち株会社で、投資銀行業を営むトラベラーズグループと合併してシティグループになりたいと思っていたのだった。

結果として、ますます規制を受けない金融システムができあがり、そこでの銀行は静かな時代が作り出した自信過剰に完全に身を委《ゆだ》ねてもかまわないことになった。負債が急増し、リスクは増大し、危機の基礎ができあがった。

大嘘

みんなの苦情は聞いたよ。その一部はまったく無根拠だ。住宅ローン危機を作り出したのは、銀行じゃない。疑問の余地なく明らかなことだが、ギリギリの人にまで住宅ローンを提供しろとみんなに強制したのは、議会だったんだからね。さて、私はそれが全面的にダメな政策だったと言ってるんじゃない。そのおかげで家が買えた人の多くは、いまでもその家を持っているし、その政策なしには絶対に家は手に入らなかっただろうから。でも、ファニーやフレディーを無理強いして、こう言うとなんだが、まともでないローンを山ほど出させたのは、議員たちだったんだ。みんなにローンを出せと銀行に言ったのはあの連中だ。そしていまや、みんな銀行を悪者にしようとしている。一つの標的だし、悪者扱いするのは簡単だし、議会が自分の責任を認めるなんてあり得ないからね。同時に議会は、融資基準を緩めてもっと貸し出しを増やせと銀行に圧力をかけようとしてる。これはまさに、議会が銀行を批判しているのと同じ言い分じゃないか。

——ニューヨーク市長マイケル・ブルームバーグ、ウォール街占拠の抗議運動について

自信過剰と規制緩和についてぼくがいま述べたお話は、まさに危機の前夜までに起こった事実そのものだ。でも、別のお話を耳にしたことがあるかもしれない——右の引用でマイケル・ブルームバーグが語っているお話だ。このお話によれば、負債の増大はリベラル派による善意の連中と政府機関のせいであり、その連中が銀行に対して少数民族の住宅購入者に住宅ローンを認めろと無理強いし、怪しげなローンにまで補助金をつけたのだ、ということになる。この別のお話は、すべて政府のせいだという右派のドグマだ。ほとんどの、いやほぼすべての共和党員にとって、これは疑問の余地なき真実だ。

むろん、これは真実なんかじゃない。ファンドマネージャーでブロガーのバリー・リトホルツ

は、特に政治的ではないがインチキにはめざとく、これを金融危機の大嘘と呼んでいる。

どうして大嘘が、本当に真実でないとわかるのか？　主な証拠は二種類ある。

まず、アメリカ議会が低所得世帯の持ち家を増やしたがったのが融資増大の元凶だとする説明は、融資ブームや住宅バブルが実に広範に広がっていたという都合の悪い事実に直面しなくてはならない。多くの市場は、低所得の借り手とはまったく関係ない市場や資産も含まれている。ヨーロッパでも住宅バブルや融資ブームが起きた。商業不動産でも物件価格上昇があり、バブルが破裂すると債務不履行や損失が続いた。アメリカ国内でも、最大のバブルと破裂が生じたのはインナーシティ地域ではなく郊外や準郊外だった。

第二に、高リスク融資の大半は民間の融資者が行ったものだった――しかも規制の緩い民間融資者だ。特に、サブプライム融資――通常の融資基準では審査を通らない借り手への住宅ローン――を行ったのは、圧倒的に民間企業で、しかもコミュニティ再投資法（少数民族への融資を奨励するための法律）の対象でもなければ、住宅融資奨励を業務とする政府出資機関ファニーメイやフレディーマックの監督も受けていなかった。実は住宅バブルのほとんどの期間で、ファニーメイやフレディーマックは急速に市場シェアを失っていた。これは民間融資者が、政府出資機関では扱わないような借り手も受け容れていたからだ。フィレディーマックは、後になって住宅ローンの発行者からサブプライム住宅ローンを買い始めたけれど、明らかに追随しただけで、主導したわけじゃない。

この二番目の点に反論すべく、右派シンクタンクのアナリストたち――特にアメリカン・エンタープライズ研究所のエドワード・ピント――は、ファニーメイやフレディーマックが「サブプライムや他の高リスク」住宅ローンの引き受けを行っていたというデータを提出している。立派な融資得点を持たない借り手へのローンと、厳しい融資基準に合格できない借り手へのローンとを束ねて作りあげたデータだ。これを見ると、あまり知識のない読者は、ファニーメイやフレディーマックが本当にサブプライム融資促進に深く関与していたと思ってしまう。でも、そんなことはしていなかったし、「他の高リスク」のものは、よく見れば特に高リスクではなく、デフォルト確率はサブプライム融資よりはるかに低かった。

他にいくらでも例はあるけれど、言いたいことはおわかりだろう。金融危機を政府のせいにしようという試みは、事実を少し見ただけでも崩壊するし、そうした事実をごまかそうとすれば、意図的な歪曲が丸見えになる。すると疑問が湧いてくる。なぜ保守派たちは、政府のせいだとそこまでして信じたがり、他の人にも信じさせようとするんだろうか?

目先の答は即座にわかる。それ以外のことを信じたら、自分の政治運動が何十年もまちがった方向を向いていたことを認めることになるからだ。現代の保守主義は、邪魔のない市場や無制限の利潤追求と個人的利益追求こそが繁栄の鍵だという主張を奉じている――そして、大恐慌から生じた政府の役割拡大は、有害無益だったと思っている。でも実際に目に入るのは、保守派たちが権力を握り、大恐慌時代の保護の多くを解体し――すると経済は二度目の恐慌に陥りました、というお話だ。最初のものほどはひどくないが、それでも十分に悪い。保守派たちは、この不都合な歴史をなんとかごまかさねばならず、このために政府の欠如ではなく政府の存在こそが悪者だという話が不可欠なわけだ。

でもこれはある意味で、質問を一歩後退させただけだ。なぜ保守派イデオロギー、つまり政府が常に問題であり決して解決策にはならないのだと言う信念が、政治的な言論でこれほどの掌握力を持つようになったんだろうか？　これはみなさんが考えるよりもちょっと答えにくい問題となる。

あまりよくない時代

これまでぼくが語ったことを見て、みなさんは一九八〇年代以来のアメリカの繁栄はただの幻影で、よい時代に思えたのは見かけだけのことで、負債バブルが二〇〇八年に崩壊してみんな目が覚めたんだ、と思うかもしれない。そして、そういう部分もある。が、その話には条件をつける必要がある。というのも本当のことを言うと、そのよい時代ですらいくつかの面で、そんなによいものではなかったからだ。

まず、アメリカは二〇〇八年まで、致命的な金融危機は避けてきたとはいえ、規制緩和された銀行システムの危険性は、見ようとすればずっと早い時期から明らかになりつつあった。

実は、規制緩和はほとんど即座に深刻な惨劇を作り出してしまっていた。すでに述べたけれど、一九八二年に議会はガーン＝セント・ジャーメイン法を可決し、ロナルド・レーガンもそれに署名した。レーガンは署名式でこの法律について「我が政権の包括的な金融規制緩和プログラムへの第一歩」と自賛した。その主要な狙いは、貯蓄機関（セービングス&ローン機関）業界の問題を救うことだった。こうした機関は、一九七〇年代以後のインフレ上昇で問題を抱えていたのだった。高インフレ率のために高金利となり、貯蓄機関——低金利で長期融資をしていた——は困った立場になった。数多くの貯蓄機関は破綻のリスクに直面していた。預金は連邦保険がついていたので、そうした損失の多くは最終的には納税者負担となる。

だが政治家たちは嫌なことを認めたがらず、逃げ道を探した。署名式で、レーガンはこれがどういう仕組みになるはずかを説明した：

この法律が何をするかといえば、貯蓄機関業界が商業融資を行い、消費者融資を増やすことを認めることで、貯蓄機関の力を高めることです。住宅市場の変化や金利水準に対するエクスポージャーも減らします。これはこんどは、貯蓄機関が今後何年にもわたり、何百万人もの住宅金融提供における、もっと強力でもっと有効な力となるようにするのです。

が、そんなふうにはならなかった。代わりに、その規制緩和はモラルハザードの古典的な例を作り出してしまった。貯蓄機関の所有者たちは、きわめてリスクの高い行動を取るインセンティブを与えられてしまった。なんといっても、預金者たちは銀行が何をしようと気にしない。どうせ損失に対しては預金保険がある。だから銀行家として賢い行動は、怪しげな借り手（通常は不動産開発業者）に対して高金利融資を行うことだった。うまく行けば、銀行は大きな利益が得られる。ダメだったら、銀行家は逃げればいいだけだ。表なら自分の勝ち、裏なら納税者の負け、ということになる。

そうそう、緩い規制はまた、露骨な泥棒でも許容してしまう環境を作り出した。融資が友人や親戚に対して行われ、かれらがお金を持ち逃げする。『駅馬車』の銀行家ゲイトウッドがいたでしょう。一九八〇年代の貯蓄機関業界には、ゲイトウッドたちがたくさんいた。

一九八九年には、貯蓄機関業界が暴走したのは明らかで、国がついにこのカジノを閉鎖させた。でもその頃には、業界の損失はふくれあがっていた。最終的に、納税者たちは一三〇〇億ドルの請求書に直面した。当時としては大金だ——経済規模からいえば、今日では三〇〇〇億ドル以上に相当する。

また、規制緩和が支持者たちの認めるよりはるかに危険だという兆候は、セービングス&ローン機関だけじゃなかった。一九九〇年代初期には、大商業銀行、特にシティバンクで大きな問題がいくつか発生した。商業不動産開発に融資しすぎたために生じた問題だった。

一九九八年に、エマージング市場の相当部分が金融危機のさなかにあった頃、あるヘッジファンド、ロングタームキャピタルマネジメント（ＬＴＣＭ）の破綻が一〇年後のリーマンブラザーズ破綻と同じような形で、金融市場を凍り付かせた。ＦＲＢ主導で付け焼き刃式の救済策が組まれ、一九九八年の危機は回避されたが、この出来事は警鐘となるべきだったし、手に負えない金融の危険に関する身をもっての教訓となるべきだった（こうした話の一部は、一九九九年の拙著『世界大不況への警告』にも書いた。そこではＬＴＣＭ危機と、アジアに吹き荒れる金融危機との類似について指摘した。でも今にして思えば、ぼくは問題がいかに広範なものかをまったく見損ねていた）。

だがこの教訓は無視された。二〇〇八年危機直前まで、金融業界の音頭取りたちは、本章冒頭のグリーンスパンのように、すべては問題なしだと固執した。さらに、金融規制緩和のおかげでますます全体としての経済効率が大幅に改善されたとしょっちゅう主張し続けた。今日でも、以下のユージーン・ファーマのような主張を耳にすることは珍しくない。ファーマはシカゴ大学の有名で影響力の高い金融経済学者だ。

一九八〇年代初期、先進世界と発展途上国の一部大プレーヤーたちは、驚異的な成長の時代を体験した。世界の貯蓄を世界中の生産的な用途にまわすのに貢献することで、金融市場や金融制度がこの成長に大きく貢献したと論じるのは正当だろう。

ちなみにファーマがこれを書いたのは二〇〇九年一一月、ほとんどの人から見れば、金融のたがはずれたために生じた停滞の真っ最中のことだった。だが長期的に見ても、彼が思い描いた「驚異的な成長」のようなものはまったく生じていない。アメリカでは、規制緩和後の数十年における成長は、それ以前の数十年よりも実は遅かった。「驚異的な成長」が真に起こった時期は、第二次世界大戦後の数十年で、その時期には生活水準はおおむね倍増した。実は、中流所得世帯にとって、危機前ですら所得はそこそこしか上昇しなかったし、それも賃上げよりはむしろ労働時間を増やしたことで実現されたものだった。

だが有力な少数派にとっては、金融規制緩和や負債増大の時代は、確かに驚異的な所得上昇の時代だった。そしてそれはまちがいなく、経済が向かっている道についての警告に耳を貸そうとする人が実に少なかった重要な理由の一つだ。

つまり、現在の危機の深い理由を理解するには、格差と第二の金ぴか時代到来について話す必要がある。

第5章

第二の金ぴか時代

タージ・マハール規模の家を所有して維持するのは高価なものです。邸宅を適切に装飾する費用について、グリニッジのジョーンズ・フーター・マルジョテス・パートナーズのインテリアデザイン部長ケリー・デルローズさんが、詳しく親切に説明してくれました。「じゅうたんがとても高くつきます」と彼は、ある顧客の寝室用に注文した、七万四〇〇〇ドルの広幅じゅうたんについて教えてくれました。「あとはカーテンですね。金物だけで――レールやブラケットやカーテンリングなど――数千ドルはいきますから、金物だけで一部屋一万ドルは優にいきます。それからカーテンの布地ですね。（中略）こうした部屋のほとんど、グランドルーム、家族部屋などでは、布地が一〇〇ヤードから一五〇ヤード必要です。ごく当たり前のことです。綿の布なら平均で一ヤード四〇ドルから六〇ドルですが、私たちが扱うほとんどのものは、すごく上質の絹でして、一ヤード一〇〇ドルです。いまのところ、一室分のカーテンだけで、二万ドルから二万五〇〇〇ドルがかかっています」

――「グリニッジのとんでもない富」「ヴァニティフェア」誌二〇〇六年七月号

二〇〇六年、金融システムが縫い目から崩壊し始める直前に、ニナ・ムンクが「ヴァニティフェア」誌にコネチカット州グリニッジで進行中の、大邸宅建設ラッシュについて記事を書いた。彼女が指摘した通り、グリニッジは二〇世紀初期に大金持ちたちのお気に入りの地区となった。産業の創設者やその後継者たちがここに「ヨーロッパのパラッツォやシャトーやお屋敷に比肩する」大邸宅を建てた。でも第二次大戦後のアメリカには、二五室の大邸宅を維持するだけの金持ちはあまりおらず、大邸宅は少しずつ切り売りされていった。

そこへヘッジファンドのマネージャーたちが引っ越してきた。金融業界の相当部分は、もちろんウォール街（そして似たような機能を果たすロンドンのシティ）に集中している。だがヘッジファンド——基本的には借りたお金で投機を行い、そこのマネージャーは大儲けをする特別な洞察力があると期待する投資家たちを募る——はグリニッジに集結した。ここはマンハッタンから鉄道で四〇分ほどのところだ。こうしたファンドのマネージャーたちは、インフレ調整後でも、かつての泥棒男爵たちに匹敵するかそれ以上の収入を得ている。二〇〇六年に、最高給のヘッジファンドマネージャー二五人の稼ぎはあわせて一四〇億ドルで、これはニューヨーク市の学校教師八万人全員の給料合計の三倍だ。

こうした人々がグリニッジに家を買おうと思ったら、金に糸目はつけない。古い金ぴか時代の邸宅を買い、多くの場合はそれを取り壊してさらに大きな宮殿を建てた。大きいといってもどのくらい？　ムンクによれば、ヘッジファンドマネージャーが買った新築住宅の平均床面積は一五〇〇平米とのこと。ヘルスケア産業を専門とするヘッジファンド、オラクルパートナーズのラリー・ファインバーグは、二〇〇〇万ドルの家を買って、あっさりそれを取り壊した。町に出した建築申請によれば、三〇七七平米の豪邸を建てる予定だとのこと。ムンクが親切に書いておいてくれたことだが、これはタージ・マハールよりちょっと小さいくらいだ。

が、そんなことを気にする必要があるんだろうか？　単なる下世話な興味では？　うん、確かに金持ちセレブのライフスタイルについて読むのはなかなかおもしろい面もあることは否定できない。でもここには、もっと大きな論点だってあるのだ。

第4章の終わりで、二〇〇八年危機以前ですらなぜ金融規制緩和が成功物語と思われていたのかは理解しにくい、という話をした。セービングス&ローン機関の惨状は、規制緩和された銀行家がいかに暴走するかという高価な実証を与えてくれた。来たるべき危機の前兆となるニアミスもあった。そして経済成長は、どう見ても規制緩和後のほうが規制の厳しい時期よりも低かった。でも、一部の評論家――すべてとは言わないが、ほとんどが政治的に右派だ――の間には奇妙な幻想があった（いまだにある）。規制緩和の時代は経済的な勝利の時代だったというものだ。前章で、シカゴ大学の高名な金融理論家ユージーン・ファーマが、金融規制緩和以来の時期が「驚異的な成長」の時期だったと宣言したのを見たが、実はそんな様子はまったくなかった。

ぼくたちが驚異的な成長を体験しているとファーマに思わせてしまったものは何だろうか？　うん、ひょっとしたらそれは、一部の人――たとえば、金融理論についての会議を主催するような人々――は、確かに自分の所得の驚異的な成長を経験していたからかもしれない。

図 5-1　アメリカ人の所得

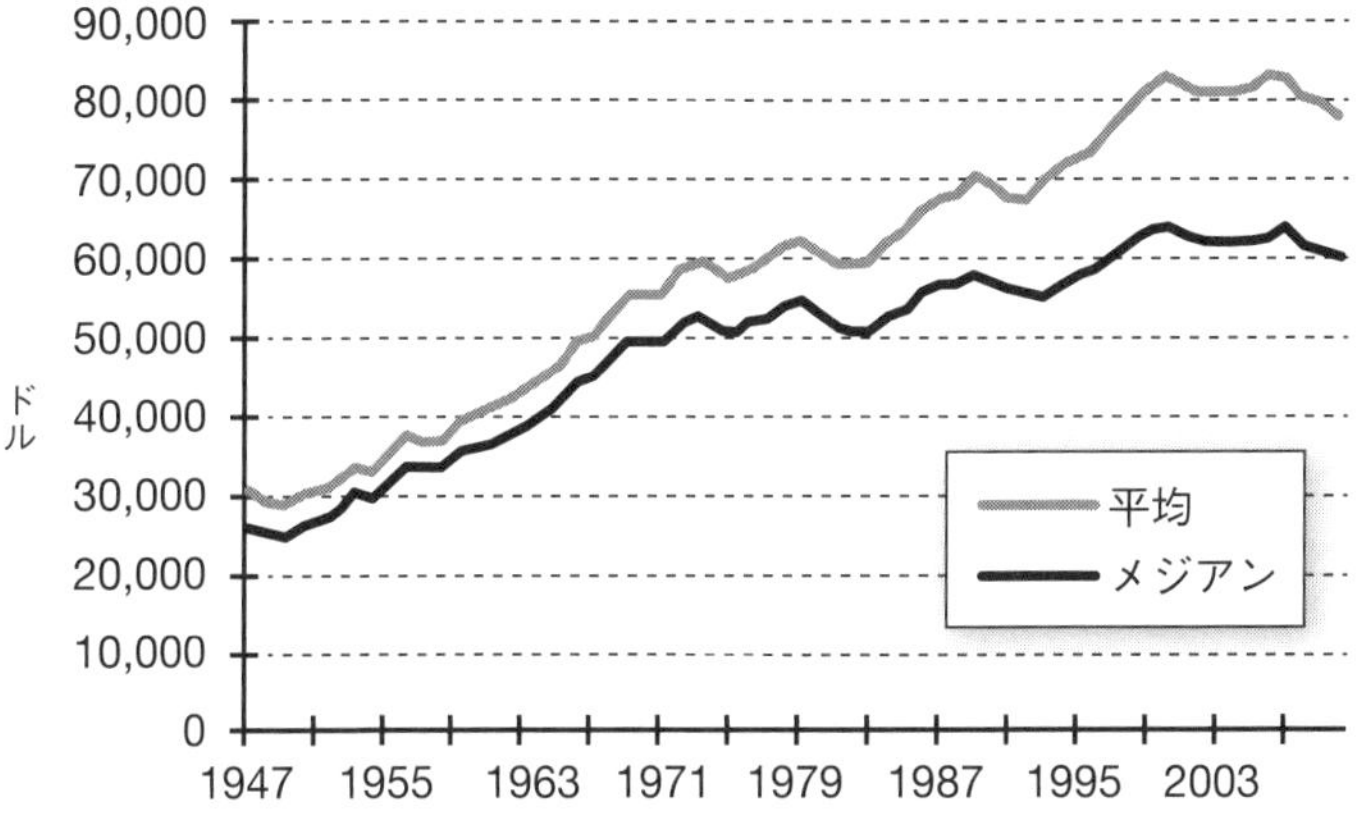

規制緩和の時代には、世帯の平均所得——平均的な世帯の所得——すらそんなに増えなかったし、メジアン所得——所得分布の真ん中にいる世帯の所得——はほとんど横ばい近くなったが……

図 5-2　上位１％の所得

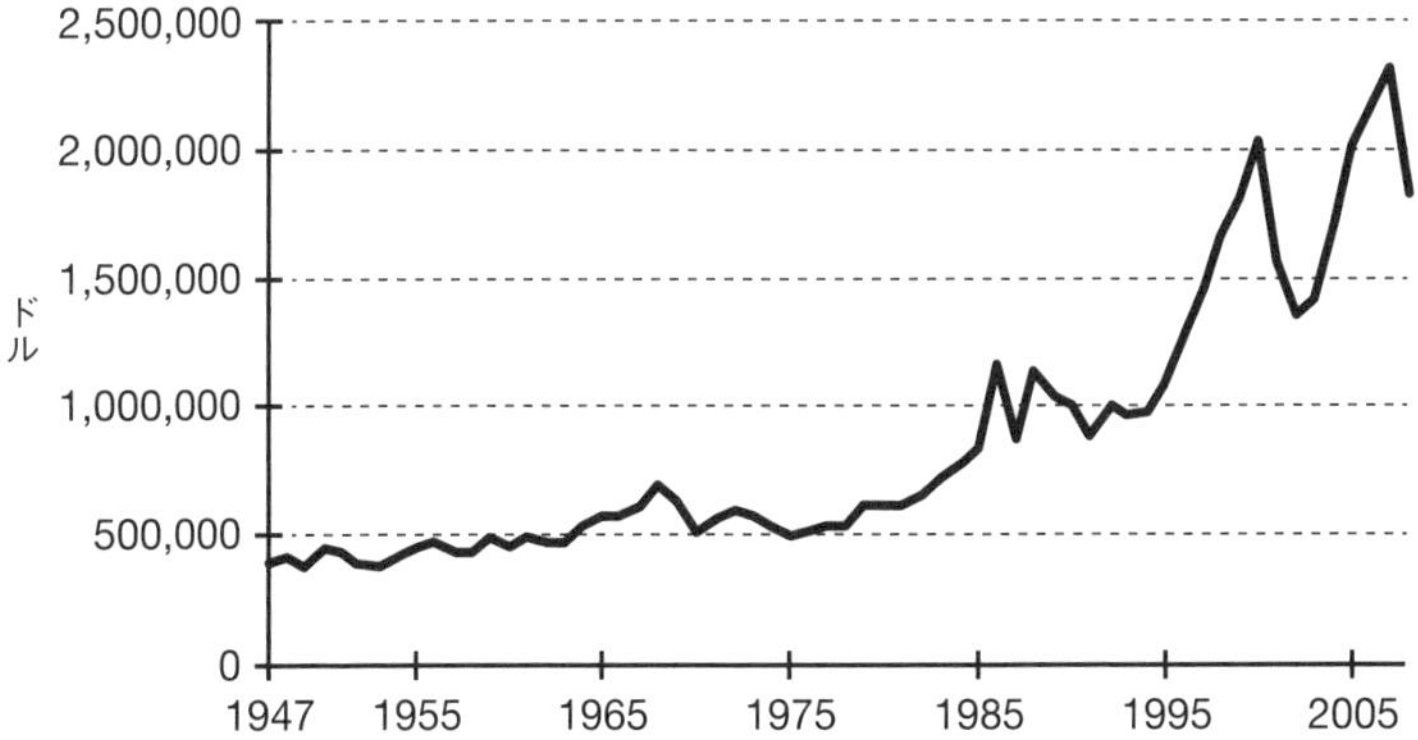

……人口上位１パーセントの平均所得は爆発的に増えた。

出所：U.S. Census, Thomas Piketty and Emmanuel Saez, "Income Inequality in the United States: 1913-1998," *Quarterly Journal of Economics*, 2003年2月(2010年改訂)

105ページに二つの図を示そう。上のグラフは、第二次大戦以来のアメリカ世帯所得の指標二つで、どちらもインフレ調整済みドルで表示してある。片方は平均世帯所得――総所得を世帯数で割ったものだ。この指標ですら、金融規制緩和後に「驚異的な成長」なんかまるで見られない。それどころか、伸び率は一九八〇年以前のほうが、その後よりも高い。もう一方は、メジアン世帯所得だ。典型的な世帯の所得、人口の半分よりも所得が高く、半分よりも低いという世帯についての数字だ。これでわかるとおり、典型的な一家の所得は一九八〇年以降は伸びがずっと低かった。なぜか？　それは、経済成長の果実のうち、あまりに多くが一握りのトップの人々の懐に入ったからだ。

下のグラフの数字を見ると、トップの人々――この場合は、ウォール街占拠の標語で有名になった「一パーセント」――がいかに儲けたかがよくわかる。彼らにとって、金融規制緩和以降の成長は、確かに驚異的だった。もともと彼らのインフレ調整済み所得は、株式市場の上下動とほぼ連動していたが、一九八〇年以降はおおむね四倍になった。だからエリートは規制緩和の下でものすごく豊かになり、超エリートと超スーパーエリート――つまりトップ〇・一パーセントや〇・〇一パーセント――はそれ以上に儲け、トップ一万分の一のアメリカ人は、六六〇パーセントも豊かになった。コネチカット州にタージ・マハール級の邸宅が乱立しているのは、これが原因だ。

経済成長に覇気がなく、中産階級にはほとんど利益がなかったのに、大金持ちだけが驚異的な台頭をとげたことで、二つの大きな疑問が湧く。一つは、なぜそれが起きたか、ということだ。

これは本書の主題じゃないので、ごく手短にすませよう。もう一つは、それがいま経験している不況とどう関係しているのかという問題で、これはちょっとやっかいながら重要なテーマとなる。ではまず、このてっぺんでふくれあがっている所得って何なの？

なぜ金持ちは（一層）金持ちになったのか？

格差の拡大に関する多くの議論は、いまだにそれが技能に関するプレミアム上昇によるものでしかないような口ぶりだ。そのお話によれば現代の技術発達が高技能労働者の需要を増大させ、定型作業や肉体労働のニーズは減る。だから高等教育を受けた少数派は、教育水準の低い多数派より抜きん出るというわけだ。たとえば二〇〇六年に、ＦＲＢ議長ベン・バーナンキは格差拡大に関する演説をしたけれど、そこで示唆されたのは、高等教育を受けた二割の労働者が教育水準の低い八割を引き離しているのだ、という話だった。

そして、正直に言えば、この物語が完全にまちがっているわけじゃない。一般に、過去三〇年には教育水準が高い人のほうがもっと成功してきた。大卒アメリカ人の賃金は、高卒以下の教育しかないアメリカ人に比べて上昇したし、大学院卒のアメリカ人の賃金は、学部卒に比べて上がった。

でも、教育に基づく賃金差だけに注目するのは、話の一部、いやその相当部分を見逃すことになりかねない。というのも本当に大きな収入増が生じたのは、大卒労働者全般ではなく、ほんの一握りの大金持ちだけだからだ。高校教師は普通、学部と院の両方を出ている。でも彼らは、ヘッジファンドマネージャーたちが経験したような収入増は、どう見てもまったく味わっていない。ファンドマネージャー二五人だけで、ニューヨーク市の学校教師八万人の三倍の給料をもらっているという話を思いだそう。

ウォール街占拠運動は、「われら九九パーセント」なるスローガンの下に結集した。これは通常の、教育や技能差に関する体制側の談話よりはずっと真実に近い。そして、これを主張しているのは過激派だけじゃない。二〇一一年秋、党派的にならないよう慎重に慎重を重ね、文句なしに敬意をはらわれている議会予算局（CBO）が、一九七九年から二〇〇七年までの格差拡大を詳述した報告書を発表した。それによると、八〇番目から九九番目までの百分率順位のアメリカ人——つまり、バーナンキの言うトップ二割から、ウォール街占拠の一パーセントを引いたものだ——はこの期間に、所得が六五パーセント上がった。なかなかの好成績だ。特にもっと所得の低い世帯にくらべればずっといい。中間付近の世帯は、その半分くらいの上昇でしかない。そして最底辺の二割は、たった一八パーセントしか所得が上がっていない。だがトップ一パーセントは、所得が二七七・五パーセント上がってる。そしてすでに見た通り、トップ〇・一パーセントとトップ〇・〇一パーセントの所得上昇は、それをさらに上回る。

そして、超富裕層の所得上昇は、経済成長の利得がどこに行ってしまったかを考えると、単なるおもしろい見世物ではすまない。予算局によれば、トップ一パーセントの税引き後の所得は、総所得の七・七パーセントから一七・一パーセントになった。つまり、他の条件が同じなら、他のみんなにまわる所得は一割ほど減ったということになる。あるいは、格差の増大のうち、この一パーセントがみんなからむしりとったのはどの程度なのかを考えることもできる。格差の指標として広範に使われているジニ係数を使うと、その答は格差上昇の半分くらいが、トップ一パーセントへの所得シフトのせいだということになる。

では、なぜその一パーセント、さらにはそれ以上にトップ〇・一パーセントが、他のみんなよりそれほどまでに収入が増えたんだろうか？

これは、経済学者の間ではまったく決着がついていない問題だし、なぜ決着がついていないかという理由自体がなかなか意味深長だ。まず、ごく最近まで多くの経済学者たちの間には、超富裕層の所得などというのはまともな研究対象ではなく、生真面目な経済学研究誌よりはセレブにご執心のゴシップ紙にふさわしいものだという感覚があった。金持ちの所得が、つまらない問題どころか、アメリカの経済と社会に起きていたことの核心にあるのだという認識が生まれたのは、事態がかなり進展してからのことだった。

そして経済学者たちが一パーセントや〇・一パーセントを真剣に採り上げはじめると、このテーマが二つの意味であまり手を出したくないものだと思い知らされる。一つには、この問題を提起するだけでも政治的な戦場に突入することになってしまう。最上部での所得分布というテーマは、防護壁からちょっと手を出しただけで、金持ちの利益を守る傭兵ともいうべき連中からの集中砲火を浴びてしまうのだ。たとえば、トマ・ピケティとエマニュエル・サエズの業績は格差の長期的な変動を追うにあたり決定的な役割を果たしてきたが、数年前にこの二人は、ケイトー研究所のアラン・レイノルズの攻撃を受けた。この人物は、何十年にもわたり、格差は実は拡大していないと主張し続けてきたのだった。その議論はいつも徹底的に反駁されているのに、次々に新しい議論を持ち出してくる。

さらに政治を無視しても、最上層部の所得は経済学者が普段使うツールにはあまりおさまりがよくないテーマだ。ぼくたち経済学者が通常知っているのは、需要と供給だ——はい、経済学はもちろんそれだけではありません。でも、これがまず第一の主要な分析ツールとなる。そして高収入をもらっている人々は、需要と供給の世界には暮らしていないのだ。

経済学者ジョン・バキジャ、アダム・コール、ブラッドレー・ハイムによる最近の研究を見ると、このトップ〇・一パーセントというのが誰なのか、かなり見当がつく。一言で言えば、要は企業重役か金融業界の仕掛け屋たちだ。トップ〇・一パーセントの所得のうち、半分近くは非金融企業の重役や経営陣に行く。そして二割は金融業界の人に行く。そこに弁護士や不動産業界の連中を入れると、全体の四分の三くらいになる。

さて、経済学の教科書では、競争市場なら労働者はそれぞれ自分の「限界生産」——つまりその労働者が総生産に付け加える額——を支払われるのだと言う。でも、企業重役の限界生産とか、ヘッジファンドマネージャーの限界生産、あるいはそれを言うなら、企業弁護士の限界生産って何だろう？　だれも本当は知らない。そしてこうした人々の収入が実際にはどう決まっているかを見れば、彼らの経済的な貢献とはほとんど関係ないと言えるプロセスが目に入る。

ここまでくると、たぶん「でもスティーブ・ジョブズやマーク・ザッカーバーグはどうなの？

あの人たちは価値ある製品を作ってお金持ちになったんじゃないの？」と言う人が出てくるだろう。そして答は、イエスだ――でもトップ一パーセントや、トップ〇・〇一パーセントですら、そういう形で儲けた人は実に少ない。ほとんどの場合、そういう人たちは自分が創業してもいない企業の重役だ。自分の会社の株やストックオプションは大量に持っているかもしれないけれど、それはその会社を創業して手に入れたのではなく、給与パッケージの一部としてその資産を受け取っている。そして、この人たちの給与パッケージに何が入るかを決めるのはだれだろう？　うん、ＣＥＯたちは報酬委員会が自分の給料を決めるのだと声高にいいたがるんだが、その委員会を指名するのは……委員会が審査するはずのＣＥＯ自身だ。

金融業界トップの稼ぎ手たちは、もう少し競争のある環境で活動するけれど、その稼ぎも実際の成果に比べて、どうも過大なようだ。たとえばヘッジファンドのマネージャーたちは、他人のお金を管理する手数料を受け取り、それに加えて利益の歩合ももらう。おかげで彼らには、高リスクで高レバレッジの投資を行うインセンティブが強く生じる。うまく行ったら、たっぷり報酬がもらえるし、失敗しても、それまでの儲けは返さなくていい。結果として、平均では――つまり多くのヘッジファンドは失敗し、投資家たちはどのファンドが破綻するか事前には知らないという事実を考慮すれば――ヘッジファンドに投資しても、それほど儲からないのだ。実はサイモン・ラックの近著『ヘッジファンドの幻影』によれば、過去十年にわたりヘッジファンドへの投資家たちは、平均では短期国債を買っておいたほうが儲かったはずだという――つまりはまったく儲かっていないということだ。

投資家たちだって、こうした歪んだインセンティブに気づきそうなものだし、そこまでいかなくても、すべての目論見書にある「過去の実績は将来の結果を保証するものではありません」という注意書き――つまり、あるマネージャーが昨年は投資家に儲けさせてくれても、それは単にツイていただけかもしれないということ――をもっと肝に銘じるのでは、と思うかもしれない。が、証拠を見ると、多くの投資家――それも無知な泡沫投資家だけでなく――は相変わらず騙され続け、通常は損になるのが確実という証拠がたっぷりあるのに、金融プレーヤーの天才ぶりを信頼し続けているようだ。

ああそれともう一つ。金融業界の仕掛け屋たちが投資家に儲けさせた場合でも、いくつか重要な事例では、社会全体にとって価値を創造することで儲けさせたんじゃない。実質的には他のプレーヤーから価値をむしり取ることでそれを実現した。

これは、ひどい銀行業の場合に最もはっきりしている。一九八〇年代には、セービングス&ローン機関の所有者たちは、大きなリスクを背負うことで大儲けした――そしてそのツケは納税者にまわした。二〇〇〇年代になると、銀行家たちはまた同じことをやり、ひどい不動産融資をして大儲けし、それを何も知らない投資家に売りつけたり、危機がやってきたら政府に救済してもらったりした。

でも民間投資会社の多くについてもこれはあてはまる。彼らは企業を買収し、リストラして、また売却する（映画『ウォール街』のゴードン・ゲッコーは民間投資会社の人間という設定だった。ミット・ロムニーは実際にその仕事に就いていた）。公平のために言えば、一部の民間投資会社は、ハイテク分野などで新興企業に資金を出すことで価値の高い仕事をしてきた。でも他の多くの場合には、彼らの利潤というのはラリー・サマーズ——そう、あのラリー・サマーズ——が有名な論文で呼ぶところの「背信行為」(その論文も同名だ)からきている。つまり、契約や合意を破ることで儲けているのだ。たとえば、シモンズ寝具社の例を考えよう。これは一八七〇年創業の有名な会社で、二〇〇九年に倒産を発表し、多くの労働者が職を失い、債権者の多くも、融資の相当部分を失った。「ニューヨークタイムズ」紙は、倒産に至るまでの状況を以下のように書いている。

同社への投資家の多くにとって、この売却は大惨事だ。債権者たちだけでも損失は五・七五億ドルにのぼる。同社の倒産は、従業員にとっても大打撃だ。二二年にわたりシモンズに勤めたノーブル・ロジャースは、ほとんどの期間がアトランタ郊外の工場勤務だった。彼は昨年レイオフされた従業員一〇〇〇人——総社員の四分の一以上——の一人だ。
だがボストンのトマス・H・リー・パートナーズ社は、無傷で切り抜けたばかりか、儲けすら出している。この投資会社はシモンズを二〇〇三年に買収し、同社の売上げが低迷する中、七七〇〇万ドルの利潤を懐におさめた。THLは特別配当の形で何億ドルも同社から吸い上げた。また、同社買収の手数料として、その後は運営支援の手数料として、さらに何百万ドルも手数料を自分に対して支払っている。

つまりトップ層の収入は、下のほうの収入とはちがう。経済的なファンダメンタルズや、経済全体への貢献とのつながりは、あまり明確ではない。でも、なぜそうした収入は一九八〇年あたりから急上昇を始めたんだろうか？

説明の一部は、まちがいなく第4章で述べた金融規制緩和にあるだろう。一九三〇年代から一九七〇年代までのアメリカを特徴づけていた、厳しく規制された金融市場は、一九八〇年代以降に華《はな》開いたようなお手盛りの機会を与えてくれなかった。そして金融業界の高所得は、もっと広い産業界における重役の給料に「感染」効果を持っていたと言えそうだ。何はなくとも、ウォール街のすさまじい給料のおかげで、非金融の世界でも報酬委員会が巨額の給料を正当化しやすくはなったはずだ。

トマ・ピケティとエマニュエル・サエズの研究についてはすでに触れたが、かれらはトップの収入が社会規範に強く影響されると主張している。ハーバード大ロースクールのルシアン・ベブチャックなどの研究者も、この見方を支持している。彼は、CEOの給料を抑えていた主要なものは「怒りの制約」だと主張している。こうした議論では、一九八〇年後の政治環境変化により昔は考えられなかったようなゴリ押しがしやすくなり、それにより高い収入を得やすくなった、ということになる。一九八〇年代の労働組合の勢力急減のおかげで、重役の高給に抵抗したであろう大きな勢力が取り除かれたということも、決して無関係じゃないだろう。

最近になって、ピケティとサエズはさらに議論を追加した。高い収入に対する課税の大幅な削減が、実は重役たちの高給要求をさらに推し進めた、というのだ。つまり彼らは、会社の他の部分を犠牲にして「レントシーキング」を行ったことになる。なぜか？　税引き前所得が上がれば自分の懐《ふところ》に入る金額が増えるため、重役たちは糾弾や社員の士気低下のリスクがあっても、自分の利益を追求したがるようになったのだそうだ。ピケティとサエズが言うように、最高税率と、トップ一パーセントの所得シェアとの間には、時系列で見ても国ごとに見ても、かなり密接な負の相関がある。

こうした各種の話を見ると、おそらくトップで急激に上昇する収入は、緩い金融規制をもたらしたのと同じ社会政治的な力の反映なんだろう。緩い規制は、すでに見た通り、この危機にどうしてはまりこんだかを理解するにあたって決定的な要因だ。でも、格差そのものは重要な役割を果たしたんだろうか？

格差と危機

二〇〇八年金融危機が襲来するまで、ぼくはしばしば所得格差について一般聴衆に講演をした。そして、最上層部の所得シェアは、一九二九年以来見られなかった水準にまで上がっていることを指摘する。するとまちがいなく出てくる質問は、それはつまりぼくたちがまたもや大恐慌寸前にいるということか、というものだった――そしてぼくは、必ずしもそうとはいえないし、極端な格差が必然的に経済的大惨事につながるべき理由はない、と宣言するのだった。

いやはや、それがこのざまですよ。

それでも、相関と因果はちがう。大恐慌以前の格差に戻ったら、大恐慌経済が復活したというのは、単なる偶然かもしれない。あるいは、両方の現象をもたらした別の原因があるのかもしれない。ここで本当にわかっていることは何で、そこから何が怪しいと思うべきだろうか？

共通の原因というのも、ほぼまちがいなくあるだろう。アメリカ、イギリス、そしてその他の国でも程度こそ違え、右方向への急激な政治的転換が一九八〇年頃に起こった。この右への転換は、一つは政治的変化につながり、特に最高税率が大きく引き下げられることになった。そしてもう一つは、社会規範も変わった――「怒りの制約」が緩和された。それがトップの所得が突然増えるのに大きな役割を果たした。そして同じ右転換は、金融規制緩和や銀行の新形態規制の不在をもたらした。これは第４章で見た通り、危機の舞台を整えるのに大きく貢献した。

でも、所得格差から金融危機に直接向かう因果関係もあるんだろうか？　あるかもしれないが、この主張を裏付けるのはちょっとむずかしい。

たとえば、格差と危機に関するありがちなお話の一つによれば、所得のうち金持ちの懐に入る比率が高くなることで、中産階級の購買力が縮小し、それが総需要を引き下げたという。でも、これはデータを見るとまったく裏付けられない。「過少消費」の話は、所得が少数の人に集中するにつれて消費者支出が低減し、貯蓄が投資機会よりも急速に増えなければならない。でも実際には、アメリカの消費者支出は格差増大でも大幅に増えたし、個人貯蓄は上昇どころか、金融規制緩和と格差拡大の間も一貫して長期低下傾向を見せていた。

反対の主張はもっと説得力がある。つまり、格差上昇により消費は過少になるよりむしろ過大となったというものだ。所得格差が拡大することで、後塵を拝した人々は、あまりに借金に頼りすぎるようになったということになる。コーネル大学のロバート・フランクは、トップでの所得上昇が「支出カスケード」を起こし、それが貯蓄減少と負債上昇につながったのだと論じている。

金持ちは、単にお金がたくさん余っているから消費を増やした。その支出は、そのすぐ下にいて、似たような社会集団にいる人々の需要を形成するような、参照の枠組みを変えてしまう。したがってこの第二のグループも支出を増やし、それがそのすぐ下の階層の参照の枠組みを変え、それがどんどん所得階層の下まで続く。こうしたカスケードのおかげで、中産階級世帯にとって基本的な金銭的目標を実現するのは以前より高くつくようになった。

似たようなメッセージが、エリザベス・ウォーレンとアメリヤ・ティヤギの研究からも得られる。この二人の二〇〇四年著書『共稼ぎの罠』は、個人破産の増加の波をたどる。これは全体としての金融危機よりはるか以前から始まったもので、危険信号として受け取られるべきだった（ウォーレンはハーバード大ロースクールの教授で、金融改革の主導的な論者となっている。新設された消費者金融保護局は彼女が作ったもので、いまや彼女は上院議員に立候補している）。二人は、こうした個人破産で大きな要因となったのは公共教育の格差拡大で、それがこんどは所得格差の拡大に反映されたという。中産階級一家は、よい学区に住宅を買おうとして無理をして、そのためにやたらに負債を背負い込み、おかげで失業や病気に対してきわめて脆弱になってしまったという。

これは深刻で重要な議論だ。でもぼくの見当では——そしてこの経路での影響がほとんどわかっていないので、見当以上のものではあり得ないのだけれど——格差拡大がいまの不況に与えた最大の貢献は、当時も今も政治的なものだ。なぜ政策立案者が、金融規制緩和のリスクにあれほど盲目だったのか——そして二〇〇八年以来、なぜかれらが経済停滞への不十分な対応のリスクにあれほど盲目だったのか——を考えると、アプトン・シンクレアの有名な一節が思い出されてならない。「何かを理解しないことで給料をもらっている人に、それを理解させるのはむずかしい」

お金は影響力を買える。大金は、大きな影響力を買える。そしてぼくたちを現状につれてきた政策は、ほとんどの人には何もしてくれなかったが（しばらくたった後でひどいめにあわせてくれたが）、トップの人々には実に好都合なものだったのだ。

エリートとダメな政策の政治経済学

一九九八年に、第4章でも触れたけれど、シティコープ——シティバンクの持ち株会社——はトラベラーズグループと合併し、いまのシティグループになった。この取引は、サンディ・ワイルにとってはめざましい成果で、彼はこの新しい金融巨人のＣＥＯになった。ただしちょっとした問題が一つ。この合併は違法だった。トラベラーズは保険会社で、二つの投資銀行、スミス・

バーニーとシェアソン・リーマンを買収していた。そしてグラス＝スティーガル法の下では、シティのような商業銀行は、保険も投資銀行業もやってはいけない。

そこで、現代アメリカという場所の性格から、ワイルは法を変えさせようと乗り出した。それを助けてくれたのがテキサス州の上院議員フィル・グラムで、上院の銀行業・住宅・都市問題委員会の議長だ。この役職で、彼は各種の規制緩和を主導した。でもその最大の成果は、一九九九年のグラム＝リーチ＝ブライリー法で、これは実質的にグラス＝スティーガル法を撤廃し、遡及的にシティ＝トラベラーズの合併を合法化したのだった。

どうしてグラムはそんなに物わかりがよかったんだろうか？　もちろん彼は、規制緩和の美徳を心底信じていたことだろう。でもその信念を強化する要因もかなりあった。在職中に、彼は金融業界から大規模な献金を受けていた。金融業界が最大の資金提供者だったのだ。そして議員をやめると、彼は別の金融巨人ＵＢＳの取締役となった。が、共和党ばかり責めるのはやめよう。民主党だって、グラス＝スティーガル法の廃止を支持し、金融規制緩和全般も支持した。グラムの政策を支持しようという決定を主導したのは、当時財務長官だったロバート・ルービンだ。政府に入る前に、ルービンはゴールドマン・サックスの共同会長だった。政府を後にした彼が副頭取になったのは……シティグループだった。

ぼくはルービンに何度も会っているし、彼が買収されるような人だとはあまり思っていない——なんといっても、すでに大金持ちだったから、天下り職なんか特に必要なかったはずだ。それでも彼はその職に就いた。そしてグラムはと言えば、ぼくの知る限り、彼は自分のとってきた立場を心底信じていたし、いまなお信じ続けているようだ。それでも、そうした立場を取ることが上院時代には選挙活動の財布を満たし、その後も個人的な銀行口座を満たし続けたという事実は、そうした政治的信念の維持を容易にしたはずだ、とでも言っておこうか。

一般には、政治を形成する際のお金の力は、多くの水準で作用するものだと考えるべきだ。露骨な汚職もたくさんある――選挙活動への献金や個人的な袖の下で、単純に買収される政治家だ。でも多くの、ひょっとしてほとんどの場合には、汚職はもっとソフトなもので、はっきり指摘するのが難しい。政治家たちは、ある信念や立場を取ることで報酬が与えられ、おかげで彼らはそうした信念や立場を一層しっかり保持するようになり、やがて自分では買収されたという意識はまったくなくなる。でも外から見れば、かれらが「本当に」信じていることと、お金をもらって信じるようになったこととは、なかなか区別がつかない。

さらに曖昧《あいまい》なレベルでは、富はアクセスをもたらし、アクセスは個人的な影響をもたらす。トップ銀行家たちは、そこらの人にはできない形で、ホワイトハウスや上院議員のオフィスに出入りできる。そうしたオフィスにいったん入ると、相手はずいぶんと説得力を持つ。それは向こうが贈り物をあれこれくれるからだけではなく、その人物が何者かということも影響する。金持ちはぼくやあなたとはちがう存在だ。それは向こうの仕立屋のほうが優秀というだけではない。この世で成功したことからくる自信と、何をすべきか知っているような雰囲気を漂わせている。自分ではそんな生活をする気がなくても、そういうライフスタイルは魅惑的だ。そして少なくともウォール街系の連中なら、本当にかなり頭がいい連中ではあるし、したがって会話でも見事だ。

金持ちが正直な政治家に及ぼせる影響がどんなものかは、H・L・メンケンがずっと昔にうまくまとめている。メンケンは、アル・スミスの末路を描いた。スミスは気鋭の改革者だったのに、ニューディールの厳しい反対者になってしまったのだった。「今日のアルは、もはや第一級の政治家ではない。金持ちとのつきあいで、どうやら歪められて変わってしまったようだ。今はゴルフプレーヤーになり……」

さて、これはどれも今に始まったことではなく、有史以来の話だ。が、金持ちがもっと金持ちになれば、金持ちの政治的な引力も強くなる。たとえば、政治家や政府高官が、監督するはずの企業につとめるようになる、天下りを考えてみよう。天下りは昔からあったが、その業界に気に入られていれば、天下り後にもらえる給料は昔よりずっと高くなっているので、天下りされる側にいる人々の要求に応えようとする衝動や、政治行政を引退した後のキャリアで魅力的な被雇用者になれるような立場を取ろうという衝動は、三〇年前よりずっと強くなっている。

この引力は、政治だけの話ではないし、アメリカ国内だけの話でもない。「スレート」誌のマシュー・イグレシアスは、ヨーロッパの政治指導者たちが厳しい財政緊縮施策を驚くほど容易に受け容れるのはなぜかを考えて、個人的な利害に基づく考察を提供している‥

通常なら、ある国の首相として最高の選択は、再選につながることをすることだ。見通しがいかに暗くても、それがその首相の優位戦略となる。だがグローバル化とEU化の時代には、小国の指導者たちはいささか状況がちがうのではないか。退職後にも、ダボス系の連中に高く評価されていれば、自国民たちには蛇蝎《だかつ》の如く嫌われていても、欧州委員会やＩＭＦやその他の会合にいくらでも顔が出せる。実際、蛇蝎の如く嫌われるのは、ある意味でプラスにさえなる。「国際コミュニティ」との連帯を実証する究極のやり方は、国内の政治的有権者たちからすさまじく反対されても、国際コミュニティの希望通りのことをやる、ということなのだから。

私が思うに、ブライアン・コーウェンが結局はかつて支配的だったフィアナ・フェイルを永久に破滅させたとしても、国際会議業界で「厳しい選択」の必要性さえ語っていれば将来は安泰だろう。

ああ、それともう一つ。金融業界の影響は、アメリカでは共和党にも民主党にも強く及んだ。でも、大金が政治に与えた広範な影響は、共和党のほうに強く作用しがちだった。共和党はどのみちイデオロギー的に、トップ一パーセントやトップ〇・一パーセントの利益を支持する傾向にあったからだ。こうした利害の差は、政治科学者キース・プールとハワード・ローゼンタールによる衝撃的な研究結果をおそらくは説明してくれる。彼らは議会での投票の結果を使い、政治的な二極化、二党のギャップを過去一世紀ほどについて分析した。すると、トップ一パーセントが総所得に占める比率と、議会での二極化の度合いは強い相関を示した。第二次大戦後の三〇年は、所得分布が比較的平等だったが、議会でも調停が多く、かなりの中道派政治家たちがコンセンサスに基づく意志決定を行っていた。でも一九八〇年以来、共和党はエリート層の所得上昇とともににずっと右に移行し、政治的な妥協はほとんど不可能となった。

ということで、話は格差と今回の不況との関係に戻ってくる。

金持ちの影響力が高まったことで、ぼくのようなリベラル派には気に入らない多くの政策的な選択が行われた――税の累進性の緩和、ごまかしによる貧困者救済の削減、公共教育の衰退等々。でも本書の主題にとって最も関係あるのは、規制のない金融システムが必ず問題を起こすという多くの危険信号にもかかわらず、政治システムが規制緩和と無規制にこだわり続けた、ということだ。

ポイントとしては、このこだわりは大金持ちの影響力増大を考慮すると、ずっとわかりやすくなるということだ。一つには、こうした大金持ちのかなりの数が、規制を受けない金融で儲けていたから、規制反対の動きが継続することは、彼らの直接的な利益につながっていた。結果として一九八〇年以降の全体としての経済パフォーマンスはどうあれ、頂点の人々にとって経済は実に結構なものだったようで、ごちそうさまです。

だから格差拡大は、おそらく危機の主要な直接原因ではなかっただろう。でもそれは、危険信号に気がついたり、それに対する対応策をとったりするのが不可能な政治環境を作り出してしまった。これからの二つの章で見る通り、それはまた、危機が襲ったときの有効な対応力を阻害してしまうような、知的・政治的な環境を作り出してしまった。

第6章
暗黒時代の経済学

マクロ経済学は一九四〇年代に、大恐慌への知的な対応の一部として、独自の分野としての成立を見ました。当時、マクロ経済学という用語は、あの経済的な惨劇の再演を防ぐと期待された知識と技能の集積を指していたのです。この講義での私の主張は、この当初の意味でのマクロ経済学が成功したということです。不況予防という中心的な課題は、あらゆる実務的な目的においては解決されており、実際にも過去数十年にわたり解決されていたのです。

——ロバート・ルーカス、アメリカ経済学会会長演説、二〇〇三年

いまのぼくたちが知っていることから見れば、ロバート・ルーカスによる不況など過去のものだというこの自信たっぷりの宣言は、目を覆いたくなるイタい発言のように思える。実は、ぼくたちの一部にとっては、発言当時からすでにかなりイタい発言としか思えなかった。一九九七年から九八年のアジア金融危機や、日本のしつこい窮状などは一九三〇年代に起こったことと明らかに似ていたので、事態が本当に抑え切れているなどと少しでも言えるのかどうか、現実に疑問

が生じていたからだ。ぼくはこうした疑念について、一九九九年の拙著『世界大不況への警告』に書いた。そして二〇〇八年に、悪夢がすべて現実のものとなった時に、その改訂版『世界大不況からの脱出』を上梓した。

だが、一九七〇年代と一九八〇年代の相当部分にわたってマクロ経済学に君臨したとさえいえる巨人だったノーベル経済学賞受賞のルーカスは、経済学者たちが一九三〇年代以来、いろいろ学んできたという点ではまちがってはいない。そうだな、一九七〇年までに経済学者たちは、大恐慌に類するものは二度と起こらないようにできるだけの知識を本当に持っていた。

だがその後、経済学業界の大半は、学んだことを忘れ去ってしまったのだった。

目下の不況に対処しようとするとき、経済学者たちもまた解決策に加わるよりは、問題を作り出すほうに荷担する例があまりに多くて、実にげんなりさせられる。全員とは言わないが、多くの主導的な経済学者たちは、金融規制緩和が経済をますます危機に対して弱くしてしまっているのに、さらに規制緩和を支持し続けた。そして危機が起こってしまったら、あまりに多くの高名な経済学者たちが、有効な対応策すべてに対し、強力かつ無知な形で反対論を展開した。悲しいかな、そうした無知で破壊的な議論を展開している一人が、他ならぬロバート・ルーカスだ。

三年ほど前、経済学業界がその試練の時に直面して失敗しているのに気がついたぼくは、自分が見ているものについて「マクロ経済学の暗黒時代」というフレーズを提案した。ぼくが言いたかったのは、これが一九三〇年代に起こったこととはちがう、ということだ。当時は、不況についてどう考えるべきかだれも知らなかったし、前進する道を発見するには、画期的な経済思考が必要だった。

その時代はいわば経済学の石器時代で、文明の技芸がまだ発見されていなかったのだ。でも二〇〇九年には、文明の技芸はすでに発見され——そして失われていた。新しい野蛮主義がこの分野を襲っていたのだ。

なぜそんなことが起こったんだろう？　思うにそれは、政治と学界社会学の暴走が組み合わさって起きたのだ。

ケインズ恐怖症

二〇〇八年に、ぼくたちは気がつくとケインズの世界に暮らしていた——つまり、ジョン・メイナード・ケインズが一九三六年の力作『雇用、利子、お金の一般理論』で注目したのとおおむね同じ特徴を持つ世界ということだ。これはつまり、気がつくと需要が十分にないのが主要な経済問題になった世界にいて、狭いテクノクラート的な解決策、たとえばＦＲＢの金利目標などでは不十分な状況ということだ。危機に効果的な対応をするには、もっと能動的な政策が必要であり、一時的な支出により雇用をささえつつ、住宅ローンの過剰負債を減らすための努力も必要となる。

こうした解決策だってテクノクラート的といえるじゃないか、と思うかも知れない。もっと広い所得分配の問題とは切り離して扱える、と。当のケインズは、自分の理論が「示唆するものは、そこそこ保守的です」と述べ、それが民間企業の原理にしたがって運営される経済の原則と一貫性を持っていると考えていた。が、最初から政治的な保守派――特に金持ちの地位を守ることに最大の関心を持っている人々――はケインズの発想に強烈に反対した。

それも並の強烈さではない。ポール・サミュエルソンの教科書『経済学』の初版は一九四八年に刊行され、ケインズ経済学をアメリカの大学に紹介した本として広く認知されている。でも実は、これは二番手だ。それ以前に、カナダの経済学者ローリー・ターシスによる本が、右翼の反対によって実質的に禁書扱いになってしまったのだ。その反対運動による組織的なキャンペーンで、多くの大学はその教科書の採用を見送ることになった。後に著書『イェール大学の神と人』で、ウィリアム・F・バックリーはイェール大学への不平不満の相当部分を、ケインズ派経済学の教育が認められたことにあてている。

この伝統は、その後もずっと続いてきた。二〇〇五年には右翼雑誌「ヒューマンイベンツ」が一九世紀と二〇世紀で最も有害な十大図書を選んだが、ケインズ『一般理論』は『我が闘争』や『資本論』と肩を並べている。

どうして「そこそこ保守的」なメッセージの本に対し、これほどの敵意があるんだろうか？答の一部は、どうもこういうことらしい。ケインズ経済学が主張する政府介入は慎ましい限定的なものだけれど、保守派はそれを許せばすぐに母屋まで取られかねないと思ってしまうのだ。政府が景気停滞の対応に有益な役割を果たせることを認めてしまったら、あれよあれよという間に社会主義一直線だ、という具合に。ケインズ主義を、中央計画経済や過激な再分配といっしょくたにするレトリックは、右派ではほとんど普遍的なものだし、それはもっと物知りであるべき経済学者ですら例外ではない。ケインズ自身は「価値ある人間活動の一部は、金儲けという動機を必要としたり、個人の富の所有がないと完全に花開くことはできなかったりします」と宣言して、それを明確に否定しているのだけれど。

また、右派がそうしたレトリックを使う動機はケインズの同時代人ミハウ・カレツキ（ちなみに言っておくと、かれは本物の社会主義者だ）の古典的な一九四三年論文でも示唆されている……

まずは「産業界の親玉」たちが、雇用問題について政府介入を受け容れたがらない点を扱うものとする。国家活動拡大はすべて、実業界からは疑念をもって受け止められるが、政府支出による雇用創出は、それが持つ特殊な側面のおかげで反対論を特に強硬なものとする。自由放任《レッセフェール》方式では、雇用水準は相当部分が安心の状態と呼ばれるものに依存する。もしこれが劣化すれば、民間投資は低下し、結果として産出と雇用は低下する（このどちらも、収入の低下が消費と投資にもたらす直接、あるいは間接的な二次的影響である）。

これは資本家に対し、政府の政策に対する強力な間接的支配力を与える。安心の状態を揺るがすようなものはすべて、慎重に回避されなくてはならない。というのもそれは経済危機を引き起こすからだ。しかし一度政府が自分自身の購入を通じて雇用を増やすという技を覚えたら、この強力な支配装置はその有効性を失う。したがって政府介入を実施するのに必要な財政赤字は、危険なものと見なされなくてはならないのである。「健全な財政」という教義の社会的機能は、雇用を安心状態に依存させることなのである。

最初に読んだときにはちょっと極端すぎるように思えたこの文は、いまやきわめて納得できるものに思える。最近ではこの「安心」議論がしょっちゅう持ち出されているのがわかる。たとえば不動産とメディアの大立て者モート・ザッカーマンが「フィナンシャルタイムズ」紙の論説欄で、オバマ大統領が世間に迎合した路線をとらないよう説得しようとして、こんな書き出しを使っている：

オバマ政権と実業界との緊張増大は、全国的な懸念の元となっている。大統領は、雇用者の安心を失わせ、彼らの税金や新規規制によるコスト増大の懸念により、投資と成長が阻害されている。政府は、企業が投資し、リスクを取って、何百万人もの失業者を生産的な仕事に就かせるには安心が不可欠だということを認識すべきだ。

実を言えば、「税金や新規規制によるコスト増大の懸念」なんかが経済停滞に大きな役割を果たしているという証拠は、昔も今もまったくない。でもカレツキの論点は、ケインズ政策が雇用創出できるという考えが世間的に広く受け容れられたら、ザッカーマンのような議論はまるっきり説得力がなくなるということだ。このために、政府による直接の雇用創出に対しては特別な敵意があり、それはケインズ派の発想が政府介入一般を正当化するかもしれないという、一般的な恐れよりも大きいんだろう。

こうした動機をあわせると、なぜ所得分布のてっぺん部分と密接なつながりを持つ著述家や機関が、一貫してケインズ派の思想に敵意を燃やすのかが見えてくる。これはケインズが『一般理論』を書いて七五年たっても変わっていない。でも変わったものはといえば、そのてっぺん部分が持つ富と、ひいては影響力だ。最近では、保守派たちはミルトン・フリードマンのさらに右にまで行ってしまった。フリードマンは少なくとも、金融政策が経済安定に有効なツールとなり得るという点は認めた。四〇年前なら政治的に周縁部でしかなかったような見解が、いまや二大政党の片方の正統教義の一部となってしまった。

もっと微妙な問題が、一パーセント、あるいは〇・一パーセントの既得権が経済学者たちの議論をどこまで染めてしまったかという問題だ。でも、影響がないはずはない。何はなくとも、大学への寄付者の嗜好、フェローシップや儲かるコンサルティング契約などは、経済学界がケインズ的な発想に背を向けるだけでなく、一九三〇年代から一九四〇年代に学んだことのほとんどを忘れるよう奨励したはずだ。

でもこうした富の影響は、ある種の学界社会学の暴走に後押しされなければ、ここまでは進展しなかっただろう。その暴走を通じて、基本的には馬鹿げた発想が、ファイナンスでもマクロ経済学でも、分析のドグマとなってしまったのだ。

特筆すべき珍しい例外

一九三〇年代の金融市場は、あまり尊敬されていなかった。理由は明らかだろう。ケインズはそれをこう表現した‥

一〇〇人の写真から最高の美女六人を選ぶといった、ありがちな新聞の懸賞になぞらえることができます。賞をもらえるのは、その投票した人全体の平均的な嗜好に一番近い人を選んだ人物です。したがってそれぞれの参加者は、自分が一番美人だと思う顔を選ぶのではなく、他の参加者たちがよいと思う見込みが高い顔を選ばなくてはなりません。

そしてケインズは、そんなふうに投機家たちがお互いの尻尾をひたすら追いかけているような市場に、重要なビジネス上の決定を任せるのは実によくないことだと考えた。「ある国の資本発展がカジノ活動の副産物になってしまったら、その仕事はたぶんまずい出来となるでしょう」でも、一九七〇年かそこらまでに、金融市場の研究はヴォルテールのパングロス博士に征服されてしまったかのようだった。パングロス博士は、今の世界が可能なあらゆる世界の中で最高のものだと固執する人物だ。投資家の不合理性、バブル、破壊的な投機についての議論は、学問的な物言いからほぼ消え失せた。ファイナンスの分野は「効率的市場仮説」に支配された。これはシカゴ大学のユージーン・ファーマが広めたもので、金融市場は資産価格を、公的に入手できるあらゆる情報を使って、きっちりその内在的価値にあわせて評価しているのだ、と主張する（たとえばある会社の株価は、その企業の収益、事業見通しなどの公開情報をもとに、その企業の価値を正確に反映する、という具合）。そして一九八〇年代になると、金融経済学者たち、特にハーバード大ビジネススクールのマイケル・ジェンセンは、金融市場が常に正しい価格を出すなら、企業の親分たちが自分のためだけでなく経済全体のためにやるべき最高のことは、自社の株価を最大化することだ、と論じていた。言い換えると、金融経済学者たちは、ある国の資本発展を、ケインズが「カジノ」と呼んだものに任せるべきだと信じたことになる。

この経済学業界の変化が、何か実際のできごとによって起きたと論じるのはむずかしい。確かに、一九二九年の記憶はだんだん薄れてはいたけれど、投機的な過剰が広範に見られた強気市場や、それに続く弱気市場は相変わらず見られたからだ。たとえば一九七三年から七四年にかけて、株価は四八パーセント下落した。そして一九八七年の株式市場暴落では、特に理由もなくダウ株価指数が一日で二三パーセントも下落した。少なくとも市場の合理性に関する多少の疑念くらいは抱くべきだろう。

ケインズならこうした出来事を、市場が信頼できない証拠と見なしただろう。でも、美しいアイデアの威力は、こんなことでは鈍らなかった。あらゆる投資家がリスクと報酬を合理的にバランスさせる、という想定から生まれた理論的なモデル――通称資本資産価格モデル、あるいはCAPM（読み方はキャップM）――は見事なまでにエレガントだ。そしてその前提さえ認めるなら、きわめて便利でもある。ＣＡＰＭは、ポートフォリオの選び方を教えてくれるだけではない。ファイナンス業界の視点からしてもっと重要なのは、金融派生商品（デリバティブ）、つまりある利益を得る権利についての権利にどうやって値づけをすればいいか教えてくれることだ。この新理論のエレガントさと一見した便利さのおかげで、その考案者たちは次々とノーベル賞を受賞したし、この理論の熟達者たちの多くは、もっと世俗的な報酬を手に入れた。この新モデルとかなりの数理能力を武器に——ＣＡＰＭをもっと複雑なことに使おうとすると、物理学級の計算が必要になる——おとなしいビジネススクール教授たちがウォール街の寵児に変身できる。そして多くは実際に変身し、ウォール街の給料をもらうようになった。

公平を期すなら、ファイナンス理論家たちが効率的市場仮説を受け容れたのは、それが単にエレガントで便利で儲かるからではなかった。大量の統計的な証拠も提供されていたので、当初はかなり説得力があるように見えた。だがこの証拠は、不思議と限られた形のものばかりだった。金融経済学者たちは、一見すると当然の質問（だが簡単には答えられないもの）を滅多に考えなかった。つまり、その資産価格が現実世界のファンダメンタルズ、たとえば収益などから見て筋が通っているかという質問だ。むしろ、資産価格が他の資産価格に比べたときに筋が通っているかだけを考えた。オバマ大統領の最初の三年間のほとんどで経済顧問トップを務めていたラリー・サマーズは、「ケチャップ経済学者」の寓話を使ってファイナンスの教授たちをバカにした。ケチャップ経済学者たちは「ケチャップの二リットル瓶が、どこでも一リットル瓶二本分とまったく同じ値段で売られていることを示し」したがってここからケチャップ市場は完全に効率的だと結論した、というのがその寓話だ。

でも、こうした嘲笑や、他の経済学者によるもっと礼儀正しい批判も、あまり効果はなかった。ファイナンス理論家たちは、自分のモデルが基本的には正しいと信じ続けたし、また現実世界の意志決定をする多くの人々もそれを信じた。その中にはかのアラン・グリーンスパンも含まれた。彼がサブプライム融資を抑えるべきだとか、ますますふくれあがる住宅バブルに対処すべきだとかいう声を否定したのは、現代の金融経済学がすべてをちゃんと把握しているのだという信念によるところがかなり大きい。

さて、二〇〇八年に世界を襲った金融大惨事の規模を考え、高度なはずの各種ファイナンスのツールが大惨事の手先になったことを思えば、効率的市場理論の力は揺らいだはずだと思うかもしれない。が、残念でした。

確かに、リーマンブラザーズ破綻直後に、グリーンスパン自身が「知的な大建築全体」が「崩壊」したので「ショックの余り信じられない」と宣言した。でも二〇一一年三月には、かつての立場に逆戻りして、危機を受けて金融規制を強化する（とても穏健な）試みの廃止を呼びかけていた。彼は「フィナンシャルタイムズ」紙に、金融市場はまったく問題ないと書いた。「特筆すべき珍しい例外（たとえば二〇〇八年）を除けば、世界的な『見えざる手』は比較的安定した為替レート、金利、物価、賃金水準を作り出した」

いやまったく、たまに世界経済を破壊するような危機があるくらいで騒ぐでないよ、というわけだ。政治科学者ヘンリー・ファレルはブログ投稿ですぐに反応し、読者たちに「特筆すべき珍しい例外」の他の使い道を提案するよう呼びかけた――たとえば「特筆すべき珍しい例外を除けば、日本の原子炉は地震から安全だった」という具合。

そして悲しいことに、このグリーンスパンの反応は広く共有されている。ファイナンス理論家たちは驚くほど考えを改めていない。効率的市場仮説の父ユージーン・ファーマは、一歩も退いていない。彼に言わせれば、危機は政府の介入によって起きたもので、特にファニーメイやフレディーマックの働きのせいだと主張している（これは第4章で述べた大嘘だ）。

こうした反応は、わからないでもないが、許し難いものだ。グリーンスパンにしてもファーマにしても、ファイナンス理論がいかに遠くまで脱線してしまったかを認めるということは、自分たちがキャリアの相当部分を袋小路の追究で過ごしてしまったと認めることになってしまう。同じことが、一部の有力なマクロ経済学者についてもいえる。かれらは何十年もかけて、経済の仕組みについてのある見方を推し進めてきたが、それが最近の出来事で完全に否定されてしまい、それでも同じように自分たちの判断ミスを認めたくはないのだ。

でも、それだけじゃない。自分たちのまちがいを擁護する中で、かれらはまた目下の不況に対する有効な対応策を潰すのに大きな役割を果たしてしまった。

ひそひそ声とくすくす笑い

一九六五年に「タイム」誌は、他ならぬミルトン・フリードマンの言葉として「いまや我々みんなケインズ派だ」という宣言を引用した。フリードマンは、それは少し前に行われた発言だと述べていたけれど、彼の発言は正しかった。フリードマンはマネタリズムという教義の主導者で、これはケインズ派にかわるものとして売り込まれたけれど、実際にはその概念的な基盤はあまりちがわない。実はフリードマンが一九七〇年に「金融分析の理論的枠組み」という論文を発表したとき、それがあまりに教科書通りのケインズ理論とそっくりなので、多くの経済学者はびっくりした。実は一九六〇年代のマクロ経済学者たちは、不景気とはどういうものかについて共通の見解を持っており、適切な政策については見解の相違があったものの、それは実務的な意見の差であって、根深い哲学的なちがいじゃなかった。

でもそれ以来、マクロ経済学者たちは、二つの大きな派閥に分かれてしまった。「塩水派」経済学者（おもにアメリカ海岸部の大学にいる）は、不景気というものについて、おおむねケインズ派的な見方をしている。そして「淡水派」経済学者（主に内陸部の大学にいる）は、この見方がナンセンスだと考える。

淡水派の経済学者は、基本的には、純粋自由放任主義者《レッセフェール》だ。あらゆるまともな経済分析は、人々が合理的で市場が機能するという前提から始まるというのが彼らの前提だ。この想定は、単なる不十分な需要によって経済が低迷するという可能性を、前提により排除してしまっている。

でも、不景気を見れば、働きたがっている人々を全員雇えるだけの需要がない期間に見えるんですけど？　見かけはあてにならないのだよ、と淡水派理論家なら答えるだろう。彼らの見方では、正当な経済学においては総需要不足などというものは起こり得ない——だからそれは現実にも起こらない。

でも、不景気は現実に起こる。なぜか？　一九七〇年代には、主導的な淡水派マクロ経済学者、ノーベル賞受賞者のロバート・ルーカスは、不景気は一時的な混乱から生じるのだと論じた。労働者や企業は、インフレによる物価水準の全体的な変化と、自分固有の事業環境における価格変化とを区別できないのだ、と。そしてルーカスは、景気循環に抵抗しようという試みはすべて逆効果だと警告した。能動的な政策は、混乱を深めるだけだという。

この研究が行われている頃、ぼくは大学院生で、それがどれほどエキサイティングに思えたか、よく覚えている――そして特にその数学的な厳密さが、多くの若い経済学者にとっていかに魅力的だったかも。でも、この「ルーカスプロジェクト」と広く呼ばれていたものは、すぐに脱線してしまった。

何がおかしくなったのか？　ミクロ的基礎を持ったマクロ経済学を作ろうとした経済学者たちは、やがてそれにはまりすぎてしまい、プロジェクトに救世主待望論じみた狂信性を持ち込んで、他人の意見に耳を貸さなくなってしまったのだ。特に、まともに機能する代案もまだ提供できていなかったのに、勝ち誇ってケインズ経済学の死を宣言した。有名な話だが、ロバート・ルーカスは一九八〇年に、セミナーの参加者たちはだれかがケインズ派的な考え方を発表すると「ひそひそ話とくすくす笑い」を始める、と――よい話として！――宣言した。ケインズや、ケインズを持ち出す人はすべて、多くの教室や専門誌からは出入り禁止となった。

だが反ケインズ派が勝利宣言をしている間にも、その当人たちのプロジェクトは破綻しつつあった。新しいモデルは、結局は不景気の基本的な事実を説明できなかった。でも、彼らはすでにいわば自分で梯子をはずしてしまっていた。あれだけひそひそ話とくすくす笑いをしてしまうと、今さら戻ってきて、ケインズ経済学が実はかなり有力らしいという単純な事実を認めるわけにはいかなかった。

そこで彼らはさらに深みに向かい、ますます不景気やその仕組みについての現実的なアプローチから離れていった。マクロ経済学の理論面のほとんどは、現在は「リアルビジネスサイクル」理論なるものに支配されている。これは、不景気というのは悪性の技術的なショックに対する、合理的で、それどころか効率的な反応なのだと主張する。その技術的なショック自体は説明されない。そして、不景気の間に起こる雇用の減少は、状況が改善するまで少し仕事を離れて様子を見ようという、労働者の自発的な決断なのだ、という。これが馬鹿げた話に聞こえるなら、それはこれが本当に馬鹿げているからだ。でも、この理論はかっこいい数学モデルが使えるので、リアルビジネスサイクルの論文は昇進と終身教授職への近道となった。そして、リアルビジネスサイクル理論家たちはやがて十分な勢力を持つようになり、今なおこれとはちがう見方をする若い経済学者は、多くの主要大学にはなかなか就職できない（学界社会学の暴走に苦しんでいるといったのはこういうことだ）。

さて、淡水派経済学者たちも、事態がすべて思い通りに運んだわけじゃない。一部の経済学者たちはルーカスプロジェクトの明らかな失敗を見て、ケインズ派のアイデアをもう一度見直して、化粧直しをした。「新ケインズ派」理論が、ＭＩＴ、ハーバード、プリンストンなどの学校――

そう、塩水近く――や、政策立案を行うＦＲＢや国際通貨基金（ＩＭＦ）などの機関におさまった。新ケインズ派たちは、完全市場や完全合理性という想定から逸脱しても平気で、おおむねケインズ的な不景気観に沿うだけの不完全性を追加した。そして塩水派の見方では、不景気と戦うのに能動的な政策をとるのは、相変わらず望ましいことだった。

とは言ったものの、塩水派経済学者といえど、合理的な個人や完全市場の魅惑的な誘いに免疫があるわけではなかった。古典派正統教義からの逸脱はなるべく最小限に抑えようとした。つまり現実世界ではバブルや銀行システム崩壊といったものがしょっちゅう起きているのに、主流のモデルにはそうしたものが入る余地がないということだ。それでも、経済危機は新ケインズ派の根本的な世界観を否定することはなかった。危機について過去数十年はあまり考えてこなかったとはいえ、彼らのモデルは危機の可能性を排除するものではなかった。結果として、クリスティ・ローマーや、それをいうならベン・バーナンキといった新ケインズ派は危機に対して有益な対応を提案できた。特にＦＲＢによる大規模な融資増と、連邦政府による一時的な支出増大がそれにあたる。残念ながら、淡水派についてはそういうことは言えない。

ちなみに、疑問に思う人もいるかもしれないので書いておくと、ぼくは自分が、なんか新ケインズ派みたいなものだと思っている。新ケインズ派様式の論文だって発表している。現代の理論モデルの多く（自分のも含む）に埋め込まれている、合理性や市場に関する想定は、実は本気ですべて信じてはいないし、しばしば古いケインズ派のアイデアに立ち戻るけれど、でもそうしたモデルが、問題を慎重に考え抜くための手法として便利だというのはわかる――この態度は、大分断の塩水側では広く共有されている。本当に基本的な水準で言えば、塩水派と淡水派のちがいというのは、実用主義対宗教もどきの確信とのちがいで、その確信は証拠が唯一無二の信仰に疑問符を突きつけると、一層強くなるばかりだった。

結果として、危機の襲来に際して有益なことをするかわりに、あまりに多くの経済学者たちは宗教戦争ののろしを上げてしまったのだった。

クズ経済学

経済学部の大学院で何が教えられ、もっと重要な点として、何が教えられていないかなどということは、長いことどうでもいいように思えた。なぜかって？　ＦＲＢとその仲間の機関が、マクロ経済をきちんと仕切っていたからだ。

第2章で説明した通り、ごく普通の不景気に対処するのはかなり簡単だ。ＦＲＢがお金をもっと刷って、金利を引き下げればいい。実際には、この仕事はみなさんが思うほど簡単なものではない。というのもＦＲＢは、金融のお薬をどれだけ与え、いつそれを止めるか見極めなくてはならないし、それを実施しようとする時点ではデータが絶えず変動を続け、しかもある政策の結果が観察できるようになるまでには、かなりのタイムラグが生じるからだ。でもそうした難しさがあるからといって、ＦＲＢは仕事をためらうことはなかった。多くの学術的なマクロ経済学者たちが、あさってての方向へさまよい出てしまっても、ＦＲＢはしっかり地に足をつけて、自分たちの仕事に関係ある研究に資金を提供し続けた。

でも、経済が本当に深刻な不景気に直面し、金融政策ではおさまらなかったら？　まあ、そんなことは起こるはずがなかった。実はミルトン・フリードマンも、そんなことはあり得ないと言った。

フリードマンの取った政治的な立場の多くを嫌う人々でさえ、彼が立派な経済学者だったことは認めざるを得ないし、非常に重要な点をいくつか指摘したのも否定できない。残念ながら、彼の最も影響力ある宣言の一つ――大恐慌はＦＲＢがちゃんと仕事をすれば起こらなかったはずだし、適切な金融政策があれば、二度目の大恐慌に類するものは決して起きないという宣言――は、ほぼ確実にまちがっていた。そしてこのまちがいには深刻な結果が伴う。金融政策が十分でないときにはどんな政策が使えるか、ＦＲＢ内部でも、他の中央銀行でも、学術研究の世界でも、ほとんど議論が行われていなかったのだ。

危機前に一般的だった考え方の一端をうかがわせる例として、二〇〇二年にフリードマンの九〇歳誕生日を記念する会議でベン・バーナンキはこう述べた。「最後に、連邦準備制度の公式代表という立場をちょっとだけ濫用させてもらいましょう。ミルトンとアンナにはこう言いたい。大恐慌については、おっしゃる通り、ＦＲＢが悪かった。本当にごめんなさい。でもあなたたちのおかげで、繰り返しません、過ちは」

もちろん実際に何が起きたかというと、二〇〇八年から二〇〇九年にかけて、ＦＲＢは一九三〇年代にやるべきだったとフリードマンに言われたことはすべてやった――そしてそれでも経済は、大恐慌ほどではないにしても、明らかに似た症候群にはまりこんだままだった。さらに多くの経済学者たちは、追加の手段を考案して裏付ける用意ができているどころか、行動に対して余計な障壁を設けてしまった。

こうした行動への障壁について、びっくりするしがっかりさせられるのは――他に何とも表現しようがないのだけれど――かれらが見せた底なしの無知ぶりだった。第2章で、ヘリテッジ財団のブライアン・リードルを引用してセイの法則の誤謬を説明したのを思い出してほしい。セイの法則とは、収入は必然的に使われ、供給は自分自身の需要を作り出すという信念のことだった。でも、二〇〇九年初頭に、シカゴ大学の有力な経済学者二人、ユージーン・ファーマとジョン・コクランは、なぜ財政刺激策がまったく効果がないかについて、まるっきり同じ議論を展開した――そしてとっくの昔に論駁されたこの誤謬を、ケインズ派経済学者たちが過去三世代にわたりなぜか見すごしてきた、深い洞察として提示したのだった。

また財政刺激策に対し、無知から出てきた反対論はこれだけじゃない。たとえば、ハーバード大学のロバート・バローは、多くの刺激策は民間消費と投資の落ち込みで相殺されてしまうだろうと主張し、親切にも、第二次大戦中に連邦支出が急増したらそういうことになったと書き添えてくれる。戦時中の消費者支出の落ち込みは、えーとほら、配給制とかいうのがあったせいじゃないかとか、投資の低迷は政府が一時的に不要不急の建設を禁止したせいじゃないかとか、教えてあげる人はどうやらだれもいなかったようだ。一方、ロバート・ルーカスは、刺激策など役に立たないと論じたが、その根拠は「リカードの中立命題」という原理だった――そしてその主張によって、その原理の実際の仕組みをそもそも知らないか、知っていたにしても忘れてしまっていることを曝露したのだった。

余談ながら、こうした議論を持ち出す経済学者の多くは、景気刺激策を主張する学者たちに対して、権威主義的な物言いを持ち出した。たとえばコクランは、刺激策など「一九六〇年代以降に大学院生が教わった内容には一切含まれていない。それら（ケインズ派の発想）はおとぎ話であり、まちがっていることが証明された。つらいときには、子供時代に聞いたおとぎ話に戻るのも心休まるものだが、それでもそれがまちがっていることにはかわりない」と述べている。

一方、ルーカスはオバマの主任経済顧問で、大恐慌研究家として傑出しているクリスティ・ローマーの分析を「クズ経済学」だと一蹴し、「なんというか、他の理由ですでに決まっていた政策に、露骨にあとづけの正当化を行った」迎合屋だといってローマーを非難した。

そうそう、バローはまたこのぼくが、マクロ経済学についてあれこれ言う資格なんかないと示唆しようとした。

疑問に思っている人がいるかもしれないけれど、いま挙げた経済学者はみんな、政治的には保守派だ。だからある程度まで、こうした経済学者は実質的に共和党の提灯持ちをしていたわけだ。でも、もし経済学業界全体が、過去三〇年にわたりこれほどひどい迷子になっていなければ、彼らはそんなことを言い出そうとはしなかったはずだし、あれほど無知をさらけだしたりもしなかっただろう。

はっきりさせておくと、一部の経済学者は大恐慌やその意味合いを決して忘れなかった。その一人がクリスティ・ローマーだ。そして、危機開始から四年経った今、財政政策に関する優れた研究（そのほとんどが若い経済学者によるものだ）がますます増えつつある――そうした研究は概ね、財政刺激は有効だと裏付けるもので、暗黙にもっと大規模な財政刺激をすべきだと示唆している。

でも決定的な瞬間において、本当に必要なのが明晰さだったときに、経済学者たちは各種不協和音めいた見方を提示してしまい、行動に向けての主張を強化するどころか、かえってそれを弱めてしまった。

第7章

不適切な対応の解剖

こんなシナリオが見えてくる。弱い景気刺激策、ひょっとして共和党の票を追加でもらうため、今話しているよりさらに弱いものがまとめられる。それで失業の上昇は抑えられ、九パーセントあたりでピークになるが、でもゆっくりとしか低下しない。そしてミッチェル・マコネルが「ほらごらん、政府支出なんか効かないんだよ」と言い出す。

これがまちがっていることを祈ろう。

——拙ブログより、二〇〇九年一月六日

バラク・オバマは二〇〇九年一月二〇日に、アメリカ大統領として就任した。その就任演説は、経済の苦境を認めたが、危機を終わらせるため「大胆で素早い行動」を約束した。そして確かに、行動は素早かった——その素早さのおかげで、二〇〇九年夏までに経済の転落は終わっていた。でも、大胆じゃなかった。オバマの経済戦略の中心、アメリカ回復再投資法は、アメリカ史上で最大の雇用創出プログラムだった——が、今回の事態には悲しいほど不十分だった。これは、事後の岡目八目で言っているんじゃない。二〇〇九年一月、計画の概略が見えてきたとき、オバマ政権シンパの経済学者たちは、検討されている中途半端な対策がもたらす経済的・政治的な帰結について、かなり公然と懸念していた。いまでは、政権内部の経済学者、たとえば経済諮問委員会委員長のクリスティ・ローマーなども同じ懸念を抱いていたことがわかっている。

オバマに公平を期すなら、この失敗は先進国ではどこでも似たようなものだった。いたるところで政策担当者たちは不十分なことしかできなかった。政府や中央銀行は低金利政策を実施し、銀行には十分な救済を施して、一九三〇年代初期に起きた金融の全面的な崩壊の再演は回避した。一九三〇年代には金融が崩壊し、三年にわたる信用収縮が生じて、これが大恐慌を引き起こすのに大きな役割を果たした（二〇〇八年から二〇〇九年にかけて、似たような信用収縮は確かに起きたけれど、ずっと短命で、二〇〇八年九月から二〇〇九年晩春まで続いただけだった）。でも、どの政策も、失業の巨大な慢性的上昇を避けるにはほど遠い、弱いものでしかなかった。そして最初の政策が不十分な結果に終わると、先進国の政府はどこもその不足を認めるどころか、この結果は雇用創出にはこれ以上のことはできないし、すべきでもないという証拠だと主張した。

つまり政策は、難局にうまく立ち向かえなかった。なぜこんなことが起きたんだろう？

一方では、経済に必要なものについておおむね正しい発想をしていた人々は、オバマ大統領を含め臆病で、どれほど大きな行動が必要かも公言したがらず、後で一巡目にやったことが不十分だったと認めようともしなかった。他方では、まちがった発想をしていた人々――保守派政治家や、第6章で述べた淡水派経済学者たち――は強引で、疑念なんかに悩まされることはなかった。

二〇〇八年から二〇〇九年のつらい冬、自分がまちがっている可能性くらいは考えるべき時期に、彼らは自分たちのイデオロギーに反するものすべてを妨害しようとすさまじい努力を展開した。正しかった人々はまるで自信がなく、まちがっていた人々は情熱的で強硬だった。

これからの記述はアメリカの体験にだけ注目し、他地域の出来事は軽く言及するだけとなる。理由の一部は、ぼくがいちばん知っているのはアメリカだからだし、正直いっていちばん気にかけているのもアメリカだからだ。でも、ヨーロッパでの展開は、統一通貨のおかげで特殊な性格を持っていたからでもある。これはまったく別の扱いが必要だ。

前置きはこのくらいで、危機がどう展開したかの話に移ろう。そして、二〇〇八年暮れから二〇〇九年にかけて、政策が文句なしに、悲惨な形で敗北した運命の時期の話をしよう。

危機襲来

アメリカのミンスキーの瞬間は、実は瞬間ではなかった。二年にわたり引き延ばされたプロセスで、その勢いは終わりに近づくにつれて急激に加速した。まず、ブッシュ時代の大住宅バブルがしぼみはじめた。それから住宅ローンをもとにした金融商品の損失が、金融機関をむしばみ始めた。そしてリーマンブラザーズ破綻で事態は急展開し、それが「シャドーバンキング」システム全般に取り付け騒ぎを引き起こした。この時点で、大胆で過激な政策行動、単なる火消しにとどまらない行動が必要とされていた――が、実行されなかった。

二〇〇五年夏までに、「砂の州」――フロリダ、アリゾナ、ネバダ、カリフォルニア――の大都市住宅価格は、二〇〇〇年頃に比べておよそ一五〇パーセント上昇していた。他の都市の物件価格上昇はもっと小さかったが、明らかに全国的な住宅価格の高騰が見られ、古典的なバブルのあらゆる兆候がでていた：物件価格は決して下がらないという信念、もっと価格が上がる前に買っておこうという買い手の行列、大量の投機活動。「この家転売」なるリアリティテレビ番組すらあったほどだ。でも、このバブルからはすでに空気が漏れ始めていた。ほとんどの場所では、まだ物件価格は上がってはいたが、成約までの時間はずっと長くかかるようになっていた。

広く使われているケース＝シラー住宅価格指数によれば、全国の住宅価格は二〇〇六年春がピークだった。その後の数年は、住宅価格は決して下がらないという広範な信念は手荒い反駁をくらった。バブル期に最大の価格上昇が見られた都市は、最大の下落を味わった。マイアミでは五割ほど下がり、ラスベガスでは六割近く下がった。

ちょっとびっくりすることだが、住宅バブルの破裂は、すぐに不景気をもたらしはしなかった。住宅建設は激減したが、しばらくは建設の低下が輸出増で相殺されていたからだ。弱いドルのおかげで、アメリカの製造業のコスト競争力はきわめて高くなっていたのだ。でも二〇〇七年夏になると、住宅の問題は銀行の問題へと移行し始めた。銀行保有の不動産担保証券（ＭＢＳ）が大きな損失を出し始めたからだ。ＭＢＳとは、たくさんの住宅ローンの返済金を受け取る権利を売ることで作られた金融商品で、その権利には優先度の高いもの、つまり他の人より先に入ってくる返済金を受け取れる権利を持つものもあった。

こうした優先度の高い権利は、きわめて低リスクなはずだった。というのも、大量の人々が同時に不動産ローン返済が滞るなんて、まずあり得ないでしょう？　が、この質問への答えとしては、住宅価格が借り手の支払った金額より三割から五割低いような環境では、かなり高い確率であり得るというのが正解だった。だから、安全だと言われた資産の多く、スタンダード＆プアーズ（Ｓ＆Ｐ）やムーディーズなどの格付け機関がＡＡＡ格付けをした資産は「有害廃棄物」になってしまい、額面のごく一部の価値しかなくなってしまった。そうした有害廃棄物の一部は、何も知らない買い手、たとえばフロリダ教職員退職年金制度などに押しつけられた。でもその相当部分は金融システムが持ち続けており、銀行やシャドーバンクが買っていたのだった。そして従来型の銀行も、シャドーバンクもきわめて高いレバレッジをかけているので、この規模の損失が多少あるだけで、多くの機関のソルベンシーも怪しくなった。

状況の深刻さが明らかになってきたのは二〇〇七年八月九日、フランスの投資銀行ＢＮＰパリバが、同行のファンド二つの投資家に対して、そうした資産の市場が実質的に閉鎖されたので、もはやお金を引き出せませんと告げたときだった。銀行は損失の可能性を恐れて相互融資を嫌がるようになり、信用収縮が起こり始めた。住宅価格の低下の影響として、住宅建設低下と消費者支出の減少が起こり、それが信用収縮と組み合わさって、アメリカ経済は二〇〇七年末までには不景気になっていた。

でも当初は、その悪化ぶりもさほど急ではなく、二〇〇八年九月の時点ですら、景気悪化がそんなに深刻ではないかもという期待はあった。それどころか、アメリカは実は不景気なんかではないと論じる人もたくさんいた。フィル・グラムをご記憶だろうか？　グラス＝スティーガル法の廃止を仕組み、その後金融業界に勤めるようになった元上院議員だ。二〇〇八年に彼は、共和党大統領候補ジョン・マケインの顧問だったが、同年七月には、これがただの「脳内不景気」でしかなく、本物の不景気ではないと宣言した。そしてこう続けた。「われわれは何というか、泣き言屋の国になってしまった」

実際には、文句なしの景気悪化が生じつつあり、失業率はすでに四・七パーセントから五・八パーセントになっていた。でも、真の悲惨はまだ先の話だったのも事実だ。経済が自由落下状態になるのは、二〇〇八年九月一五日のリーマンブラザーズ破綻からだ。

だが、何のかの言っても中規模投資銀行にすぎないものの破綻が、なぜそれほどの被害をもたらしたんだろう？　直接の答は、リーマン破綻でシャドーバンキングの取り付け騒ぎが起こったということだ。特に、「レポ」と呼ばれるシャドーバンキングの形態が大きな打撃を受けた。第4章で説明したように、レポというのはリーマンのような金融プレーヤーが、超短期の融資――しばしばオーバーナイト――を他のプレーヤーから受けて、不動産担保証券（ＭＢＳ）のような資産を担保に使う仕組みだ。これはただの銀行業の一種だ。というのもリーマンのようなプレーヤーは、長期資産（たとえばＭＢＳ）と、短期の負債（レポ）を持っていたからだ。でも、それは預金保険のような安全機構がまったくない銀行業だった。そしてリーマンのような企業はほとんど規制を受けておらず、おかげでこうした企業はすさまじい借り入れをしていて、資産と負債がほぼ同じくらいだった。かれらが倒産するには、ほんのちょっとした悪い報せだけでよかった。

たとえばＭＢＳ価格の急落などだ。

つまりレポというのは、二一世紀版取り付け騒ぎにきわめて弱いものだった。そしてそれが二〇〇八年秋に起こった。それまではリーマンなんかへの融資を借り換えさせて平気だった貸し手が、もはや相手が一時的に売った証券を買い戻すという約束を守るとは信じなくなり、だから「散髪《ヘアカット》」――つまり担保資産を積み増すこと――で追加の保証を要求するようになった。が、投資銀行の手持ち資産は限られているので、これはつまり、もはや現金ニーズを満たすだけの借金ができないということだ。そのため、慌てて資産の投げ売りを始め、すると資産価格は下がって、貸し手はさらに多くの散髪《ヘアカット》を要求するようになった。

リーマン破綻からものの数日で、この現代版取り付け騒ぎは、金融システムのみならず、実体活動に対する資金調達をもめちゃめちゃにした。最も安全な借り手――もちろんアメリカ政府や、事業が好調な大企業など――はまだかなり低金利で借り入れができた。でも、ちょっとでもリスクがあると思われた借り手は、門前払いか、すさまじい高金利を強いられた。図７‐１のグラフは、「高イールド」社債、別名ジャンク債の利回り《イールド》を示す。危機前の利率は八パーセントだったのに、リーマン破綻後は二三パーセントに跳ね上がった。

金融システムの完全なメルトダウンの可能性を見て、政策立案者たちは心を一つにした――そして銀行救済となると、かれらは強力かつ決然と行動した。

ＦＲＢは、銀行など金融機関に巨額の融資をして、現金不足に陥らないようにしてあげた。また、略称まみれの特別な融資制度を大量に作り、銀行の窮状で生じた資金供給の穴を埋めるよう

図7-1　リーマン効果：高イールド社債

最も安全な資産以外のあらゆる資産の利率は、リーマンが2008年9月15日に破綻してから急上昇し、経済はさらに急落した。

出所：セントルイス連邦準備銀行

にした。一度は否決されたが、ブッシュ政権は不良資産救済プログラム（ＴＡＲＰ）を議会で可決させ、七〇〇〇億ドルの救済基金を作って、主に銀行に資金注入を行い、自己資本を引き上げさせた。

この金融救済のやり方については、批判すべき点も多い。確かに銀行救済は必要だったけれど、政府はもっと厳しい条件をつけるべきで、緊急融資の代償としてずっと大きな取り分を要求すべきだった。当時ぼくはオバマ政権に対し、シティグループなどいくつかの銀行を破産管財下に置くよう示唆した。国がそれを長期的に運用するためではなく、かれらがもし連邦補助のおかげで回復できたら、納税者が確実にその見返りを得られるようにするためだ。これをやらなかったので、この救済策は実質的に、株主たちに大量の補助金を出したのと同じことになってしまった。うまくいけば株主大喜びで、失敗すれば損をかぶるのは別の人というわけだ。

でも金融システム救済が甘すぎる条件で実施されたにしても、基本的には成功だった。主要な金融機関は生き延びた。投資家の安心感は回復した。そして二〇〇九年春には、金融市場は概ね平常に戻り、全部ではないにせよ、ほとんどの借り手は再び、かなり低い金利で資金調達ができるようになった。

残念ながら、それでは不十分だった。機能する金融システムなしに繁栄はあり得ないけれど、金融システムが安定しても、繁栄が生じるとは限らない。アメリカに必要だったのは、生産と雇用の実体経済に対する救済策で、それには金融業界救済と同じくらい力強く適切な対応が必要だった。アメリカが実際に得たものは、その目標をはるかに下回るものでしかなかった。

不十分な景気刺激予算

二〇〇八年一二月までに、バラク・オバマの政権移行チームはアメリカ経済の経営を引き継ぐ準備をしていた。すでに、この政権がかなりおっかない見通しに直面しているのは明らかだった。住宅価格と株価の下落で、豊かさにはボディーブローが効いていた。世帯純資産は二〇〇八年の間に一三兆ドル減った——財やサービス一年分の生産にほぼ相当する金額だ。消費者支出はもちろん激減し、すでに信用収縮の影響で苦しんでいた事業支出もその後を追った。消費者がいないのに、事業を拡張する理由もないからだ。

じゃあどうすればいいのか？　通常は、不景気に対する防御の第一陣はＦＲＢで、経済がつまづいたら金利を下げるのが通例だ。でもＦＲＢが通常コントロールする短期金利はすでにゼロで、それ以上は下げられなかった。

すると残るは当然ながら、財政刺激策だ――一時的に政府支出を増やすか減税し、全体的な支出を支援して雇用創出するのだ。そしてオバマ政権は、確かに景気刺激法案を設計して施行した。それがアメリカ回復再投資法だ。残念ながら、総額七八七〇億ドルのこの財政刺激は、必要な規模よりはるかに小さすぎた。それが不景気を緩和したのはまちがいない。でも完全雇用回復に必要な額に比べればずっと小さく、不景気を脱出しつつあるという印象をつくるにも不十分だった。もっとひどいことだが、刺激策が明らかな成功をもたらさなかったために、有権者から見ると、政府支出を使って雇用創出という発想自体が眉唾に思えてしまった。だからオバマ政権はやり直す機会がもらえなかった。

なぜ刺激策があれほど不十分だったかを述べる前に、ぼくのような人物がしばしば受ける反対論に答えておきたい。まず、ぼくたちの主張は単なる弁明でしかなく、お気に入りの政策の失敗をごまかすために、後付けであれこれ言っているだけだ、というものだ。二つ目は、オバマが政府予算を大幅に増やしている以上、支出が少なすぎたはずはない、というもの。

最初の意見に対する答えは、これは後付けの話じゃないということ。多くの経済学者は当初からオバマ政権の提案が悲しいほど不十分だと警告していた。たとえば、景気刺激策がまとまった翌日に、ジョセフ・スティグリッツ（ノーベル経済学賞受賞者）はこう宣言した。

今回可決された景気刺激パッケージについて、設計がまずいし不十分だという見解は、経済学者の間で満場一致とはいかないまでも、広く合意されていると思う。満場一致ではないとはいえ説明してみよう。まず、不十分だったことは今言ったことでかなり明らかなはずだ。この刺激策は総需要の不足を補おうとしているが、とにかく小さすぎる。

ぼく個人も、政権の対応策がだんだん明らかになるにつれて、公然と髪をかきむしっていたと言おうか。こんなことを書いている。

だんだんオバマの景気刺激策についての情報が出てきて、その影響について大ざっぱな推計が始められる。結論としてはこうだ。たぶんこれから出てくる計画では、今後二年にわたり平均失業率の低下は二パーセントポイント未満、いやそれをずっと下回るかもしれない。

計算を一通り終えて、ぼくは本章冒頭に引用した一節で記述を終えた。つまり、不十分な景気刺激策は十分な回復も生み出せないし、またさらなる行動への政治的な主張を弱めてしまうと懸念したわけだ。

残念ながら、スティグリッツとぼくの恐れは適中した。失業はぼくの予想より高いピークに達し、一〇パーセントを超えたが、経済的な結果とその政治的な意味合いはまさに恐れていた通りとなった。そして明らかにわかるとおり、ぼくたちはまさに当初から刺激策が不十分だと警告していた。後になってから言い出したんじゃない。

でも、オバマ政権下で政府が大幅に拡大したはずだという話はどうか？　うん、連邦支出の対GDP比は確かに上がり、二〇〇七年度の一九・七パーセントから、二〇一一年度には二四・一パーセントになった（アメリカの会計年度は一〇月一日から始まる）。でもこの上昇は、多くの人が思っているようなことを意味しない。なぜか？

まず、支出の対GDP比が高い理由の一つは、GDPが低いからだ。過去のトレンドから考えて、アメリカ経済は二〇〇七年から二〇一一年にかけて、九パーセント成長していたはずだと期待できる。ところが実際には、ほとんど成長はしなかった。二〇〇七年から二〇〇九年には急激に下落し、その後の回復も弱くて、二〇一一年にやっと失地回復したばかりだ。だから連邦支出が普通に成長しただけで、GDP比にしたら支出が急増したように見える。でもそれは単にGDP成長が通常トレンドをはるか下回る水準だからだ。

とは言うものの、二〇〇七年から二〇一一年までの連邦支出は、かなり急に増えた。でもこれは、政府の活動が急激に拡大したからじゃない。高い支出は圧倒的に、困った状況のアメリカ人たちに対する緊急支援なのだった。

図7-2は、実は何が起きたかを示している。元データはアメリカ議会予算局からのものだ。予算局は、支出を各種のカテゴリーに分類している。そのうち二つを切り出した。「所得補償」とメディケイドだ。そしてそれを残りすべてと比べた。この三カテゴリーのそれぞれについて、

図7-2　支出の増加率

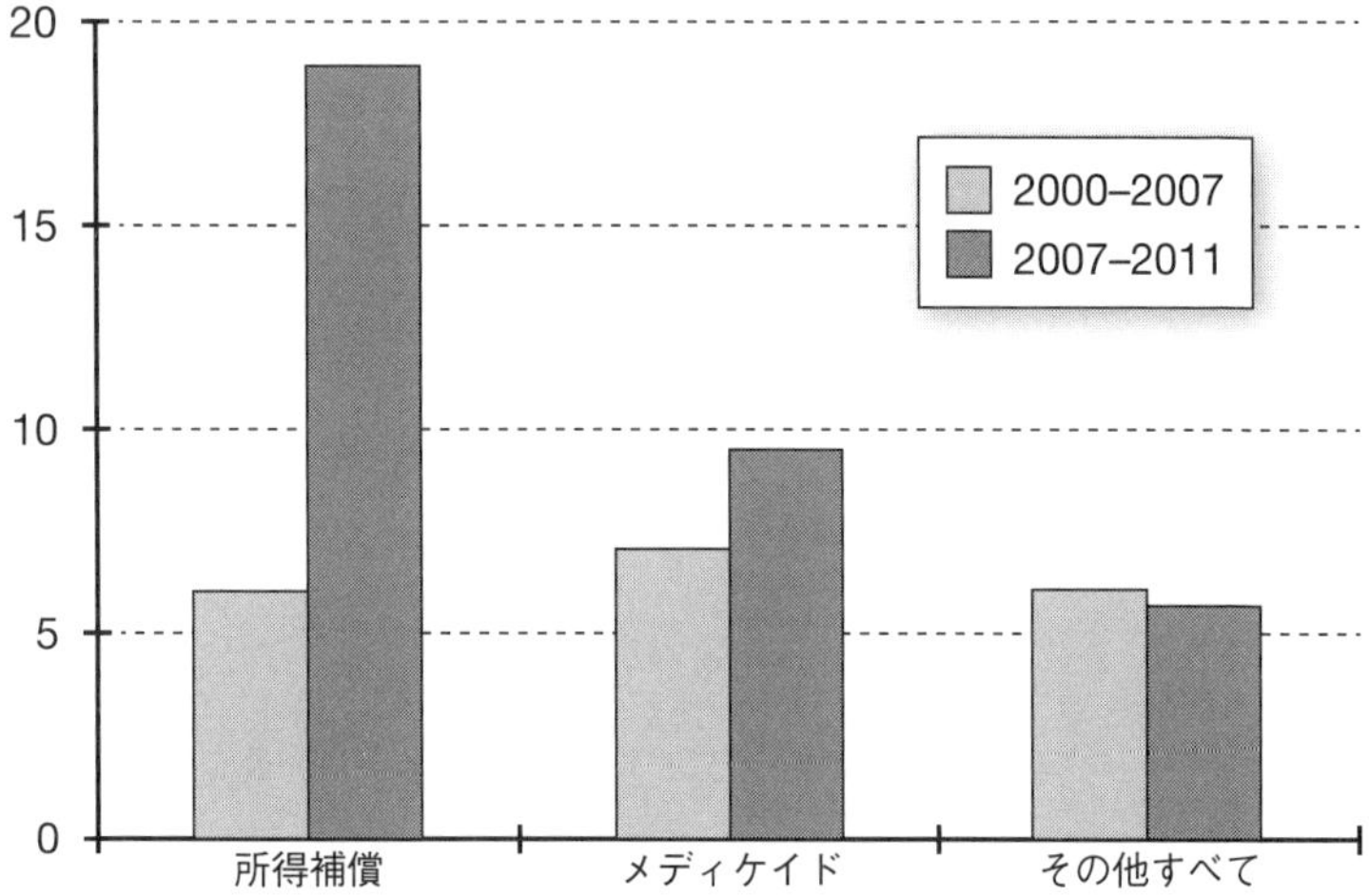

支出は確かに通常よりも大きく増えたが、その差のすべては経済危機に対応したセーフティネットプログラムの拡大によるものだった。

出所：アメリカ議会予算局

二〇〇〇年から二〇〇七年にかけての増加率――これは保守派共和党政権の下で、概ね完全雇用が実現された時期だ――と、経済危機最中の二〇〇七年から二〇一一年と比べた。

さて「所得補償」は主に失業手当やフードスタンプと、勤労所得税額控除だ。最後のものは働く貧困者を助ける。つまり、これはアメリカの貧困者や貧困近い人々を助けるプログラムで、金銭的に苦境に陥ったアメリカ人が増えれば、この費目は増えると思われる。一方、メディケイドもまた貧困者や貧困近い人々を助ける低所得者向けプログラムだから、これまた国が苦境にあれば、支出は増えるはずだ。この図ですぐにわかるのは、支出加速はすべて、基本的には不景気で苦しむ人々に対する緊急支援のせいだと言えることだ。オバマが政府を大幅に拡大させたという発想もこれっきりだ。

じゃあオバマは何をしただろうか？　景気刺激プランの正式名はアメリカ回復再投資法（ARRA）だったが、これは新聞の見出しでは七八七〇億ドルとなってはいたものの、その一部はこれがなくても実行されていたはずの減税だった。実は合計金額の四割近くが減税分なんだが、減税の需要刺激効果は実際の政府支出増加の半分くらいしかない。

残りのうち、かなりの部分は失業保険を出すための資金、別の一部はメディケイド維持のための支援、そしてさらなる一部は、歳入低下に伴う支出減を避けさせるための、州や地方政府に対する補助だ。人々が景気刺激策というときに頭に浮かべるような支出――建設や道路補修など――はかなり小さな部分でしかない。ルーズベルト大統領的な、公共事業促進局に類するものはまったくない（公共事業促進局は、絶頂期にはアメリカ人三〇〇万人、あるいは総労働者の一割くらいを雇っていた。今日同じ規模のプログラムを作ったら、一三〇〇万人を雇うことになる）。

それでも、八〇〇〇億ドル近い金額は、ほとんどの人には大金に思える。この数字をまじめに考えたぼくたちは、なぜこれがひどく不十分だとわかるんだろうか？　答は二段重ねだ。歴史と、アメリカ経済が実に巨大だというのを認識していることだ。

歴史によれば、金融危機の後にくる停滞は凶悪で荒っぽく、長い。たとえば、スウェーデンは一九九〇年に銀行危機を体験した。政府が踏み込んで銀行を救済したのに、危機に続いて経済停滞がやってきて、実質（インフレ補正した）GDPを四パーセント引き下げ、経済が危機前のGDPに回復するには一九九四年までかかった。アメリカの経験も同じくらいにはひどくなると考えるべき理由はすべて揃っていた。まずスウェーデンはもっと健全な経済に輸出して停滞を緩和できたけれど、二〇〇九年のアメリカは世界危機に直面させられた。だから現実的な評価としては、刺激策は三年以上の厳しい経済的苦痛に対応しなければならない。

そしてアメリカ経済はホントに実に大きくて、毎年一五兆ドル近い財やサービスを作り出している。それを考えてほしい。アメリカ経済が三年にわたる危機を体験するなら、刺激策は四五兆ドル経済——三年にわたる産出の価値——を七八七〇億ドルの計画で救おうとしているわけだ。つまり同期間の経済総支出のたった二パーセントだ。そう考えると、七八七〇億ドルはそんなに巨額には思えないのでは？

それともう一つ。刺激策は、経済にどちらかというとかなり短期の刺激を与えるよう設計されていた。長期的な支援じゃない。ＡＲＲＡが経済に最大の正の影響を与えたのは二〇一〇年半ばで、その後はかなり急速に尻すぼみとなった。これは短期の停滞ならオーケーだけれど、経済へのずっと長い打撃見通しがある以上——というのも、金融危機の後では概ねそうなるからだ——こんな短期の施策では不満が出るのは当然だ。

このすべてから出てくる疑問は、なぜ救済プランがあれほど不十分だったのか、というものだ。

その理由とは

まず今すぐ言っておくと、ぼくは二〇〇九年初頭の決断を蒸し返すのにあまり時間はかけないつもりだ。そんなものは今では過ぎた話だ。本書は今何をすべきかについてのもので、過去の過ちでの悪者探しをする本じゃない。それでも、なぜオバマ政権が、原理的にはケインズ派なのに、危機への緊急対応がすさまじく不足していたのかについては手短に触れないわけにはいかない。

なぜオバマ刺激策がこんなに不十分だったかについては、二つの見方が競い合っている。片方は政治的な限界を強調する。この理屈によれば、オバマは精一杯のものを得たという。もう片方は、政権が危機の深刻さを把握し損ね、また不十分な計画からくる政治的な悪影響を理解し損ねた、と論じる。ぼく個人の考えでは、十分な刺激策を実現するかけ引きはとてもむずかしいのは確かだけれど、それが本当に、十分な規模の計画を阻害したかどうかは決してわからない。なぜかというと、オバマやその側近は、十分な効果を発揮するだけの規模の救済策を要求することさえしていないからだ。

政治環境がとても難しかったのはまちがいない。その主な理由は、アメリカ議会上院では、議事進行妨害をくつがえすためには、通常は六〇票が必要だという決まりがあることだ。オバマはどうも就任したときには、経済救済努力については超党派的な支持が得られると期待していたようだ。そのあてはまったくはずれた。初日から、共和党はオバマの提案すべてに対し、容赦のない手厳しい反対を行った。結局は穏健派共和党上院議員三人を味方にすることで、なんとか六〇票は獲得したけれど、その支持の代償として三人は、州や地方政府への一〇〇〇億ドルの補助を削れと要求した。

多くの評論家は、刺激策を縮小しろという要求があったことを、これ以上の規模の刺激法案は不可能だったという明らかな証拠だと考える。どうもぼくには、そんなに明らかだとは思えないのだ。まず、その上院議員三人の行動には、肉一ポンド的な側面があったかもしれない。丸呑みしたのでないということを証明するために、形ばかりでも何かを削減しなければならなかっただけだ。だから、刺激策の本当の上限は七八七〇億ドルではなく、どんな金額であれオバマが提出したものより一〇〇〇億ドル少ないものとなっただろうという主張は十分可能だ。もしオバマがもっと要求していれば、全額は得られなかったにしても、いまより多い金額はもらえたかもしれない。

また、この共和党議員三名をひっぱりこむ以外のやり方もあった。オバマはもっと大きな刺激策を、調停を使って可決できたかもしれない。これは議会手続きで、議事進行妨害の恐れを迂回するためのものであり、したがって必要な上院投票数を五〇に減らすことになる（というのも票が同数になったら、副大統領が決定のための一票を投じられるのだ）。二〇一〇年に民主党は実際にこの調停を使い、医療保険制度改革を可決した。またこれは、歴史的な基準からして極端な戦術でもない。二〇〇一年と二〇〇三年のブッシュ減税はどちらも、調停を使って可決された。実は二〇〇三年減税は上院でたった五〇票しか得られず、最後に決定する投票はディック・チェイニーが行ったのだった。

オバマが取れるだけ取ったという主張にはもう一つ問題がある。オバマは、もっと大きな刺激策がほしかったと一度も主張しなかったのだ。それどころか、この法案が上院で審議されていたとき大統領は「ざっと言えば、この計画は適正な規模だ。適正な範囲だ」と宣言した。そして今なお、政権の高官たちは刺激策の規模が小さかったのが共和党の反対のせいだとは言わず、当時はだれももっと大きな刺激策が必要だとは思っていなかったせいだ、と主張したがる。二〇一一年一二月になっても、ホワイトハウスの報道官ジェイ・カーニーはこんなことを言っていた。「当時、二〇〇九年一月の時点で、我々のはまった経済の落とし穴がいかに深いものか理解していた、主流派のウォール街のエコノミスト、あるいは経済学者は一人もいなかった」

すでに見た通り、これはまったく事実に反する。で、何が起こったんだろうか？「ニューヨーカー」誌のライアン・リザは、その後間もなくオバマ政権のトップ経済学者となるラリー・サマーズが、二〇〇八年一二月に次期大統領のオバマのために用意した経済政策についてのメモを入手し、それを公表した。この五七ページ文書は、明らかに複数の手になるもので、意見が一致していない部分もある。でも、大きすぎる刺激パッケージ反対論を展開した、とても示唆的な下りがある（一一ページ）。論点は三つ。

1、「過剰な回復パッケージは市場や世間をこわがらせるので非生産的」
2、「経済が今後二年で吸収できる『先行投資』には限界がある」
3、「不十分な財政刺激に後から追加するほうが、過剰な財政刺激を後から削るよりも楽だ。必要ならさらなる手だても講じられる」

このうち、第一点は「国債自警団」の脅威を引き起こす恐れの話で、これについては次章でもっと述べるけれど、ここではこの恐れが結局は無用のものだったと言っておけば十分だ。第二点は確かにその通りだけれど、なぜそれで州や地方政府への支援増加を排除するのかははっきりしない。ARRA可決直後のコメントで、ジョー・スティグリッツはそれが「わずかな連邦補助は提供したが、まったく不十分だ。だから何をするかといえば、学校の先生をレイオフし、ヘルスケア部門の人々をレイオフする一方で、建設労働者を雇うことになる。景気刺激パッケージの設計としてはちょっと不思議だ」と述べている。

さらに、停滞が長く続く可能性が高いのに、なぜ期間を二年に限定するのか？最後に第三点の、後からもっと寄越せと言えるという話は、まるっきりまちがっていた——そして当時ですらそんなことはわかりきっていた。少なくともぼくはそう思う。だから経済チームは、すさまじい政治的な判断ミスをしたことになる。

つまりオバマ政権は、正しいことはやったけれど、各種の理由でその規模はまったく不十分だった。後で見る通り、ヨーロッパでも似たような対応不足があったが、その理由はちょっとちがっていた。

住宅の大失敗

今のところ、財政刺激策がいかに不十分だったかを述べてきた。でも別の方面でも大きな失敗が起きていた——住宅ローン救済だ。

すでに、世帯債務の水準が高いために経済が危機に弱くなったと論じた。そしてアメリカ経済が引き続き弱い重要な理由の一つは、世帯が支出を抑えて負債を返済しようとしているのに、だれもそれを補うために支出を増やそうとしないせいだと指摘した。財政政策を支持するのはまさに、政府がもっと支出することで、重債務世帯が金銭的な健康を回復するまで景気があまり深く沈滞しないようにするためだ。

でもこの回復への道筋はこれとはまた別の、あるいはこのほうがもっといいかもしれないが、これと互いに補い合える方法を示唆している：その負債を直接減らそう。負債なんて、結局のところ物理的な実体があるものじゃない——ただの契約で、紙切れに書かれて政府が強制しているだけの代物だ。だったらその契約を見直そうじゃないか。

契約は聖なるものだから決して見直してはいけない、なんて言わないこと。秩序だった破産は、絶対に返済不能な負債を減らすもので、経済システムの昔から確立された一部だ。企業はしょっちゅう、そしてしばしば自発的に、会社更生法《チャプターイレブン》の適用を受ける。そうすれば事業は続けられるけれど、借金の一部を書き換えて減らせる（本章執筆中に、アメリカン航空が自発的に破産して、高くつく労働組合との契約から抜け出した）。個人も破産申請できるし、その調停で債務の一部はなくなるのが通例だ。

でも住宅ローンは歴史的に、クレジットカード負債などとはちがう扱いを受けてきた。想定としては昔から、住宅ローン返済が滞ったら家が取られるものとされていた。一部の州では、それで借金はチャラだが、他の州では、もし家の価値がローン残高に満たなかったら、貸し手は残りを借り手にまだ要求できる。でもどちらの場合にも、支払い不能な住宅保有者は差し押さえにあう。そして、通常の場合なら、これはよい仕組みかもしれない。というのも、住宅ローン返済ができない人々は、通常は差し押さえにあう前に家を売るからだ。

でも、いまは通常の場合なんかじゃない。通常は、債務超過の住宅所有者、つまり住宅の時価よりもローン残高のほうが多い所有者は、比較的少数でしかない。でも大住宅バブルとその破裂のおかげで、一〇〇〇万世帯以上の住宅所有者――住宅ローン五件に一件――が債務超過となり、さらに経済停滞が続くため、多くの家族は所得も大幅に下がってしまっている。だから、住宅ローン返済もできないし、家を売ってローン完済もできないという人が大量にいて、これが差し押さえ乱発をもたらしている。

そして差し押さえは、関係者すべてにとって最悪の仕組みだ。住宅所有者は、もちろん家を失う。でも貸し手のほうも、これでいい目を見ることはまずない。一つにはこの手続き自体が高くつくからで、さらに差し押さえ物件を売却しようとしても、そもそもの住宅市場がひどい状態だからだ。困った状態の借り手に多少の債務減免を与えつつ、貸し手は差し押さえの費用をかけずにすむようなプログラムがあれば、双方にとって有利なように思える。第三者にとってもありがたい。空き家となった差し押さえ物件は、どこでもその近隣を荒廃させるし、全国的にみれば債務減免はマクロ経済状況を助ける。

だから何をどう考えても、債務減免のプログラムが求められているようだし、オバマ政権は実際、そうしたプログラムを二〇〇九年に発表した。でもこの試みはすべて、悪質な冗談になってしまった。それなりの減免を得られた借り手はごく少数で、一部はこのプログラムのカフカめいた決まりや仕組みのおかげで、かえって債務を増やしてしまった。

なにがおかしかったのか？　細かい話はややこしくなるし、うんざりするようなものだ。でも簡単に言えば、オバマ政権はもともとこれに本腰を入れておらず、高官たちはずっと後になるまで、銀行が安定すれば万事オーケーと信じていたということらしい。さらに彼らは、これがふさわしからぬ連中へのばらまきだと右派が批判するのではとえらく恐れていた。無責任に振る舞った連中にごほうびをあげることになりかねないというわけだ。結果としてこのプログラムは、ばらまきには絶対見えないようにしようとして、結局まったく使い物にならなくなってしまった。

というわけで、この分野でも政策は、事態に立ち向かうのにまるっきり失敗したのだった。

残された道はある

歴史的には、金融危機の後にはかなり長い経済停滞が続くのが常だ。二〇〇七年以来のアメリカの経験も例外ではない。実際、アメリカの失業や成長率の数字は、こうした問題を経験した国々の歴史的な平均値と驚くほど近い。ちょうど危機が勢いを増してきたとき、ピーターソン国際経済研究所のカーメン・ラインハートとハーバード大学のケネス・ロゴフが、金融危機の歴史を述べた本を刊行し、『今回はちがう』（邦題：『国家は破綻する』）という皮肉な題名をつけた（というのも、現実にはちがった試しがないからだ）。彼らの研究のおかげで、読者たちは高失業の期間がずいぶん続くものと考えるようになり、物語が展開するにつれてロゴフは、アメリカが体験しているのは「ありがちな厳しい金融危機」なのだと主張するに至る。

でも、そんなことになる必要はなかったし、そのままでいる必要もない。過去三年で、政策立案者がいつの時点だろうとやれば、状況が大幅に改善したはずの方策があった。有効な活動を阻害したのは、政治と知的混乱であって、根本的な経済の現実ではない。そして不況を脱して完全雇用に至る道は、いまだにちゃんとそこにある。こんなに苦しむ必要はない。

第８章

でも財政赤字はどうなる？

企業に対し、手をこまねいているよりも、早めに雇用するようながせるような税制があるかもしれません。だからそれを検討しています。

でも重要だと私が思うのは、もし負債を増やし続けたら、回復の途上であっても、どこかの時点で人々がアメリカ経済に対する安心を失い、それが実際に二番底の不景気につながりかねないということです。


——バラク・オバマ大統領、フォックスニュース、二〇〇九年一一月

二〇〇九年秋には、もとの景気刺激策があまりに小さすぎると警告した人々が正しかったことは、すでに明らかとなっていた。確かに経済はもはや自由落下状態じゃなかった。でも経済の下降は急激で、失業の低下も遅々たるものだし、それ以上のものをもたらすような回復の兆候はまったくなかった。

これぞまさに、ホワイトハウスの側近たちが、議会に戻って追加刺激を要求するはずの状況だ。

でもそれは起きなかった。なぜだろう？

理由の一つは、かれらが政治の判断を誤っていたことだ。最初の計画が出たときに一部で懸念されたように、最初の刺激策が不十分だったために、多くのアメリカ人は景気刺激策という発想自体を信用しなくなり、共和党はそれで図に乗って、焦土作戦的な反対を強化した。

でも、理由はもう一つあった。ワシントンでの議論の大半は、失業問題から、負債と財政赤字が中心になってしまった。過剰な赤字の危険に対する恐ろしげな警告が、政治的なポーズの中心になった。そして、自分が真面目だということを印象づけたい人々が、その真面目さを宣言するためにそれが持ち出された。冒頭の引用でも明らかな通り、オバマ自身もこのお遊びに加わった。二〇一〇年初頭に行われた初めての一般教書でも、新しい刺激策よりは支出削減を提案した。そして二〇一一年には、財政赤字を今すぐ何とかしないと（経済をさらに落ち込ませないよう、長期的な対応をするというのとは逆に）、という声が至るところで聞かれるようになった。

奇妙なことだが、雇用から財政赤字に注目を移すべき根拠は、当時も今もないということだ。職がないことからくる害は現実だしひどいものなのに、アメリカのような国が現状で財政赤字から被る害というのは、ほとんどは仮想的なものでしかない。政府債務で生じる負担というのを定量的に数字で見れば、世間のレトリックで想像されるものよりずっと小さいし、何か負債危機が生じるとかいう警告は、ほとんどまるで根拠がない。実際、財政赤字タカ派の予想は何度となく実際のできごとでまちがっていることが証明されたし、停滞経済下での財政赤字は問題じゃないと論じた人々の主張は、一貫して正しかった。さらに、赤字警鐘論者の予想に基づいて投資判断をした人々、たとえば二〇一〇年のモルガン・スタンレーや二〇一一年のピムコは、大損をすることになった。
でも財政赤字の大げさな恐怖は相変わらず政治的、政策的な議論をがっちり掌握している。なぜそうなっているかは、本章の後半で説明してみよう。でもまずは、財政赤字タカ派が何を言ってきたか、そして実際には何が起きたかを説明しよう。

目に見えない国債自警団

昔は、生まれ変わりというのがあるならば、大統領とかローマ法王とか、四割バッターになりたいと思ったものだ。でもいまは債券市場に生まれ変わりたいと思う。あらゆる人を怖がらせられるからだ。

——ジェイムズ・カーヴィル、クリントン選挙活動ストラテジスト

一九八〇年代に、エコノミストのエド・ヤーデニは、ある国の金融／財政政策に安心感を失うと、その国の国債を投げ売りする——そして同国の借り入れコストを押し上げる——投資家たちのことを「国債自警団」と呼んだ。財政赤字の恐怖は、通常は国債自警団による攻撃に対する恐れに動かされている。そして財政緊縮の支持者たちや、大量失業に直面しても政府支出の大幅削

減を主張する人々は、債券市場を満足させるためにその要求を実行すべきなのだと論じることが多い。

でも、当の債券市場はどうもその人たちとは意見がちがうらしい。どちらかと言うと、アメリカはもっと借金すべきだと言っているようだ。というのも現状では、アメリカの借り入れコストはとても低いからだ。インフレについて補正すると、実際にはマイナスになっているほどだから。投資家たちは要するにアメリカ政府にお金を払ってまで、富を安全に守ってもらおうとしていることになる。ああそうそう、これは長期金利の話だから、市場は単に状況が今はOKと言ってるだけじゃない。投資家は今後長年にわたり、あまり大きな問題が起きるとは思っていない、ということになる。

そんなの気にするな、と財政赤字タカ派は言う。いますぐ支出を削らないと、借り入れコストは間もなく激増するぞ、と。これはつまり、市場はまちがっていると言っているわけだ。もちろん、そう言う権利はだれにでもある。でも、市場を満足させるために政策を変えろという要求をしつつ、市場自体がそうした懸念を抱いていないという明らかな証拠を無視するというのは、どう見ても変だ。

金利が上がらないのは、別に大規模財政赤字がすぐに終わるからではない。二〇〇八年、二〇〇九年、二〇一〇年、二〇一一年と、税収の低さと緊急歳出の組み合わせ――どちらも経済停滞の結果だ――のおかげで、連邦政府は五兆ドル以上を借りるはめになった。そしてその間にちょっとでも金利が上がると、有力な人々は国債自警団が来たぞと宣言し、アメリカはじきに、もう

図 8-1　10 年国債満期利率（DGS10）

灰色部分はアメリカの不景気。
セントルイス連邦準備銀行 research.stlouisfed.org
出所：連邦準備制度理事会

これ以上借金を続けられない事態になると主張する。でもそうした上昇はすべてすぐに逆転し、二〇一二年初頭では、アメリカ政府の借り入れコストは史上最低水準に近い。

図8-1は、二〇〇七年以来のアメリカ一〇年物国債金利を示している。そしてそこに振った数字は、このなかなか登場しない国債自警団の目撃話を示す。それぞれの数字は以下を指す：

1、「ウォールストリート・ジャーナル」紙が、「国債自警団：アメリカの政策しつけ役が到来」なる論説を掲載し、財政赤字を削減しないと金利が急上昇すると予想。

2、オバマ大統領が「フォックスニュ

ース」で、負債を増やし続けたら二番底の不景気になりかねないと語る。

3、モルガン・スタンレーが、財政赤字のせいで一〇年国債金利が二〇一〇年末までに五・五パーセントに上がると予想。

4、「ウォールストリート・ジャーナル」紙が――こんどは論説でなくニュース欄で――「負債の恐れで金利上昇」なる記事を掲載。金利のちょっとした上昇が、負債の恐怖によるものであって、回復の期待によるものではないという証拠は一切しめさない。

5、資産運用会社のピムコのビル・グロスが、アメリカ金利が低いのはFRBが国債を買っているからでしかなく、国債購入プログラムが二〇一一年六月に終わったら、金利が跳ね上がると予想。

6、スタンダード&プアーズ（S&P）がアメリカ国債の格付けをAAAから引き下げる。

そして二〇一一年暮れには、アメリカの借り入れコストは史上最低水準だった。

認識すべき重要な点は、これが単にダメな予測の問題にとどまらないということだ。だれでもときどきまちがった予測はするのだから。問題はむしろ、低迷する経済において財政赤字をどう考えるかということだ。だから、なぜ多くの人が政府による借り入れで金利が高騰すると本気で信じたのかを話そう。そしてなぜケインズ派経済学者が経済が低迷する限りそんなことは起きないと（正しく）予測したのかも。

金利とは何だろうか

マネタリストとケインズ派を兼ねることはできないね。少なくとも、私はどうすればそんなことができるのかわからないよ。というのも、マネタリスト政策の狙いは金利を低くおさえ、流動性を高くしておくことだが、ケインズ派政策は、まちがいなく金利を引き上げることになるからだ。

結局のところ、一・七五兆ドルというのは不景気に債券市場に注ぎ込まれる新たな国債としてはえらく大量だし、私はいまだにそれをだれが買うのかよくわからない。どう見ても中国ではないな。それはよい時期にはうまくいったが、私が「チャイメリカ」と呼ぶもの、中国とアメリカの結婚は終わりを迎えている。泥沼の離婚劇で終わるかもしれないな。

いや、問題は、こういう新しい国債を買えるのはFRBだけだということで、今後の何週間、何ヶ月かの間に、金融システムが今年どれほど膨大な国債を吸収しなくてはならないかというのを市場が理解するにつれて、金融政策と財政政策との間でかなり痛々しいかけひきが展開されるだろうと私は予想する。これは国債価格を引き下げ、金利を引き上げ、住宅ローン金利にも影響する――ベン・バーナンキがFRBで実現しようとしていることのまさに正反対だ。

――ニーアル・ファーガソン、二〇〇九年四月いまの引用は、歴史家で人気テレビゲストでもあり、経済についていろいろ書いているニーアル・ファーガソンのもので、政府の借金について多くの人が思っていて、いまなお思っていることを手短にまとめている：それが絶対に金利を引き上げるはずだ、なぜかというとそれは希少なリソース――この場合は融資――に対する追加需要で、需要が増えれば値段は上がるはずだから、というわけだ。基本的には、お金がどこからくるのかという問題に最終的には帰着する。

実際、これは経済がおおむね完全雇用ならば、筋の通った質問となる。でもその場合ですら、どうもファーガソンが主張しているらしいように、赤字支出が本当に金融政策と対立すると論じるのはまったくお門違《かど》いだ。そして、ＦＲＢが左右できる金利をゼロまで下げたのに経済が停滞したままの状況、つまり流動性の罠の中では、こういう問題の立て方自体がまったくまちがっている。そしてファーガソンがこの発言をしたとき（これはＰＥＮとニューヨーク・レビュー・オブ・ブックス主催の会議でのことだった）も、いま現在も、アメリカは流動性の罠の中にずっとはまっている。

第2章で述べたように、流動性の罠が起こるのは、ゼロ金利でも、世界の人々が集合的に、生産したいだけのモノを買いたがらない場合だ。おなじことだが、人々が貯蓄したい金額――つまり現在の消費に使いたがらない所得――が、事業の投資したがる金額より多い時にそれは起こる。

数日後にファーガソンの発言を受けてぼくはこの点を説明しようとした。

実際に、ぼくたちはゼロ金利でも貯蓄がずっと過剰な事態を見るようになっている。それがぼくたちの問題だ。

じゃあ政府の借り入れは何をするんだろうか？　それはそうした過剰な貯蓄に行き場を与えてくれる——そしてその過程で総需要を拡大させ、ひいてはＧＤＰを増やす。それは民間支出をクラウディングアウトしたりはしない。少なくとも、その余った貯蓄供給が吸い上げられるまでは。これはつまり、経済が流動性の罠を逃れるまでは、と言うのと同じだ。

さて、大規模な政府借り入れには確かに現実の問題がある——主に政府の債務負担の影響だ。こうした問題を矮小化するつもりはない。アイルランドなど一部の国は、厳しい不景気に直面しているのに、財政収縮を余儀なくされている。でも、ぼくたちの目下の問題が、要するに、世界的な貯蓄過剰で、それが行き場を探しているのだという事実は変わらない。

アメリカ連邦政府は、ぼくがこの一文を書いてからさらに四兆ドルほど借り入れたけれど、金利はかえって下がった。

これだけの借り入れの資金源はいったいどこなんだろうか？　アメリカの民間セクターだ。かれらは、金融危機に対して貯蓄を増やし、投資を減らすことで対応した。民間セクターの金融バランス、つまり貯蓄と投資との差は、危機前には年間マイナス二〇〇〇億ドルだったのが、現在では年間プラス一兆ドルだ。

でも、民間セクターが貯蓄せず、投資も減らさなかったら困っただろうと言うかもしれない。

でもそれに対する答は、もしそうなら経済は停滞していなかったというものだ。それなら政府もこんなに大きな財政赤字はそもそも要らなかった。つまり、これは流動性の罠の論理を理解した人が予想した通りだった。停滞経済では財政赤字は民間セクターと資金を求めて競争しないので、金利上昇も引き起こさない。政府は単に、民間セクターの余った貯蓄を使ってあげているだけだ。投資したい額よりも貯蓄が多いからこそ、それが余っているんだから。そして実は政府がこの役割を果たすのは不可欠だった。というのも、そうした公共の赤字がなければ、民間セクターは稼ぎよりも支出を減らそうとしているから、不況はもっとひどいことになっていただろう。

経済的な言論の状況にとっては残念で、ひいては経済政策の現実にとっても残念なことだけれど、財政破綻の予言者はまちがいを認めようとはしない。そして過去三年にわたり金利がなぜ高騰しなかったかについて、あれやこれやと言い訳を持ち出す――FRBが負債を買っているからだ！　いやいやヨーロッパの問題のせいだ！　その他あれやこれや――一方で、自分の経済分析がまちがっていただけだというのは、断固として認めようとしない。

先に進む前に、一部の読者が176ページのグラフで抱いたかもしれない疑問に答えておこう。グラフに見られる金利変動は何が原因で起きたんだろう？

答は、短期金利と長期金利のちがいにある。短期金利はFRBがコントロールできるもので、二〇〇八年末からゼロ近くにあった（執筆時点では、三ヶ月国債金利は〇・〇一パーセントだった）。でも連邦政府を含め、多くの借り手は長期で金利を固定したいと思っている。そして短期金利がゼロでも、一〇年国債をゼロ金利で買おうとする人はいない。なぜかって？　そうした金利は、また上昇しかねないし、実際上昇するだろうからだ。そして、お金を長期の国債にして他に使えなくする人は、短期金利がまた上昇した場合に、そうした高収益を得る潜在的な機会喪失について、埋め合わせがいる。

でも、資金を長期国債に縛られることについて、投資家がどれだけの埋め合わせを要求するかは、短期金利がいつ、どれだけ上昇すると思うかに左右される。そしてこれは、こんどは経済回復の見込みに依存する。具体的には、経済が流動性の罠から脱して好調に戻り、FRBがインフレ可能性を抑えるために金利を引き上げ始めるのはいつ頃だと投資家が思っているかで決まってくる。

だから176ページに示した金利は、経済がいつまで不況に滞まるかについての見方の変化を反映したものだ。「ウォールストリート・ジャーナル」紙が国債自警団到来の証拠だと思った、二〇〇九年春の金利上昇は、実は最悪の事態が終わって本当の回復がやってくるという楽観論が招いたものだった。その希望がしぼんでしまうと、金利も下がった。二〇一〇年末には楽観論の第二波がやってきて金利が上がったけれど、またもやしぼんでしまった。これを書いている時点では、希望はあまり供給されていない――おかげで金利も低いままだ。

でもちょっと待った、話はそれだけ？　アメリカはそれでいいかもしれないけれど、ギリシャやイタリアはどうなの？　こうした国はアメリカよりも回復にほど遠い状況なのに、金利は高騰した。どうしてなの？

完全な答は、第10章でヨーロッパについて詳しい検討をするまで待ってほしい。でも、簡単な予告編を。

先にあげたファーガソンへのぼくの答を見ると、全体としての債務負担が問題になることは認めているのがわかるだろう――それはアメリカ政府の借り入れが民間セクターと資金獲得で競争するからではなく、債務がかなり高くなれば政府の返済能力が疑問視され、将来のデフォルトを恐れて投資家たちが国債を買わなくなるからだ。そして、一部のヨーロッパ国債の高金利は、デフォルトの恐れからきている。

で、アメリカはデフォルトリスクを抱えているのか、あるいは近々そうしたリスクを持ちそうと思われているんだろうか？　歴史を見ると、そんなことはなさそうだ。アメリカの財政赤字や負債は巨額だが、アメリカ経済も巨大だ。その巨大経済の規模から見れば、ぼくたちは多くの国（アメリカ自身も含む）が債券市場のパニックを引き起こさずに実現したような債務水準には達していない。国の政府債務の規模を見る通常の方法は、その金額をＧＤＰ、つまりその経済が一年で生産する財やサービスの総価値で割ることだ。というのもＧＤＰはまた、実質的にその政府の税収基盤でもあるからだ。184ページのグラフは、アメリカ、イギリス、日本の政府債務水準の対ＧＤＰ比を示したものだ。アメリカの債務は最近かなり増えたけれど、過去の水準よりは低いし、イギリスが現代史を通じて維持してきた水準よりはるかに低い。イギリスはそれでも、国債自警団の攻撃に一度も直面していない。

日本の場合、負債は一九九〇年代から上昇していて、特筆に値する。今のアメリカと同じく、日本は過去一〇年以上にわたり、すぐにでも債務危機に直面するといわれてきた。でも危機はい

図8-2　債務の対GDP比比較

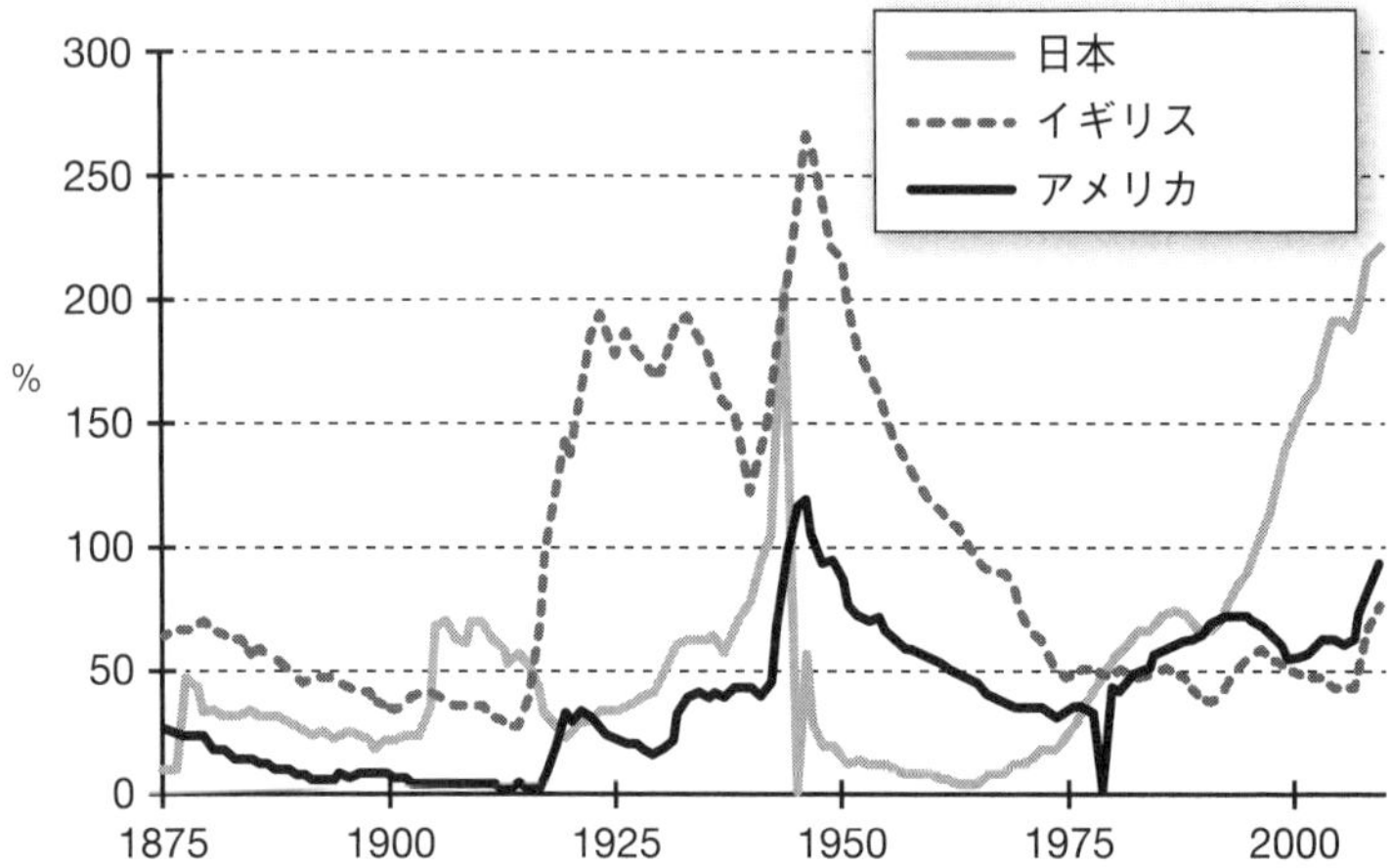

アメリカの債務水準は高いが、歴史的に見てもそんなに高いわけではない。
出所：IMF

つまでたってもこないし、日本の一〇年国債金利は一パーセントほどだ。日本の金利上昇に賭けた投資家たちは大損ばかりしていて日本国債を空売り《ショート》するのは「死の取引」とまで言われるようになった。そして日本を研究していた人々は、去年Ｓ＆Ｐがアメリカ国債の格付けを引き下げたときに何が起こるか、かなりの見当がついていた――というか、何も起こらないとわかっていた。というのも、Ｓ＆Ｐは日本国債の格付けを二〇〇二年に引き下げたけれど、その時もやっぱり何も起きなかったからだ。

　でもイタリア、スペイン、ギリシャ、アイルランドはどうなの？　これから見るように、これらの国はどれも二〇世紀の相当部分のイギリスほどの債務はなく、今の日本ほどの深みにもはまっていないのに、明らかに国債自警団の攻撃に直面している。

何がちがうんだろうか？

その答は、もっと説明が必要だけれど、自国通貨で借りるか外貨建てで借りるかがすさまじい差をもたらすということだ。イギリス、アメリカ、日本はみんな、それぞれポンド、ドル、円で借りている。これに対し、イタリア、スペイン、ギリシャ、アイルランドはみんな現時点では自国通貨を持っておらず、その負債はユーロ建てだ――これが実は、こうした国々をパニック攻撃にとても弱くしてしまう。これについては、またあとでたっぷり話そう。

負債の重荷はどうなんだ？

仮に国債自警団がお出ましにならず、危機も起こらなかったとしよう。それでも、将来にツケを残すのは心配すべきじゃないだろうか？　答は文句なしに「その通り、ではありますが……」というもの。そう、金融危機の後始末のために、いま負債を積み上げれば、将来に負担を残す。でもその負担は、財政赤字タカ派が示唆する派手なレトリックよりはずっと小さい。

念頭におくべきことは、危機が始まってからアメリカが積み上げた五兆ドルかそこらの負債や、この経済的な包囲網が終わるまでに絶対必要なさらなる数兆ドルの負債はそんなに慌てて返済する必要はないし、それどころかまったく返済せずにすむかもしれないということだ。実は、負債が増え続けても別に悲劇ではない。それがインフレと経済成長の合計よりも伸び率が低ければ、負債問題にはならない。

この点を示すため、第二次世界大戦末にアメリカ政府が負っていた二四一〇億ドルの負債がどうなったか考えてみよう。いまの感覚でいうと、あまり大金には思えないけれど、当時の一ドルの価値は今よりずっと高かったし、経済もずっと小さかったので、これはGDPの一二〇パーセントに相当する（二〇一〇年では、連邦、州、地方の負債総額はGDPの九三・五パーセントだ）。この借金はどうやって返済したんだろうか？　答：返済されてない。

連邦政府はその後しばらく、均衡財政を続けていただけだ。一九六二年の公的債務は、一九四六年とほぼ同じだった。でも、ゆるいインフレと大幅な経済成長の組み合わせで、債務のGDP比率は六〇パーセントほどに下がっていた。そして一九六〇年代と七〇年代には、軽い財政赤字の年が多かったけれど、債務のGDP比率は下がり続けた。債務がやっとGDPより急速に増え始めたのは、ロナルド・レーガン政権下で財政赤字がずっと大きくなってからのことだった。

さて、これがいま積み上がっている負債の将来負担にとってどういう意味を持つか考えよう。負債の元金はいつまでも返済しないですむ。単に、利息分だけを払い続けて、負債の増大が経済の拡大より小さいようにすればいいだけだ。

これをやる方法の一つは、十分な金利を払って、負債の実質価値――インフレ分を補正した価値――が一定になるようにすることだ。つまり債務／GDP比率は、経済成長にともない着実に下がる。このためには、債務総額に、実質金利――名目の金利からインフレ率を引いたもの――を掛けた金額を利息として払うことになる。そしてちなみに、アメリカは「インフレ連動債」を売っている。これはインフレ分を自動的に補正するものだ。こうした債券の金利は、通常の債券における期待実質金利を示すものとなっている。

一〇年物国債の実質金利――こうした話について考えるときのベンチマーク――は、実は現在ではゼロよりちょっと下だ。うん、これは経済の現状のひどさを反映したもので、いつかこの金利は上がる。だから危機前の実質金利を見た方がいいだろう。これは二・五パーセントくらいだった。これだけの利息を政府が払わなくてはいけないなら、危機開始から債務に追加された五兆ドルは政府負担をいくら増やすだろうか?

答は、年額一二五〇億ドル。ずいぶん多額に聞こえるかもしれないけれど、一五兆ドル経済にとって、これは国民所得の一パーセントよりかなり小さい。ここで言いたいのは、債務がまったく負担をもたらさないということではなく、衝撃的な驚きの負債総額ですら、実は通常言われるほど大したものじゃないということだ。そしていったんそれに気がつけば、雇用から財政赤字へ注目点を移すのがいかにピント外れだったかもわかるはずだ。

短期の財政赤字ばかり注目するのは愚か

政治的な話題が、雇用から財政赤字に切り替わったとき――これは二〇〇九年暮れに起こったし、オバマ政権はこの焦点変化にまともに乗ってしまった――これは追加刺激策提案の終わりをもたらし、支出削減がまじめに論じられるようになった。なかでも、州や地方政府は景気刺激資金が尽きるにつれて、巨額の引き締めを余儀なくされ、公共投資を削減して、何十万人もの教師たちをレイオフした。そして財政赤字が大きいから、もっと支出を削れという要求も出ていた。

これは経済学的に筋が通っていただろうか？

経済が流動性の罠にいるとき――繰り返すけれど、つまりＦＲＢがコントロールできる金利がほぼゼロで、これ以上はＦＲＢが歳出削減による停滞圧力を相殺するだけの金利カットができず、それでも経済が停滞したままの状態だ――支出を一〇〇〇億ドル削減したら経済的な影響はどうなるかを考えてみよう。支出と収入は等しいのをお忘れなく。だから政府による購入が減れば、ＧＤＰは一〇〇〇億ドル全額分減る。そして収入が減れば、人々は自分の支出を減らし、これはさらに収入を減らし、さらに支出削減が起こり、という具合だ。

はい、ちょっと待った。一部の人はすぐに、政府支出が減れば将来の税負担が減るじゃないかと文句を言うだろう。だから、民間セクターの支出が減るどころか増えることも考えられるのでは？　政府支出の削減が安心感を高めて、うまくいけば経済が拡大するかもしれないのでは？

うん、有力な人々がその議論をしていて、これは「拡張的な緊縮」なるドクトリンとして知られるようになった。このドクトリンについては、第11章で詳しく述べる。特になぜそれがヨーロッパではかくも声高に言われるようになったか、という点について。でも基本的には、そのドクトリンの理屈も、その裏付けと称して持ち出されるものも、まったく成り立っていない。緊縮政策は、経済全体をも本当に緊縮させてしまう。

では、お話に戻ろう。流動性の罠にいるときに、支出を一〇〇〇億ドル削れば、政府の購買が減ることから直接減るＧＤＰと、経済の弱さのために民間の支出が減ることで、間接的に減るＧ

ＤＰがある。危機の到来以来、こうした影響についての実証研究がたくさん行われていて（一部は本書の後記にまとめてある）、それによれば結局のところ、ＧＤＰは一五〇〇億ドル以上下がるとのことだ。

ここからすぐにわかるのは、支出を一〇〇〇億ドル削減しても、将来の負債が一〇〇〇億ドル減るわけではないということだ。経済が弱くなれば税収は減る（そしてフードスタンプや失業保険といった非常支援プログラムの支出が増える）。実は、負債の減少額は、支出削減の額面の半分以上にはならないことが十分考えられる。

でも、半分であっても長期的な財政状況は改善されるよね？　いや、そうとも限らない。経済の停滞状況は、短期の苦痛をたくさん生んでいるだけではなく、長期的な見通しも腐食させている。長いこと失職していた労働者は技能を失ったり、あるいは使い物にならない労働力だと見られるようになったりしてしまう。学んだ成果を使えない新卒者は、学歴があっても低技能職にずっと追いやられてしまうかもしれない。さらにお客のいない企業は生産容量も拡張しないから、本当に回復が始まったときにも、経済はすぐに容量制約にぶちあたってしまう。そして経済をもっと停滞させるようなものはすべてこうした問題を悪化させ、経済の見通しを短期のみならず長期でも悪化させる。

さて、これが財政的な見通しにとってどういう意味を持つか考えてみよう。支出を削って将来の債務が減ったとしても、将来の税収も減らすだろうから、債務負担能力は――たとえば債務のＧＤＰ比率で見たものは――かえって下がりかねない。財政支出削減によって財政見通しを改善するのは、狭い財政的な面だけで見ても逆効果になりかねない。そして、これは極端な可能性なんかではない。国際通貨基金（ＩＭＦ）の真面目な研究者たちは証拠を検討して、これがかなり現実味が高いことを示唆している。

政策的な観点からすると、停滞経済における財政緊縮が、国の財政ポジションを本当に悪化させるか、それとも改善がごくわずかか、というのは実はどちらでもかまわない。知る必要があるのは、今のような状況での財政支出カットの見返りは小さいかほとんどないも同然で、コストはとても高いということだけだ。いまは財政赤字にこだわるべき状況ではまったくない。

が、今まで述べたことをすべてをもってしても、財政赤字へのこだわりをやめさせようと戦う人々がしょっちゅう出くわす、レトリックとしては有効な議論が一つある。それに答えなければなりますまい。

負債が起こした問題を負債で解決できるの？

現状で財政支出に反対するありがちな議論——一見するとまともに聞こえるもの——はこんな具合だ。「あんた自身が、この危機は負債が多すぎた結果だと言ってるじゃないか。それがこんどは、この危機への答はもっと負債を積み上げることだと言う。そんなの、どう考えても変だろう」

実は、ちっとも変じゃない。でもその理由を説明するには、慎重な思考が少々と、歴史的な記録の検討が必要になる。

確かに、ぼくのような人々は、この不況の相当部分は家計負債が積み上がったせいで起きたと考えている。そしてそれが、債務過剰の世帯が支出を削減せざるを得ないミンスキーの瞬間をお膳立てした。だったら、もっと負債を増やすことがなぜ適切な政策対応になるんだろうか？

重要なポイントは、この財政支出反対論は暗黙のうちに、あらゆる負債が同じだと想定してしまっているということだ――つまり借金をしているのがだれだかは関係ないと思っているわけだ。でも、これが正しいはずがない。もしそうなら、そもそも問題なんか起きていないはずだからだ。というのも大ざっぱにいえば、負債というのは自分たちが自分たちから借りているお金なのだ。はい確かに、アメリカは中国など外国からもお金を借りている。でも第3章で見たように、外国人に対する純債務は比較的小さくて、問題の核心じゃない。外国分を無視するか、あるいは世界全体で見るなら、全体としての負債水準は総純価値にはまったく影響しないことがわかる――だれかの債務はだれかの資産だからだ。

ここから、負債の水準が問題になるのは、純価値の配分が問題になる場合だけだということがわかる。負債の多いプレーヤーたちが、負債の少ないプレーヤーとはちがう制約に直面する場合には、負債水準は意味を持つ。そしてこれはつまり、一言で負債といっても中身はいろいろだということだ。だから、いま一部の人から借りることで、過去に他のプレーヤーが行った過剰な借り入れで作られた問題を直すのに役立てるのだ。

こう考えてほしい。負債が増えているとき、借金を増やしているのは経済全体ではない。むしろ、せっかちな人々――理由はどうあれ、後から消費するより今消費したい人々――が、もっと辛抱強い人たちから借りているという状況だ。この種の借金の主な制約は、その辛抱強い貸し手が、返済してもらえるかどうかを心配することだ。これで各個人の借り入れ能力には何らかの上限ができる。

二〇〇八年に起きたのは、その上限が突然引き下げられたことだった。この引き下げは、借り手に借金をすぐ返済するよう強制した。つまり支出を大幅に減らしたということだ。そして問題は、貸し手のほうは減った支出を埋めあわせるほどに支出を増やそうというインセンティブに直面しないということだ。低金利はすこしは役立つけれど、「デレバレッジショック」の厳しさのため、ゼロ金利ですら借り手の需要低下でできた穴を埋めるほどの支出を促せない。結果は、単に停滞した経済にとどまらない。低所得と低インフレ（あるいはデフレすら）のおかげで、借り手たちが債務を返済するのはずっとむずかしくなる。

何ができるだろう？　答の一つは、負債の実質価値を引き下げる方法を見つけることだ。債務減免が一つの手だ。また、インフレもやれるならそれも効く。インフレは二つの役目を果たす。まず、マイナスの実質金利が可能となり、さらにインフレ自体も債務残高を目減りさせる。そう、これはある意味で、借り手に過去の過剰についてごほうびを与えるようなものだけれど、経済学は道徳劇じゃない。インフレについては次の章でもっと触れる。

ちょっと、負債も中身はいろいろだというさっきの論点に戻ってほしい。そう、債務減免は一方で、借り手の債務を減らしたのと同額だけ貸し手の資産を減らすことにはなる。でも借り手は支出を減らすよう強制されているけれど、貸し手のほうはそんなことはない。だから経済全体の支出からみれば純増となる。

でも、インフレも十分な債務減免も、実現できない、あるいはどのみち実現の努力さえされなければどうだろう？

うん、そこで第三者の出番だ：それが政府となる。政府がしばらくは借金をして、借りたお金を使って、ハドソン川の下の鉄道トンネルの整備費を出したり、教師たちの給料を払ったりしたらどうだろう。こうしたことの真の社会的費用はとても小さい。というのも、政府はそのままだと失業しているリソースを雇用するからだ。そして、借り手が負債を返済するのも楽になる。もし政府が支出を長期間維持し続けたら、借り手はもはや緊急の負債圧縮を強制されなくてもすむようなところまできて、財政赤字支出をしなくても完全雇用ができるところまでやってくる。

はいはい、これは民間債務が部分的に公的債務に置き換わったということだが、ポイントは負債が経済的ダメージをもたらすプレーヤーから遠ざかり、全体としての負債の水準が同じでも、経済問題は減るということだ。

するとつまり、負債で負債を治すことはできないというもっともらしい議論は、ひたすらまちがっているということだ。ちゃんと治せる——そしてそれをやらないと、経済の弱さがいつまでも続いて、負債問題の解決はなおさらむずかしくなる。

なるほど、いまのは単なる仮想的なお話だ。現実世界でそんな例はあるの？　ちゃんとあります。第二次大戦後に何が起きたか考えてほしい。

第二次大戦がアメリカ経済を大恐慌から救った理由は明らかだった。軍事支出は不十分な需要の問題を十分すぎるくらいに解決した。もっとむずかしい問題は、なぜ戦争が終わった時にアメリカが不況に逆戻りしなかったのか、ということだ。当時は、多くの人がそうなると思っていた。かつてアメリカ最大の小売り業者だったモンゴメリー・ワードが戦後に衰退したのは、そのCEOが恐慌の復活を信じて現金をためこみ、戦後の大好景気に便乗したライバルたちに負けたからだ。

で、なぜ恐慌は復活しなかったんだろうか？　有望な答の一つは、戦時の経済拡張——そして特に戦争直後のかなり高めのインフレ——により、家計の債務負担が大幅に減ったということだ。戦争中に高めの賃金を稼いだ労働者たちは、それ以上の借り入れはできなかったこともあり、戦後になったら所得に比べて債務がずっと低い状態になっていたので、また借り入れをして郊外の新しい住宅を買えた。戦争支出が下がったところで消費ブームが復活し、また戦後の強力な経済では、政府がこんどは成長とインフレにより、債務のGDP比を下げられるようになった。

要するに、戦争で戦うための政府負債は、確かに民間債務が多すぎて生じた問題の解決策になっていた。負債で負債は治せないというもっともらしいスローガンは、どう見てもまちがっている。

なぜ財政赤字にばかりこだわるのか？

これまで、アメリカ（そしてこれから見るようにヨーロッパ）で生じた、雇用から財政赤字への「転換」が大まちがいだったことを見た。それなのに、財政赤字による恫喝論が議論の焦点になってしまい、いまだにかなり強力だ。

これは明らかに説明が必要なことなので、これからその説明をしよう。でもそれに入る前に、幾度となく実際の現象で否定されているにもかかわらず、経済関係の議論に大きな影響を持っているもう一つの大きな恐れについて論じておきたい。インフレへの恐れだ。

第9章

インフレ：見せかけの脅威《ファントム・メナス》

ペイン：じゃあピーター、あなたはインフレに対しては、どういう立場なんですか？　これが二〇一〇年の大きな問題になると思いますか？

シフ：だからね、つまり、私は二〇一〇年にインフレが悪化すると確信してるんです。それが手に負えなくなるか、あるいは二〇一一年か二〇一二年までかかるかもしれないけれど、大規模な通貨危機が間もなくやってくるのは私にはわかってます。金融危機なんかが霞んで見えるほどのものになり、消費者物価は完全に常軌を逸したものになり、金利と失業もそうなります。

——「オーストリア」派の経済学者ピーター・シフ、ラジオトークショー「グレン・ベック」にて、二〇〇九年一二月二八日

ジンバブエ／ワイマールの話

過去数年――もちろん特にオバマ就任以来――テレビやラジオや新聞雑誌の論説欄は、明日にも高インフレがやってくるという恐ろしげな警告まみれだ。それもただのインフレじゃない。文句なしのハイパーインフレがやってきて、現代のジンバブエや一九二〇年代ワイマールドイツと同じ状態にアメリカも陥るという予想が大量に出ている。

アメリカ政治の右派は、こうしたインフレの恐怖を完全に鵜呑みにしている。自称オーストリア派経済学の信奉者で、しょっちゅうインフレについて終末論じみた予言を発するロン・ポールは、アメリカ下院金融政策小委員会委員長で、大統領選出馬には失敗したものの、かれが自分の経済イデオロギーを共和党の正統教義にするのに成功したことを見すごしてはいけない。この共和党議員は、ドルを「毀損」させたといってベン・バーナンキに文句をつけた。共和党の大統領候補たちは、ＦＲＢのインフレ的政策と称するものをどれだけ声高に罵倒できるかで競争を展開しており、そのトップはリック・ペリーのＦＲＢ議長に対する、これ以上の金融拡大政策を展開したら「テキサスでかなり手荒な扱いをしてやる」なる脅しだった。

そしてインフレの脅しをあおってきたのは、一見してイカレている連中だけじゃない。主流派として評価の高い保守系経済学者もそれに荷担している。たとえば金融経済学者として有名でＦＲＢの歴史にも詳しいアラン・メルツァーは二〇〇九年五月三日に「ニューヨークタイムズ」紙に寄稿して恐ろしげなメッセージを出した。

ＦＲＢが左右する金利はゼロ近い。そして銀行準備金の急増――ＦＲＢによる国債や住宅ローン購入で生じたもの――は、このままではまちがいなく激しいインフレをもたらす。

（中略）

我が国のように、巨額の財政赤字、マネーサプライの急増、持続的な通貨下落の見通しに直面した国で、デフレを経験した国はない。こうした要因はインフレの先駆けなのである。


でもかれはまちがっていた。この警告から二年半後に、ＦＲＢの左右する金利は相変わらずゼロ近い。ＦＲＢは国債や住宅ローン購入を続けていて、銀行準備金を増やし続けている。そして財政赤字は巨額のままだ。でもこの間の平均インフレ率はたった二・五パーセントで、変動の激しい食料やエネルギー価格を除けば――これらの価格はメルツァー自身が計算から除外すべきだと言っている――平均インフレ率はたった一・四パーセントだ。これは歴史的な水準よりも低い。特にリベラル派経済学者が大喜びで指摘することだけれど、インフレはロナルド・レーガン第二期のハルシオンの酩酊じみた「アメリカの朝」と呼ばれる時期よりも、オバマ政権時代のほうが低いのだ。

さらにぼくみたいな人々は、こうなることを知っていた――インフレ急上昇は経済が停滞している限りどう考えても起こらない。これは理論を見ても、歴史を見てもわかる。というのも二〇〇〇年以降、日本は大規模な財政赤字と急速なお金の供給増大を停滞経済の中で続けてきたけれど、インフレ高騰どころかデフレにはまったままだ。正直いって、ぼくはアメリカもそろそろ本当にデフレになるんじゃないかと思っていた。そうならなかった理由についてはこの章で話そう。

それでも、ＦＲＢのインフレ性とされる行動が、実はインフレなんかもたらさないという予想は的中している。

とはいえ、メルツァーの警告はなかなかもっともらしく聞こえますよね？　ＦＲＢがやたらにお金を刷り——というのもざっと言えば、ＦＲＢは国債や住宅ローンを買うのにお金を刷るからだ——連邦政府が一兆ドルを超える赤字支出をしているのに、なぜインフレが急上昇していないんだろうか？

答は不況の経済学にある。特に、すでにおなじみになったと願いたい「流動性の罠」の概念にある。そこでは、ゼロ金利ですら完全雇用を引き起こすだけの支出をもたらすほど低くない。流動性の罠にはまっていなければ、確かにお金をたくさん刷れば本当にインフレになる。でも、罠にはまっていたら、そうはならない。実は、ＦＲＢが刷るお金の量は、ほとんどどうでもよくなる。まずは基本的な概念について説明してから、実際に起こったことを検討しよう。

お金、需要、インフレ（またはその不在）

お金をたくさん刷れば、普通はインフレになることくらいだれでも知っている。でもそれは具体的にはどういう仕組みでそうなるんだろう？　これに答えることが、なぜ現在の条件ではお金を刷ってもインフレが生じないかを理解する鍵となる。

まずは基本から。ＦＲＢは、実際にお金を刷ったりはしない。とはいえ、ＦＲＢの行動により財務省がお金を刷る結果となる場合もあるけれど。ＦＲＢがやるのは、資産を買うことだ――通常は財務省短期証券、つまりアメリカの短期国債だけれど、最近でははるかにいろいろ買い入れるようになった。また銀行に直接融資もするけれど、実質的な効果は同じだ。そうした融資を買い取っていると思えばいい。ここで重要なのは、ＦＲＢがそうした資産を買う資金をどこから手に入れるのか、ということだ。そして答は、どこからともなく作り出す、というもの。たとえばＦＲＢは、シティバンクに電話をかけて、財務省証券を一〇億ドル買いたいと申し出る。シティが承知したら、その証券の所有権がＦＲＢに移転され、ＦＲＢはシティに対し、シティの準備高に一〇億ドルを加算する。シティバンクをはじめあらゆる商業銀行は、ＦＲＢにそういう準備高というのを預金してあるのだ。(銀行は、一般人が銀行口座を使うのと同じ形でこの準備金口座を使える。小切手も切れるし、顧客が望めばその資金を現金で引き出すこともできる)。そして、その準備高に一〇億ドルを追加する裏付けは何もない。ＦＲＢは、好き勝手なときにお金を捻出する独特の権利を持っている。

次は何が起きるだろう？　通常の時なら、シティは金利ゼロか低利の準備金口座に資金を寝かせておくのはごめんなので、資金を引き出して融資に使う。貸した資金のほとんどは、シティや他の銀行に戻ってくる――が、ほとんどであって、全額ではない。というのも人々は富の一部を通貨、つまり死んだ大統領の肖像がついた紙切れで持ちたがるからだ。銀行に戻ってきた分の資金は、さらに融資できて、それが繰り返される。

とはいえ、それがどうすればインフレにつながるの？　直接はつながらない。ブロガーのカール・スミスは「無原罪のインフレ」という便利な用語を考案した。これはお金を刷るだけで、通常の需要と供給の力をバイパスして何やら物価が押し上げられるという信念だ。でも、そんな具合には機能しない。企業は別に、お金の供給《マネーサプライ》が増えたというだけで値段を引き上げようと思ったりはしない。値段を上げるのは、自分の商品の需要が上がって、値段を上げてもあまり客が逃げないとにらむからだ。労働者も、金融緩和のニュースを新聞で読んだからといって給料引き上げを求めたりはしない。求人が増えて、交渉力が高まったから引き上げを求める。「お金を刷る」――実際にはFRBがその権限によって作り出した資金で資産を買う――のがインフレにつながるのは、そうしたFRBの購買が開始した金融緩和が、高い支出と高い需要につながるからだ。

そしてここからすぐにわかるのは、お金の印刷がインフレにつながるのは経済の過熱につながる好景気を通じてなのだ、ということだ。好況にならなければインフレも起きない。経済が停滞したままなら、お金を作り出してもインフレ的な影響は心配しなくていい。

スタグフレーションはどうなの？　これはインフレが高い失業と組み合わさった悪名高い状況だ。はいはい、それはたまに起きます。「供給ショック」――農作物の不作や原油の禁輸など――は、経済全般が停滞していても原材料価格の上昇を引き起こしかねない。そしてこうした価格上昇は、多くの労働者の雇用契約で賃金が生活費連動になっていたら、全般的なインフレにつながることもある。一九七〇年代、スタグフレーションの時代にはそうなっていた。でも二一世紀のアメリカ経済ではそんな契約は使われていないし、実際特に二〇〇七年から〇八年にかけてのものを筆頭に、何度か原油価格のショックは起きたけれど、それは賃金には入り込まず、したがって賃金物価スパイラルは引き起こしていない。

それでも、ＦＲＢによる資産購入がそれだけあれば手に負えない景気上昇が起こり、したがってインフレ突発があるのでは、と思う人もいるだろう。でもそんなことは明らかに起きなかった。なぜだろう？

答は、ぼくたちが流動性の罠にはまっていて、短期金利がゼロ近いのに経済が停滞したままだからだ。おかげで、ＦＲＢの購入が通常は好況やインフレを引き起こすプロセスがショートしてしまっているのだ。

ＦＲＢが銀行から大量の国債を買って、その代金として銀行の準備金口座残高を加算するときに起きる、一連の出来事を考えてほしい。通常なら、銀行はその資金をそこに寝かせておこうとは思わない。それを融資に使おうとする。でもいまは通常ではない。安全な資産は基本的には収益がゼロだし、つまり安全な融資はほとんど金利がゼロだ――だったら融資なんかしても仕方ない。安全でない融資、たとえば中小企業やちょっと高リスクな見通しを持つ企業への融資金利は高めだ――が、そういうのは、まあ何というか、安全でない。

だからＦＲＢが銀行の準備金口座の残高を増やして資産を買っても、銀行はおおむね資金をその準備金口座に寝かせたままにしておいた。205ページの図は、そうした銀行口座の総残高を示している。もともとはないも同然だったのが、リーマンブラザーズの破綻後には巨額になっている。これはつまり、ＦＲＢは多額のお金を「刷った」がそれはブタ積みされているだけ、というのを別の形で示しているわけだ。

図 9-1　連邦準備銀行での銀行準備金残高

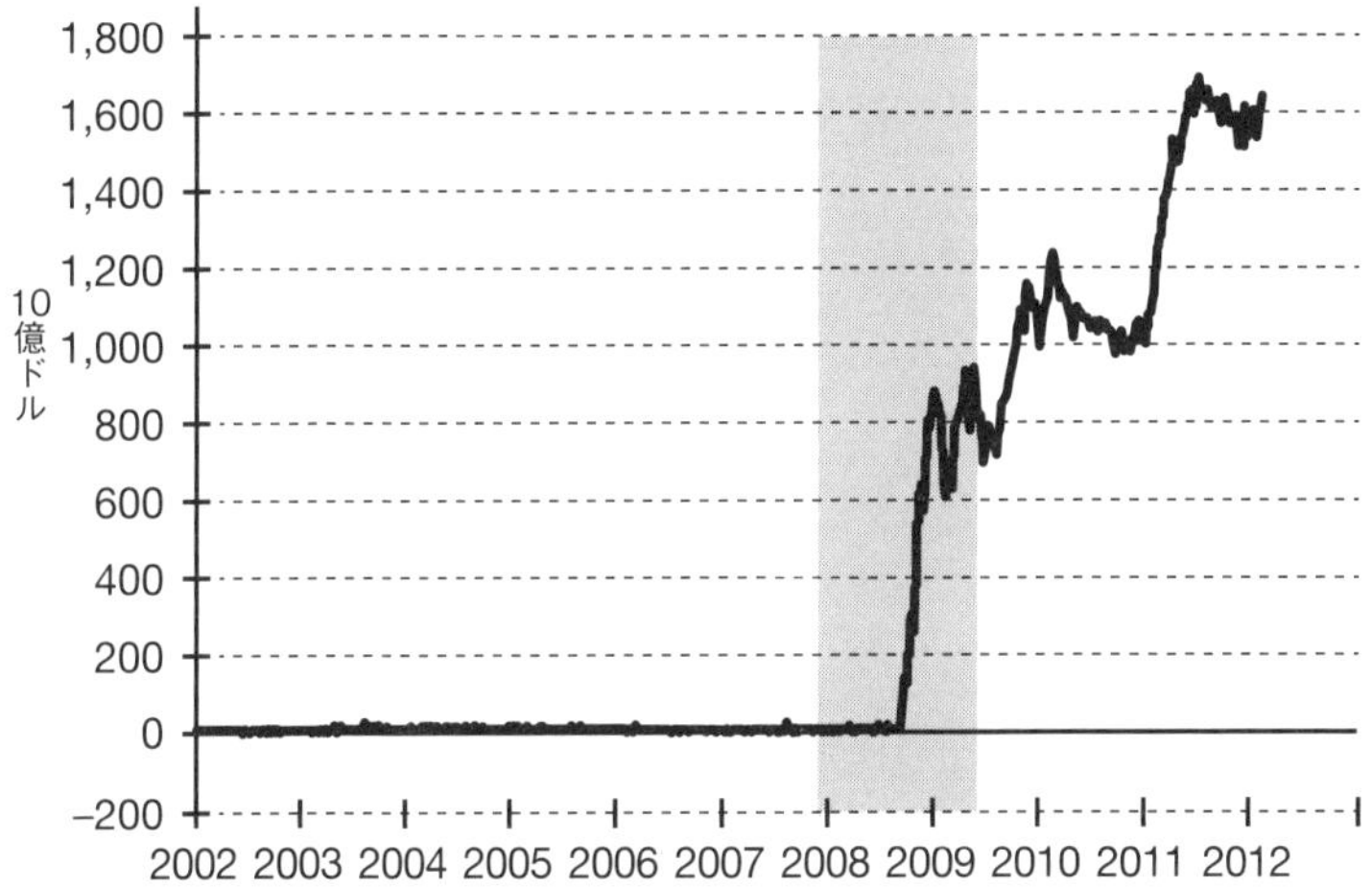

灰色部分はアメリカの不景気。
セントルイス連邦準備銀行 research.stlouisfed.org
ＦＲＢが介入してから銀行準備高は急上昇したがインフレは起きていない。
出所：連邦準備制度理事会

さて、だからといってＦＲＢによる資産購入が無意味というわけではないことは言っておいたほうがいいだろう。リーマン破綻後の数ヶ月に、ＦＲＢは銀行などの金融機関に多額の融資をしたが、これがなければ実際に起こったよりはるかに大きな取り付け騒ぎが起きたはずだ。それからＦＲＢはコマーシャルペーパー（ＣＰ）市場にも踏みこんだ。これは企業が短期の資金調達に使うもので、銀行が必要な資金を提供しなかったはずの時期にＦＲＢが買ってくれたおかげで、商業の車輪が回り続けるのに役立った。このようにＦＲＢは、ずっとひどい金融危機を防ぐ活動はやっていた。でもそれは、インフレを煽るような活動ではなかった。

おいちょっと待てよ、と叫ぶ読者も

いるだろう――インフレはかなり起きているじゃないか、と。そうだろうか？　実際の数字を少し検討しよう。

そもそも今のインフレはどのくらい？

インフレはどうやって測るんだろう？　最初に見るべきは、当然ながら消費者物価指数（CPI）だ。これは労働統計局が計算している数字で、典型的な世帯がある期間に買いそうな各種の財やサービスのセットの値段を示している。このCPIは何と言っているだろう？

うん、仮にリーマンが破綻した二〇〇八年九月から始めよう――そしてこれは意図して選んだ時点で、この月にはFRBが大規模な資産購入を開始し、つまりは大規模に「お金を刷り」始めたわけだ。その後三年にわたり、消費者物価は全体で三・六パーセント、つまり年率一・二パーセント上がった。これは多くの人が予言していた「激しいインフレ」のようには見えないし、ましてアメリカのジンバブエ化にはほど遠い。

とはいうものの、インフレ率はその期間ずっと一定ではなかった。リーマン破綻後の一年は、物価は実は一・三パーセント下がった。二年目は一・一パーセント上がった。三年目は三・九パーセント上がった。インフレ急上昇の前触れだろうか？

実はちがう。二〇一二年初頭までに、インフレは明らかに落ち着いてきた。その前の六ヶ月と比べた年間平均インフレ率はたった一・八パーセントで、市場はこの先を見てもインフレがずっと低いままだと思っているらしかった。そしてこれには、多くの経済学者（ぼくやベン・バーナンキを含む）はまったく驚かなかった。というのもぼくたちはずっと、二〇一〇年暮や二〇一一年前半に起こった物価上昇は一時的な突出で、原油などの商品の世界価格の一時的な上昇を反映したもので、本当のインフレプロセスが起きていたわけではなく、アメリカでは基調となるインフレはまったく上がってはいないと主張していたからだ。

でも「基調となるインフレ」って何のことだろう？　ここでちょっと、ひどく誤解されている概念について触れざるを得ない。それが「コア」インフレの概念だ。どうしてそんな概念が必要で、それを計測するにはどうすればいいんだろう？

コアインフレは通常、物価指数から食品とエネルギーを除外することで計測される。他にも計測方法はいろいろある。だがどれも、測ろうとしているものは同じだ。

まず、いくつか誤解を解いておこう、コアインフレは、社会保障の生活費補正の計算なんかには使われていない。そういうのは通常のＣＰＩが使われる。

そして多くの人は「そんなの馬鹿げた発想だよ——人々は食品やガソリンにお金を使わざるを得ないだろう、だからそれをインフレの計測に含めるのが当然じゃないか」というけれど、そういう人はポイントを外している。コアインフレは別に生活費を計測するためのものじゃない。別のものを測ろうとしている。それはインフレの勢いだ。

こういうふうに考えてほしい。経済の一部の価格は、需要と供給にあわせていつも変動を続けている。食品や燃料はその明らかな例だ。でも多くのモノの値段は、こんなふうには変動しない。

それは競合が少ししかいない企業が設定するものか、長期契約の交渉で決まるもので、数ヶ月ごとから数年ごとといった、ある程度の間隔をおいて改定されるだけだ。多くの賃金もこういう形で決まっている。

こうしたあまり柔軟でない価格について重要なのは、それがあまり改定されないので、将来のインフレを念頭において決められているということだ。仮に来年に向けて物価を決めようとしていて、全般的な物価水準――競合する財の平均的な価格といったものも含め――が一年で一〇パーセント上がると思っていたとしよう。だったら、その人は自分の価格を、現状の物価水準だけを考慮した場合よりは、五パーセント高めに設定するだろう。

そして、話はそれにとどまらない。一時的に固定された価格はたまにしか改定されないので、改定が起こるときには通常はすでに相場より下回っている部分も取り戻そうとするのが普通だ。またもや、年に一度しか価格改定をしないときに、全体としてのインフレ率が一〇パーセントだとしよう。するとその価格が改定されるときには、たぶん本来「あるべき」価格よりは五パーセントほど低くなっているだろうから、その分も含めて次に価格は一〇パーセント上げることになるだろう――需給が現状ではほぼ均衡している場合であっても。

さて、これを全員がやっている経済を想像してみよう。ここからわかるのは、インフレは需要か供給に大きな過剰がない限り、自分で自分を延命させる傾向があるということだ。特に、たとえば一〇パーセントのインフレが続くという期待が経済に「埋め込まれ」てしまったら、その率が下がるためには、かなり長期の停滞――高失業の時期――が必要だ。その実例が、一九八〇年代初期のインフレ低下期だ。インフレを一〇パーセントくらいから四パーセントあたりまで引き下げるためには、かなり厳しい不景気が必要だった。

これに対して、こういう形で埋め込まれていない突発的なインフレはすぐにおさまるか、逆転することさえある。二〇〇七年から二〇〇八年にかけて、原油と食品価格が高騰した。これは悪天候と、中国のようなエマージング経済の需要上昇から生じたもので、おかげでＣＰＩで測ったインフレ率は一時的に五・五パーセントにまで上がった――でも商品価格はその後また急落し、インフレ率はマイナスになった。

だからインフレ率上昇にどう対応すべきかは、それが二〇〇七年から二〇〇八年の物価上昇のような一時的な上昇なのか、それとも経済に埋め込まれた下げるのが難しいインフレ上昇なのかどうかに左右される。

そして二〇一〇年秋から二〇一一年夏にかけての時期に見られたのは二〇〇七年から二〇〇八年とおおむね似たような状況だ。原油とその他の商品価格は、六ヶ月ほどにわたり高騰した。これはまたもや、中国などのエマージング経済の需要によるものだ。でも食品とエネルギーを除いた物価指数はそれほどの上昇を見せず、賃金上昇はまったく加速しなかった。二〇一一年六月にベン・バーナンキは、「インフレがもっと広範になっているとか、経済に織り込まれているとかいう証拠はあまりない。実際、ある単一の製品――ガソリン――の価格上昇が、最近の消費者物価のインフレ上昇の大半を占めている」と宣言し、インフレは今後数ヶ月でおさまると予言した。

かれは当然ながら、インフレに対してあまりに無頓着だと右派の多くの人々に嘲笑された。政治的な分断で共和党寄りのほとんど全員が、商品価格の上昇はCPIで見たインフレ率を一時的に歪めているだけのものではなく、インフレ急上昇の発端だと思っており、それを少しでも疑問視する人は熾烈な反応を覚悟しなければならなかった。でもバーナンキの言う通りだった。インフレ率上昇は本当に一時的で、すでに消えてしまっている。

でも、数字を信用していいんだろうか？　あと一つだけ寄り道して、インフレ陰謀理論の世界を覗いてみよう。

インフレが一向に思った通りの上昇を見せない以上、インフレ懸念論者としてはいくつかの選択肢がある。まず、自分がまちがっていたと認めること。二つ目は、データをあっさり無視すること。あるいは、データがウソをついていて、政府が真のインフレ率を隠していると主張すること。最初の選択肢を選ぶ人は、ぼくの知る限りではほとんどいない。経済評論業界での一〇年におよぶ経験から言えば、ほとんどだれも一切まちがいを認めたりはしない。多くは二番目の選択肢を選び、単に過去の予測のまちがいを無視する。でもかなり多くの人々は第三の選択肢を選び、労働統計局（BLS）がデータをいじって実際のインフレを隠しているのだという主張に走った。こうした主張にかなりの有名人がお墨つきを与えたこともある。財政赤字とその影響に関する議論で言及した歴史家兼評論家ニーアル・ファーガソンは「ニューズウィーク」誌コラムで、インフレは実は一〇パーセントくらいなのだという主張を肯定した。

どうしてそれがまちがっているとわかるんだろうか？　うん、まずは労働統計局が実際にやっていることを見ればいい——かなり透明性は高い——そうすれば、それがまともだとわかる。あるいは、もしインフレが本当に一〇パーセントなら、労働者の購買力は激減しているはずだ。でもこれは、実際の観察とはまったく一致しない。横ばいではあるけれど、激減とはとても言えない。でもいちばんいいのは、公式の物価統計と、独立の民間の推計を単純に比べることだ。特に名高いのが、MITの一〇億物価プロジェクトというインターネットを使った推計だ。そしてこうした民間の推計は、基本的に公式の数字とほぼ一致している。

もちろん、MITだって陰謀に荷担しているかもしれませんぞ……

つまり結局のところ、あれだけのインフレの脅しは、実在しない脅威を煽っていたわけだ。基調のインフレは低く、経済の停滞した状態からすれば、もっと下がる可能性が高い。

そしてこれは困ったことだ。インフレ低下、ひどければデフレは、この不況からの回復をずっと難しくする。目指すべきは正反対のものだ。少々高めのインフレ、たとえばコアインフレを四パーセントくらいにすることだ（ちなみにこれはロナルド・レーガン第二期のコアインフレ率だった）。

もっと高いインフレを！

二〇一〇年二月、国際通貨基金（IMF）は、チーフエコノミスト、オリヴィエ・ブランシャールとその同僚二人による「マクロ経済政策を考え直す」という無害そうな題名の論文を刊行した。でもその論文の中身は、IMFから出てくるものとしては、かなり予想外のものだった。自分の心を見つめ直す旅とでも言うべきもので、ＩＭＦをはじめ責任ある地位にいた人々が過去二〇年にわたる政策の根拠としてきた想定を問い直すものとなっていた。特にそれは、ＦＲＢや欧州中央銀行（ＥＣＢ）のような中央銀行が、あまりに低すぎるインフレを目指していたのではないかと示唆していた。一般に「堅実」な政策とされている、二パーセント以下のインフレよりは、むしろ四パーセントのインフレを狙うほうがよいのではないかというのだ。

多くの人はびっくりした――きわめて高名なマクロ経済学者であるブランシャールがそういうことを考えたということにではなく、それを口に出すのが許されたという事実に驚いたのだ。ブランシャールはＭＩＴで長年ぼくの同僚だったし、経済の仕組みに関する彼の見解は、ぼくとそんなにちがわないと思う。でも、そうした見解を組織として認めたわけではないにしても、その公開を容認したというのは、ＩＭＦの株を上げるものだ。

でも高めのインフレを目指すべき根拠とは何だろう？　すぐに見るように、今のぼくたちの状況からして、高めのインフレが役にたつ理由は実は三つある。でもそこに行く前に、まずはインフレのコストについて考えよう。物価上昇が年二パーセントではなく四パーセントになったら、どのくらい悪いんだろうか？

答は、その害を具体的に計算しようとしたほとんどの経済学者によれば、コストはきわめて小さい。とても高いインフレは、高い経済コストをもたらすかもしれない。それはお金が使われないようにしてしまう――人々は物々交換に押し戻される――し、計画を立てるのもずいぶんむずかしくなる。人々がお金の代わりに石炭を使ったり、長期契約や有意義な会計が不可能になるような、ワイマール的状況の恐怖を矮小化しようとはだれも思わない。

でも四パーセントのインフレなら、こんな影響は影も形も生じない。繰り返すけれど、レーガン大統領の第二期のインフレ率は四パーセントほどだったのに、別に当時も特に混乱が起きている様子はなかった。

一方、ちょっと高めのインフレ率にはよい点が三つある。

第一点は、ブランシャールたちが強調したもので、通常のインフレ率が高くなれば、金利がゼロ以下になれないという事実から生じる制約がゆるむということだ。アーヴィング・フィッシャー——現在の不況を理解する鍵となる、負債デフレの概念を考案したあのフッシャーだ——は、他の条件が同じなら期待インフレが高い方が、借り入れが魅力的になるということをはるか昔に指摘している。ローンの返済時に使うドルの価値がいまよりずっと低くなると借り手が信じていたら、金利はどうあれ、もっと借りて支出したがる。

通常の時であれば、借り入れ意欲は高金利で抑えられる。理論的には、そしてかなり実際の世界で見ても、期待インフレが高まればその分だけ金利は高まる。でも今のぼくたちは流動性の罠にはまっている。この場合、金利はいわばゼロ以下に「なりたい」けれど、でもそれなら現金で持つという選択肢があるのでゼロ以下になれない。こうした状況では、期待インフレが上がっても、少なくとも当初は金利は上がらないので、本当に借り入れも増える。

あるいはちょっとちがう言い方をすれば（そしてブランシャールが実際に使ったのはこの言い方だ）、もし危機前のインフレ率が二パーセントではなく四パーセントだったら、短期金利は五パーセントではなく七パーセントだったはずで、だから危機が起きたときにも金利引き下げ余地はずっと大きかったはずだ。

でも、高インフレが役立つ理由はそれだけじゃない。過剰負債――ミンスキーの瞬間とその後の停滞を招いた過剰な民間債務がある。フィッシャー曰く、デフレは負債の実質価値を増やしてしまうことで経済を圧迫しかねない。逆にインフレは、負債の実質価値を減らすことで経済を後押しできる。現状では、市場はアメリカの物価水準が二〇一七年には今日より八パーセント高くなるだろうと思っているようだ。もしその間に、四〜五パーセントくらいのインフレを続けられて、物価が二五パーセント高くなるようにすれば、住宅ローン残高の実質価値は現在の想定よりずっと低くなる。――したがって経済は、持続的な回復に向けてずっと前進できることになる。

高めのインフレを支持する議論はもう一つあって、これはアメリカにはそれほど重要ではないけれど、ヨーロッパにとってはきわめて重要だ。賃金というのは「名目下方硬直性」を持っている。これは、労働者たちは額面の賃金カットをものすごく嫌がるという事実（最近の経験でも圧倒的に実証されている）を、経済学で呼ぶときの言い方だ。そんなの当たり前じゃないか、と言う人はここでの意味合いを捕らえ損ねている。労働者たちは、賃金の額面を五パーセントとか下げますと言われると大反対するけれど、額面は同じままでお金の購買力がインフレで下がる場合には、そんなに文句を言わないのだ。またここで、労働者が頑固だとかバカだとか言うのもまちがっている。賃金を引き下げたいと言う雇い主は、実は自分を食い物にしようとしているのかもしれない。それを判断するのはとてもむずかしい。でもボスにはどう見ても左右できない事情で生活費が増えるのであれば、そうした疑問は起きないからだ。

この名目賃金の下方硬直性——すみません、ある特定概念をきちんと言うには、専門用語が本当に必要なこともあるんです——のおかげで、景気停滞にもかかわらず、アメリカでは本物のデフレが生じていないんだろうと思う。一部の労働者は各種の理由から、まだ賃上げを実現している。実際に賃金が下がってしまった人は比較的少ない。だから全体としての賃金水準は、大量失業にもかかわらずじわじわ上がっている。そしてそれが、物価全体をじわじわ押し上げるのに貢献している。

これはアメリカにとっては問題ではない。それどころか、いまのアメリカにとっていちばん困るのは、賃金全般の低下だ。それが起こると負債デフレの問題が悪化してしまうからだ。でも次章で見るように、これはヨーロッパの一部諸国にとっては大問題だ。かれらはドイツに比較して賃金を引き下げなくてはならない。これはかなり困った問題だ。でもヨーロッパが三〜四パーセントのインフレだったら、ずいぶん話は楽になる。でもいまは、これからしばらくは一パーセントをちょっと超える程度のインフレしか起きないと期待されているのだ。こういう話は次の章でしよう。

さて、高インフレを願ったってしょうがないだろうと思うかもしれない。無原罪インフレの教義のナンセンスさを思い出そう。好況なくしてインフレなし。そしてどうすれば好況が得られるか？

答は、大規模な財政支出と、それを支援するＦＲＢなど各国中央銀行の政策だ。でもこれについてはまた後で。

今までの話をまとめよう。過去数年にわたり、ぼくたちはインフレの危険に関する恐ろしげな警告を大量に受けてきた。でもいま直面している不況の性質を理解している人々にとっては、そうした警告が全部まちがっているのは明らかだった。そしてまさにその通り、インフレ急上昇はいつまでたっても起きない。現実には、インフレは実は低すぎるのだ。そして次章で検討するヨーロッパでは、これはきわめてひどい状況の一部なのだった。

第10章
ユーロの黄昏

今を去ること一〇年、ＥＵ諸国の先進グループが壮大な一歩を踏み出し、単一通貨ユーロを創設しました。何年にもわたる慎重な準備の後で、一九九九年一月一日にユーロは、新生ユーロ圏の三億人市民にとって公式通貨となりました。そして三年後、二〇〇二年元旦にぴかぴかの新しいユーロ硬貨や刷りたてのユーロ紙幣が登場しはじめ、人々の財布やポケットの一二ヶ国通貨に置き換わりはじめました。その実現から一〇年たった今、経済統合と通貨統合とユーロを祝い、それがいかに当初の約束を果たしたかをふりかえりましょう。

ユーロ開始から嬉しい変化がありました。今日では、二〇〇七年にスロベニアが加盟、二〇〇八年にはキプロスとマルタが参加して、ユーロ圏は一五ヶ国に成長しました。そして経済パフォーマンスが改善するにつれて、雇用と成長も上昇しています。さらにユーロはますます真の国際通貨となりつつあり、国際経済問題でユーロ圏の発言力は高まっています。

でも、ユーロがもたらした便益は、数字や統計上だけのものではありません。市民の日常生活でも、選択肢、確実性、安全、そして機会を増やしているのです。このパンフレットでは、ユーロがヨーロッパ中の現場で人々に本当の改善を実現した例を、いくつかご紹介しましょう。※

※この成功物語一〇件に登場する人々は架空のものです。実際にデータに基づく典型的な状況を記述しています。

──二〇〇九年初頭に欧州委員会が刊行したパンフレット「ユーロの一〇年：一〇の成功物語」の序文

過去一〇年にわたり、アメリカとヨーロッパの経済発展の比較は、グズとのろまの競争のようだった──あるいは、経済危機対応にどっちが失敗できるか競い合うようなものだったとでも言おうか。執筆時点では、ヨーロッパは惨劇への競争で鼻の差優位だったけれど、まあ見てなさいって。

これは冷酷な言いぐさに思えるかもしれないし、アメリカ人の尊大な発言に聞こえるかもしれないので、はっきり言っておこう。ヨーロッパの経済的な苦しみは本当にひどいものだ。それがもたらす苦痛のためだけじゃない。その政治的な意味合いからもひどい。過去六〇年にわたり、ヨーロッパは高貴な実験を実施してきた。戦争で引き裂かれた大陸を、経済統合で改革し、平和と民主主義の永続的な道に乗せようとする試みだった。全世界がこの実験の成功を望んでいるし、失敗すれば全世界が苦しむ。

実験が開始されたのは一九五一年、欧州石炭鉄鋼共同体が形成されたときだった。この泥臭い名前にだまされないこと。これは実に理想主義的な試みで、ヨーロッパ内での戦争を実質的に不可能にしようとするものだった。石炭と鉄鋼について自由貿易を確立することで――つまり、国境を越えた経済的出荷に対するあらゆる関税や制約を撤廃し、製鉄所が国境の向こう側だろうと一番近い生産所から石炭を買えるようにすることで――この取り決めは経済的な利得をもたらした。でも同時に、この取り決めでフランスの製鉄所がドイツの石炭に依存し、その逆もなりたつようになった。だから国同士が将来的に敵対することになったら経済に大打撃となり、したがってそうした敵対は起こらなくなることが期待されていた。

石炭鉄鋼共同体は大成功で、それがモデルとなって類似の動きがいくつか生まれた。一九五七年にはヨーロッパ六ヶ国が、欧州経済共同体（ＥＥＣ）を設立した。これは関税同盟で、会員同士は自由貿易、外部からの輸入品には共通関税を設けた。一九七〇年代にはここにイギリス、アイルランド、デンマークも参加した。一方、欧州共同体はその役割を拡大し、ヨーロッパ全体で貧しい地域に援助を提供し、民主政府を促進した。一九八〇年代には、スペイン、ポルトガル、ギリシャが独裁者を始末して、共同体参加を認められた――そしてヨーロッパ諸国は経済規制を統一させ、国境審査をなくし、労働者の自由な移動を保証することで経済的な結びつきを深めた。

それぞれの段階ごとに、密接な統合による経済的な利得は、政治的にもますます密接な統合が伴った。経済政策は、もともと経済だけの話ではなかった。いつだって欧州の統合促進という狙いも持っていた。たとえば、スペインとフランスの自由貿易は、フランシスコ・フランコ将軍が支配していた時代だろうと、その死後だろうと同じくらい望ましいものだった（そしてスペイン参加の問題点も、フランコの死で特に変わってはいない）。でもヨーロッパプロジェクトに、民主化したスペインを迎えるというのは、独裁国と自由貿易をするのとはちがう、価値ある目標だった。そしておそらくはこれもあって、いまにして思えば致命的なまちがいが実施された——統一通貨への移行だ。ヨーロッパのエリートたちは、統一の強力なシンボルを作るという発想にあまりに夢中になって、単一通貨からの利得ばかりを喧伝し、大きな欠点に対する警告はすべて黙殺したのだった。

(統一) 通貨の困ったところ

もちろん、複数の通貨によるコストは実在するし、それは統一通貨の採用で避けられる。国境を越えるビジネスは、通貨を両替したり、複数の通貨を手元においたり、複数の通貨の銀行口座を持ったりすると、高くつく。為替レートの変動の可能性のおかげで不確実性が生じる。収入と経費の単位がちがったりすると計画はむずかしくなるし、会計も不明瞭になる。ある政治的なまとまりが近隣と商売をする機会が増えれば、独自通貨を持つことによる問題は増える。だから、たとえばニューヨーク市のブルックリン区が、カナダのような形で別のドルを持つのはあまりいい考えとはいえない。

でも、独自通貨を持つと大きなメリットもある。中でも最もよく理解されているのは、通貨切り下げ——自国の通貨の価値を他通貨から見て引き下げること——が、ときには経済ショックへの対応策をとりやすくしてくれるということだ。

まったく仮想的ではない例を考えてみよう。スペインが過去一〇年のほとんどにわたり、大規模な住宅ブームで景気が高騰し、その資金はドイツからの巨額の資本流入で調達されていたとしよう。この好況はインフレを招き、スペイン賃金はドイツの賃金と比べて上昇した。でもこの好況はバブルによるもので、いまやそれが破裂した。結果としてスペインは経済を建設業から引き離し、製造業に戻さなくてはならない。でも現時点でのスペイン製造業は競争力がない。これはスペインの賃金がドイツの賃金に比べて高すぎるからだ。スペインが競争力を回復するにはどうしたらいいだろう？

一つの方法は、スペイン労働者に対して低い賃金を認めてくれるよう説得するか強制することだ。もしスペインとドイツが同じ通貨を持っているか、あるいはスペインの通貨が何やら改定不可能な政策により、ドイツ通貨に対して固定為替レートなら、方法はこれしかない。

でももしスペインが独自通貨を持っていれば、通貨切り下げを認める気さえあるならそれで賃金を引き下げられる。一ドイツマルクが八〇ペセタだったのを、一〇〇ペセタにしつつ、ペセタ建てのスペイン賃金はそのままにしておけば、スペインの賃金は一発で、ドイツの賃金に対して二〇パーセント引き下げられたことになる。

なぜこれが、単に賃金引き下げを交渉するより楽なのか？　最高の説明をしてくれたのは他ならぬミルトン・フリードマンで、かれは『実証的経済学の方法と展開』収録の一九五三年の古典論文「変動為替相場擁護論」で変動為替制支持論を展開した。そこにはこう書かれている。

変動為替レートを支持する議論は、こう言うのも不思議だが、サマータイム制度を支持する議論とほとんど同じだ。各個人が自分の習慣を変えればまったく同じ結果が得られるのに、夏になったら時計を早めるというのはばかばかしい話ではないだろうか？　必要なのは単に、みんなが一時間早めに出勤する等々というだけだ。でももちろん、すべてを導く時計を変えるほうが、各個人が独立に時計に対する反応パターンを変えるより簡単だ。これは全員が自分の行動パターンを変えたいと思っている場合ですらそうだ。この状況は外為市場でもまったく同じだ。内部の価格構造を構成する無数の価格の変動に頼るよりも、たった一つの価格の変動、つまりは外国為替の値段が変わるようにしたほうが、遥かに簡単なのだ。

まさにその通り。労働者は常に賃金カットはいやがるけれど、特に他の労働者が似たような賃金引き下げを受け容れるかわからず、労賃が低下するにつれて生活費も下がるかどうかわからなければ、なおさらいやがるだろう。ぼくの知る限り、いまスペインについて描いたような状況で、万人に対する賃金カットで簡単に対応できるような労働市場や制度を持っている国は一つもない。でも国は、通貨を切り下げれば、巨大な相対賃金低下を一瞬にしてほとんどトラブルもなく実現できるし、また実際にそれをやっている。

だから統一通貨の設立にはトレードオフがある。一方では、通貨を共通化すれば効率性が高まる。事業費用が減り、事業計画もおそらく改善する。でも一方では、柔軟性が失われる。一部の地域では住宅ブームが破綻するけれど、他の国では破綻しないといった「非対称ショック」がある場合には、これは大問題となりかねない。

経済的柔軟性に値段をつけるのはむずかしいし、共通通貨の利得に値段をつけるのはもっとむずかしい。それでも、「最適通貨圏」の基準については大量の経済学文献がある。最適通貨圏というのは、みっともないけれど便利な業界用語で、通貨を統合したら利益になる国の集団を指すものだ。そうした文献では何が言われているだろう?

まず、お互いにたくさん取引をしていないなら、通貨を共通化する意味はない。一九九〇年代に、アルゼンチンは一ペソ一ドルで通貨の価値を永久に固定すると発表した。これは通貨をなくすのとはちがうとはいえ、次善の策として意図されていた。でも結局は、それは失敗を運命づけられた手法で、やがて通貨切り下げと債務不履行(デフォルト)で終わった。それが失敗を運命づけられていた理由の一つは、アルゼンチンは経済的にアメリカとあまり密接なつながりがなく、アメリカが相手なのは輸入額の一一パーセント、輸出額の五パーセントしかないことだった。一方では、ドル・ペソの為替レートが確実になることで事業が得られる利益は、アメリカとの貿易がとても少ない以上、かなり小さいものでしかなかった。また一方でアルゼンチンは、他の通貨が変動するたびに張り手を喰らうこととなった。特にドルに対してユーロとブラジルレアルが大きく下がったので、アルゼンチンの輸出品はかなり割高になってしまった。

この点について見ると、ヨーロッパは良さそうだった。ヨーロッパ諸国は、貿易の六割がヨーロッパ内部で、しかもその貿易額も実に大きい。でも他の重要な基準二つ――労働移動性と財政統合――については、ヨーロッパは単一通貨にまったく向いているようには見えなかった。

労働移動性に大きく注目したのは、この最適通貨圏論という分野を拓いた一九六一年論文だった。著者はカナダ生まれの経済学者ロバート・マンデル。マンデルの議論をざっとまとめると、カナダの二つの州であるサスカチュワン州とブリティッシュコロンビア州で、一方が好況で他方が不況の場合、労働者が仕事のあるところへ自由に移動できるなら問題はずっと小さくなる、というものだ。そして労働力はカナダの州の間で実際かなり自由に移動する（ただしケベック州は例外）。アメリカの州の間でもかなり移動は大きい。でもヨーロッパ諸国の間では自由な労働移動はない。ヨーロッパ人たちは一九九二年以来、ヨーロッパ連合の中でどこでも就職していいと法律では認められていたけれど、言語と文化の壁がかなりあるために、失業率に大きな差ができても、移住の量はごくわずかにとどまっていた。

財政統合の重要性をマンデル論文の数年後に明らかにしたのは、プリンストン大学のピーター・ケネンだった。ケネンの論点を明確にするためには、現状だと（実際の風景を除けば）かなり似ている経済二つを比べてほしい。アイルランドとネバダ州だ。どちらも巨大な住宅バブルがあって、それが破裂した。どちらも深い不景気に叩き込まれて失業率が激増した。どちらでも、住宅ローンのデフォルトはたくさん起きた。

でもネバダ州の場合、こうしたショックはかなり重要なところまで、連邦政府によるバッファが効いている。ネバダ州からの連邦税は、最近はかなり減っているけれど、州の高齢者たちはいまでも社会保障の小切手はもらっているし、メディケアが医療費も負担している――だから州は実質的に、かなりの支援を受けている。またネバダ州の銀行預金は連邦政府のＦＤＩＣが保証しているし、住宅ローンデフォルトの損失の一部は、連邦政府が裏にいるファニーメイとフレディーマックが負担している。

これに対してアイルランドはほとんど他に頼れるところがない。自分で自分の銀行を救済し、大幅に減った自分の税収から退職年金とヘルスケアの費用を出さねばならない。だからどちらにとってもつらい時期ではあるけれど、アイルランドの危機はネバダ州にくらべてずっとひどい。

そしてこのどれも、とっくの昔にみんな知っていたことだ。二〇年前に、ヨーロッパ共通通貨が現実化し始めたとき、その通貨を創設するのがいかに問題だらけかという点は広く理解されていた。実際、この問題については徹底した学会の議論が行われ（ぼくも参加していた）、アメリカの経済学者たちは一般に、ユーロ創設がいいことかどうか疑問視していた——これは主に、単一通貨に向いた経済とはどんなものかについて、アメリカ合衆国がよいモデルを提供しているが、ヨーロッパはそのモデルよりはるかに出来が悪かったからだ。労働移動性はとにかく低すぎるとぼくたちは思ったし、中央政府もなく、そうした政府が提供してくれる自動的なバッファがないことでその疑念はさらに強まった。

でもこうした警告は一蹴された。ユーロという発想の魅力とでも言おうか、ヨーロッパがついに戦争の歴史を終え、民主主義の先導となろうとしているのだという感覚は、あまりに強すぎた。一部の経済が好調なのに他が低迷していたら——これはまさに今のドイツとスペインの状況だ——ヨーロッパはどう対応するのかという疑問に対する公式の回答はおおむね、ユーロ圏のあらゆる国はしっかりした政策を採用するから、そうした「非対称ショック」などは生じないし、それがなぜか起きたにしても、「構造改革」でヨーロッパ経済は柔軟になり、必要な調整が行えるようになる、というものだった。

でも実際に起きたものは、あらゆる非対称ショックの親玉とでも言うべきものだった。そしてそれを引き起こしたのは、ユーロ創設自体なのだった。

ユーロバブル

ユーロが公式に誕生したのは一九九九年頭だ。とはいえ、ユーロ紙幣や硬貨はその三年後まで登場しなかったが（公式には、フラン、マルク、リラなどはユーロの一部となり、フランスフランはユーロの一／六・五五九七、ドイツマルクは一／一・九五五八三等々という具合になった）。これは即座に致命的な効果をもたらした。投資家たちは、安全になったような気になってしまったのだった。

もっと具体的に言えば、投資家たちはそれまで高リスクと思われていた国にでもお金を突っ込んで大丈夫と思うようになってしまった。南欧の金利は歴史的にドイツの金利より大幅に高かった。というのも投資家たちは、通貨切り下げやデフォルトのリスクに見合うだけのプレミアムを要求したからだ。ユーロの到来でそうしたプレミアムが激減した。スペインの負債、イタリアの負債、ギリシャの負債ですら、ドイツの負債とほとんど同じくらい安全なものとして扱われるようになってしまった。これはつまり、南欧にとっては借り入れコストが大幅に減ったということだ。そこで巨大な住宅ブームが発生し、それがすぐに巨大な住宅バブルになった。

　こうした住宅景気／バブルの仕組みは、アメリカのバブルの仕組みとはちょっとちがっていた。ご大層な金融商品はあまりなく、伝統的な銀行の普通の融資がほとんどだった。でも地元銀行は、自分の融資を支えるだけの預金なんかほとんどなかったので、卸し市場に大幅に頼り、ヨーロッパの「中核」——主にドイツ——の銀行から資金を借りた。ドイツのほうでは、そんな住宅ブームなんか起こっていなかった。だからヨーロッパの中核から、大活況の周縁部に大量の資金流出が起きた。

　こうした資本流入は、こんどは賃金上昇につながった。ユーロ創設一〇年で、単位労働費用（賃金を生産性で補正したもの）は、南欧では三五パーセントほど上昇した。ドイツではそれがたった九パーセント増だった。南欧での製造業は競争力を失い、おかげでこうした大量のお金が流れこんでいる諸国は、それに対応した巨額の貿易赤字を垂れ流し始めた。何が起きていたか——そしていまや逆転させねばならないこと——をざっと見てもらうと、図10－1はユーロ導入後のヨーロッパ内での貿易不均衡を示している。片方の線はドイツの経常収支（貿易収支の広い指標）で、もう一つはＧＩＰＳＩ諸国（ギリシャ、アイルランド、ポルトガル、スペイン、イタリア）の経常収支合計だ。両者の差が拡大しているのが、ヨーロッパ問題の核心だ。

　だが、危険が積み上がっているのに、ほとんどだれもその規模には気がつかなかった。むしろほとんど多幸症とも言うべき自己満足があった。そこでバブルが破裂した。

　ヨーロッパ崩壊の引き金はアメリカでの金融危機だったけれど、この崩壊はどのみち遅かれ早

図 10-1　ヨーロッパの貿易不均衡

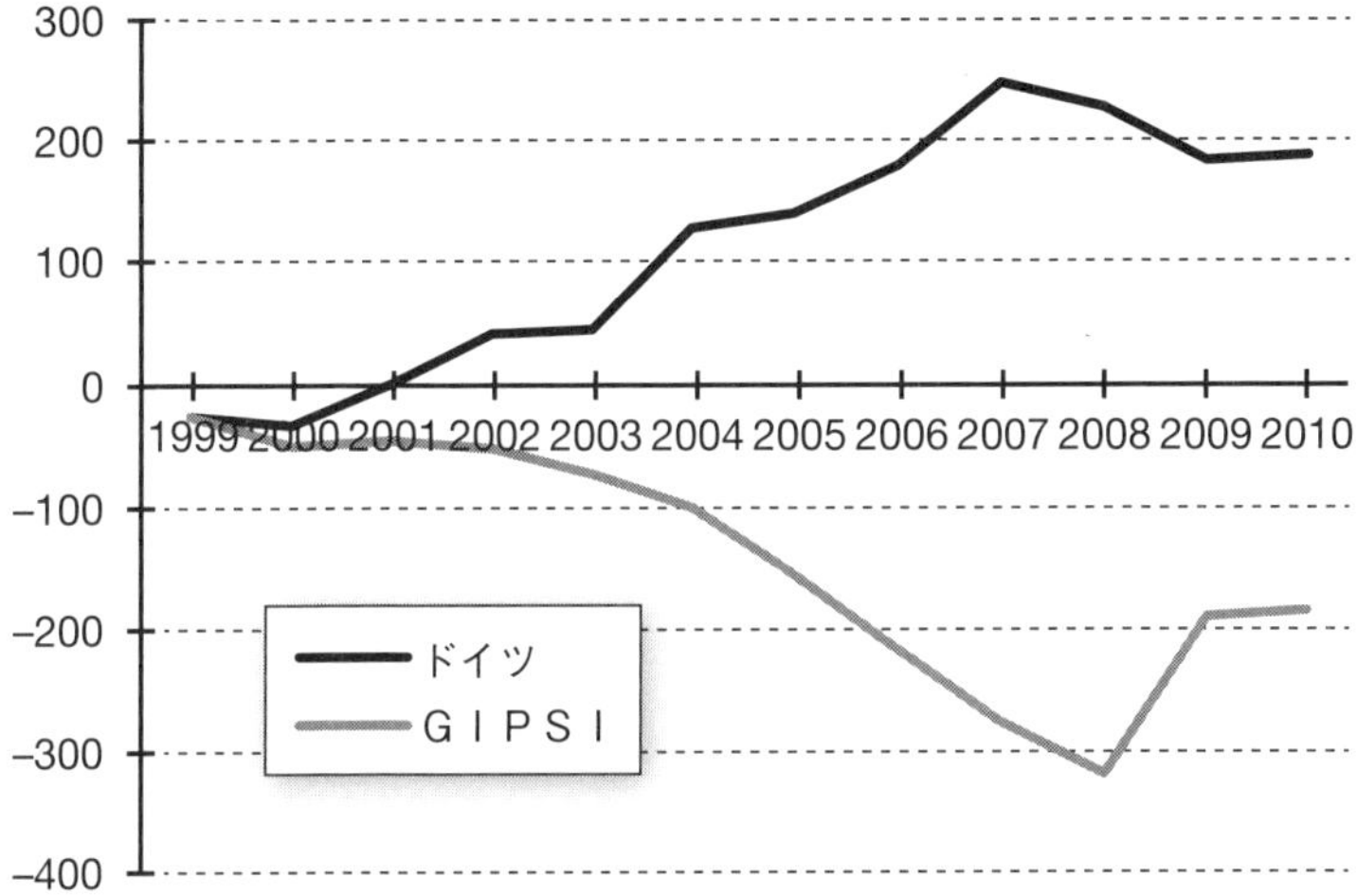

ユーロ創設の後、ＧＩＰＳＩ経済（ギリシャ、アイルランド、ポルトガル、スペイン、イタリア）は経常収支（貿易の広い指標）が大赤字になった。一方のドイツは、それに対して大幅黒字となった。

出所：IMF

かれ起こったはずだ。そして突然、気がつけばユーロは巨大な非対称ショックにさらされており、財政統合ができていないのでそれがさらに悪化した。

　というのも、住宅バブルの破裂はアメリカよりすこしは遅く始まったものの、二〇〇八年にはかなり進行していた。そしてそれはバブル諸国を不景気に叩き込む以上のことをやったからだ。それは各国の財政負担をものすごく増やした。産出と雇用の暴落は、税収も道連れにした。失業手当の支出は激増した。そして各国政府は、銀行預金を保証していただけでなく、多くの場合は自国銀行が貸し手諸国の銀行に対して積み上げた借金も保証していたために、銀行救済のすさまじい負担を強いられることになった（というより自分からそれを申し出たのだけれど）。だから債務と財政赤字は急増し、投資家たちは不安になった。危機前夜、アイルランドの長期国債金利は実はドイツよりちょっと低く、スペイン国債の金利もちょっと高いだけだった。それが執筆時点では、スペインの金利はドイツの二・五倍、アイルランドは四倍だ。

政策対応についてはまもなく説明する。でもまず、いくつか広まっているおとぎ話を扱っておく必要がある。というのもヨーロッパの問題についてみなさんが聞いている話、ヨーロッパ政策の実質的な根拠となっているお話は、ぼくがいま述べた話とまるでちがっているからだ。

ヨーロッパの大妄想

第4章では、アメリカの危機に関する大嘘を説明して論破した。その大嘘というのは、危機を引き起こしたのが政府機関による貧困者支援のまちがった試みなのだという主張だ。さて、ヨーロッパの方も独自のゆがんだ物語を持っている。危機の原因に関するまちがった説明で、それは本当の解決策の邪魔になるどころか、実は事態を悪化させる政策をもたらす。

このまちがったヨーロッパ物語の主張者たちは、アメリカの連中ほど悪意でやっているのではなさそうだ。意図的なデータ歪曲は見あたらないし、その大半は本気で言っているんだろう。だから大嘘ではなく、大妄想と呼ぼう。とはいえ、それで何か事態がましになるというわけでもなさそうだ。ひたすらまちがっているのは同じだし、このドクトリンの旗を振る人々が反証に耳を貸したがらないのも、アメリカ右派と同じだ。

そしてヨーロッパの大妄想とは：危機が放漫財政によって引き起こされた、というものだ。このお話によれば、各国は過剰な財政赤字を垂れ流し、あまりに負債を積み重ねすぎた——だから今重要なのは、そんなことが二度と起きないような財政ルールを課すことだ、と。

一部の読者はまちがいなく不思議に思うだろう。だって、これってまさにギリシャで起きた通りのことじゃないの？　そして答は、確かにそうだ。とはいえ、ギリシャですらお話はこれよりもっと複雑だ。でも重要なポイントは、これは他の危機諸国で起きたことではない、ということだ——そしてギリシャだけが問題なら、今ほどの危機にはなっていない。というのもギリシャ経済は小さくて、ユーロ諸国の総ＧＤＰの三パーセント以下だし、危機に直面しているユーロ諸国だけで見ても、そのＧＤＰの八パーセントほどでしかないのだ。

このヨーロッパ言説の「ギリシャ化」はどれほどまちがった方向性をもたらすのか？　放漫財政については、ポルトガルでも似たような議論はできなくはないが、規模はかなり小さい。でもアイルランドは危機前夜は財政黒字で債務も小さかった。二〇〇六年に、いまはイギリスの経済政策を運営しているジョージ・オズボーンはアイルランドを「長期的な経済政策立案の妙技に関する輝けるお手本」と呼んだ。スペインもまた財政黒字だし、負債も低かった。イタリアは、財政運営が本当に放漫だった一九七〇年代と一九八〇年代から引き継いだ高水準の負債を抱えていたけれど、負債／ＧＤＰ比率は着実に引き下げていた。

これらを合わせるとどうなるだろうか？　図10‐2は、いま危機を迎えている「平均的」な国

図10-2　GIPSIの負債／GDP比率

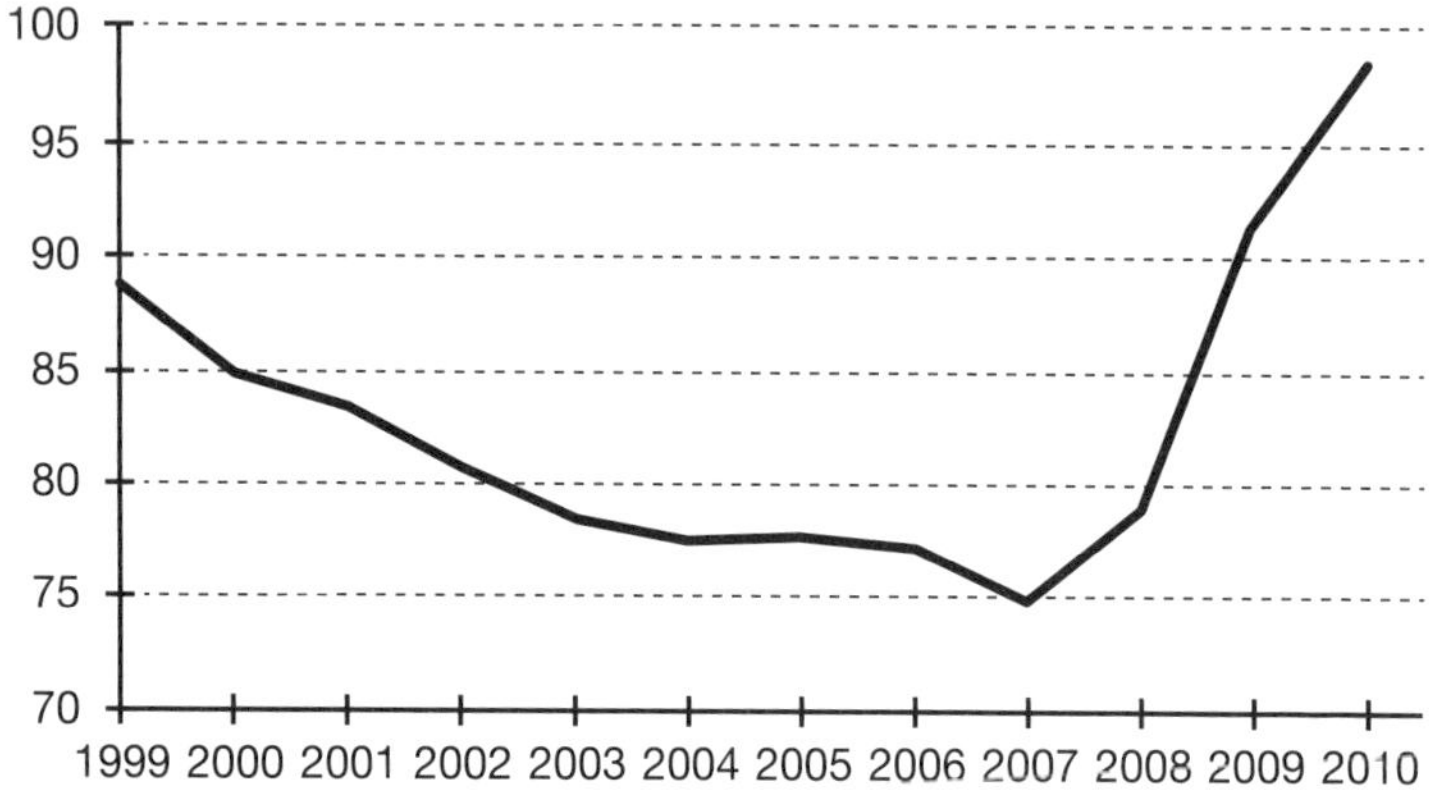

集団として、いま財政危機に陥っているヨーロッパ諸国はだんだん債務ポジションを改善しつつあったが、そこへ金融危機が襲った。
出所：IMF

の負債／ＧＤＰ比率推移だ――平均的というのは、ＧＩＰＳＩ五ヶ国（ギリシャ、アイルランド、ポルトガル、スペイン、イタリア）の負債／ＧＤＰ比率をＧＤＰ加重平均したものだ。二〇〇七年までこの平均は着実に減っていた――つまり大盤振る舞いをするどころか、ＧＩＰＳＩ諸国全体としてはむしろ財政ポジションは改善しつつあった。負債が激増したのは、危機がやってきたからだ。

それなのに、要職にある多くのヨーロッパ人――特にドイツの政治家や高官たちだが、欧州中央銀行（ＥＣＢ）の指導層や、金融と銀行業界にいる世界中のオピニオンリーダーたち――は、この大妄想に深く入れ込んでいて、いくら反証を出してもその信念は揺るがない。結果として、危機対応の問題はしばしばお説教じみた物言いとなる。各国が困っているのは罪を犯したからであり、苦しみを通じてその罪を贖わねばならんのです、というわけだ。
そしてこれは、ヨーロッパが直面する本当の問題へのアプローチとしてはきわめてまずいものだ。

ヨーロッパの本質的な問題

ヨーロッパを見ると、あるいは厳密にはユーロ圏を見ると、全体としては——つまりユーロを使っているすべての国の数字を合算すると——こんなにひどい状態にならなくてもよさそうに見える。民間負債も公的債務も、アメリカよりはちょっと低めで、いろいろ小細工の余地はありそうだ。インフレ率はアメリカと似たようなもので、インフレ急上昇の気配もない。ちなみにヨーロッパ全体としては概ね経常収支は均衡している。つまり外部から資本を集める必要もないということだ。

が、ヨーロッパは一体じゃないのだ。それは独自の予算を持ち（財政統合はできていないので）、独自の労働市場を持つ（労働移動性が低いので）、国の集まりでしかない——が、そうした国は独自通貨を持たない。そしてそれが危機を作り出す。

スペインを考えてほしい。ぼくはここが、ユーロ危機経済の代表例だと思っている——そして、政府予算の問題は一時的に無視してほしい。これまで見た通り、ユーロ最初の八年間で、スペインは大量の資金流入を経験し、それが巨大な住宅バブルの資金源となって、ヨーロッパ中核経済に比べて賃金や物価が急上昇した。他のあらゆる問題が生じているスペイン問題の核心は、費用や物価を適正水準に戻す必要があるということだ。どうすればいいだろう？

うん、中核経済でインフレが起これば いい。仮に欧州中央銀行（ＥＣＢ）が金融を緩めて、ドイツ政府が財政刺激をやったとしよう。するとドイツでは完全雇用になり、スペインでは高失業となる。だからスペインの賃金はほとんど上がらず、ドイツの賃金はかなり増える。だからスペインの費用は一定だけれど、ドイツの費用は上がる。するとスペイン側としては調整が比較的簡単だ――簡単ではなく、比較的簡単というだけではあるけれど。

でもドイツ人は、一九二〇年代初頭の大インフレの記憶があるせいで、インフレなんかいやいややいやの感嘆符だ（不思議なことにドイツ人は、本当にあのお方の台頭のお膳立てとなった一九三〇年代初期のデフレ政策についてはあまりご記憶ではないらしい。これについては11章で）。そしてもっと直接関係ある点として、ＥＣＢに与えられている責任は物価安定維持だ――無条件で。この責任がどのくらい拘束力を持つかというのはかなり解釈の余地がある話で、たぶん定款がなんと言おうと、緩いインフレを正当化する口実くらい見つけられるだろうと思う。でも今の考え方は、低インフレ策の結果がどんなものだろうと、インフレはすごく邪悪なものとされている。

さて、これがスペインにとってどういう意味を持つか考えてほしい――つまりこれは、費用を引き下げるにはデフレをするしかないということだ。ユーロ業界用語では「内的減価」と呼ばれている。そしてこれはとてもやりにくいことだ。というのも賃金には下方硬直性があるからだ。

巨大な失業に直面しても、賃金はゆっくりと、嫌々しか下がらない。

下方硬直性なんてものがあるのか少しでも疑問に思う人は、ヨーロッパの実績を見ればそれが氷解するはずだ。アイルランドの場合を考えよう。ここはきわめて「柔軟」な労働市場を持っていると一般に思われている――これまた婉曲表現で、雇用主がかなり簡単に労働者をクビにしたり給料を引き下げたりできる経済ということだ。数年にわたりすさまじい高失業（執筆時点では一四パーセントくらい）が続いたのに、アイルランドの賃金はピーク時から四パーセントほどしか下がっていない。だから、はい、アイルランドは内的減価を実現しております、が、その歩みは遅々としたものだ。話はラトヴィアでも同じだ。ラトヴィアはユーロ圏ではないけれど、通貨切り下げを拒否した。当のスペインでは、平均賃金は高失業なのにちょっと上がっている。とはいえこの一部は統計的な誤差かもしれないけれど。

ちなみに、通貨切り下げで賃金や物価を引き下げるほうがずっと簡単だというミルトン・フリードマン説の実例を見たければ、アイスランドを見るといい。この小さな島は、金融惨劇の規模で有名だし、今頃はアイルランドよりずっとひどい状態に陥りそうなものだ。でもアイスランドは、自分たちは銀行家たちのご乱行でできた負債にはまったく責任がないと宣言し、また自国通貨を持っているという大きな利点があったので、競争力回復がとても簡単になった。単にクローナ安を放置しただけで、ユーロ換算の賃金はあっという間に二五パーセント下がった。

が、スペインは自国通貨を持っていない。ということは、自分たちのコストを適正にするためには、スペインなどの国々は長期の高失業を経験しなくてはならない。それも賃金をじわじわ削って低くできるほどの高失業ということだ。それだけじゃない。コストを下げなくてはならない国々は、危機前に民間債務がいちばん積み上がっていた諸国でもある。いまやかれらはデフレに直面し、その負債の実質負担はもっと増える。

でも財政危機はどうなったの？　南欧の国債金利高騰は？　実はこの財政危機は、相当部分がバブル破裂と高すぎるコストの副産物なのだ。危機が襲来したとき、財政赤字は急増し、トラブル諸国が銀行システム救済に動いたことで債務も突然激増した。そして政府が高い負債に対応する通常の方法——インフレと成長の組み合わせで負債のＧＤＰ比率を引き下げること——はユーロ圏諸国には不可能だったため、これらの国々は長年のデフレと停滞を運命づけられてしまった。だったら、南欧諸国が負債を全額返済できるのか、そもそも返す気があるのか怪しいと思われても仕方ないだろう。

でも、これだけではすまない。ユーロ危機には別の側面がある。これは共通通貨の別の弱さで、このぼくも含む多くの人々にまったく不意打ちをくらわせたものだ。実は、自国通貨を持たない諸国は、自己成就的なパニックにきわめて弱かったのだ。つまり投資家がデフォルトによる損失を避けようと努力すること自体が、まさにかれらの恐れるデフォルトを引き起こしてしまうという事態だ。

このポイントを初めて論じたのはベルギーの経済学者ポール・デ＝グラウウェだ。かれはイギリスの負債金利がスペインの負債金利よりずっと低いことを指摘した——執筆時点ではそれぞれ二パーセントと五パーセント。でも、イギリスのほうが負債も財政赤字も大きく、スペインのデフレを考慮しても、スペインより財政見通しは悪いとさえいえる。

でもデ＝グラウウェが指摘した通り、スペインはイギリスにはないリスクに直面している：流動性凍結のリスクだ。

どういう意味かって？　現代のほぼあらゆる政府はかなりの負債をかかえていて、そのすべてが三〇年物国債というわけじゃない。ごく短期の負債、たった数ヶ月満期のものもある。さらには二年物、三年物、五年物があり、いつの年にもそのどれかは満期になる。政府はこうした負債のほとんどを借り換えする。つまり新しい国債を売って、古いものを償還するわけだ。でも何らかの理由で投資家たちが新規の国債を買いたがらなければ、基本的には返済能力のある政府ですらデフォルトに陥りかねない。

これはアメリカで起こるだろうか？　実は起こらない――FRBが連邦国債を買い入れられるし、実際にそうするからだ。つまり、実質的にFRBはお金を刷って政府債を買う。また、イギリス、日本など、自国通貨で借り入れて、独自の中央銀行を持つ国でも絶対に起こらない。でも、いまユーロに加盟しているあらゆる国ではこれが起こり得る。非常時にECBが現金を提供してくれるかどうかわからないからだ。そしてユーロ圏の国がこのように現金不足でデフォルトに陥ったら、負債を満額返済できなくなるかもしれない。

これは即座に自己成就的な危機の可能性を作り出す。つまり、投資家が現金不足によるデフォルトを恐れ、その国の国債をいやがるようになれば、それがまさにかれらの恐れていた現金不足を作り出してしまうという事態の可能性だ。これがまだ起きていなくても、そうした危機の可能性に関して続いている不安のおかげで、投資家たちは自己成就パニックの起こりそうな国債に対して高金利を要求するようになるだろうと簡単に予想がつく。

そしてまさに二〇一一年初頭から明確なユーロペナルティが生じ、ユーロ諸国は、経済財政見通しが同程度でも、自国通貨を持つ国より借り入れコストが高くなっている。これはスペインとイギリスの比較だけじゃない。ぼくが大好きなのはスカンジナビア諸国のフィンランド、スウェーデン、デンマークの比較だ。どの国も、信用度はきわめて高そうだ。でもユーロに加盟しているフィンランドは、独自の変動為替制通貨を維持してきたスウェーデンに比べて、借り入れコストが大きく上昇している。そして対ユーロの為替レート固定とはいえ、独自通貨を保ち、したがって現金が不足すればそれをやめるだけで逃げ出せるデンマークに比べても、フィンランドの借り入れ金利は高くなってしまった。

ユーロを救う

ユーロがいま経験している問題を考えると、ヨーロッパは統一通貨には向いていないと警告したユーロ懐疑派たちは正しかったようだ。さらに、ユーロ採用を見送った諸国——イギリス、スウェーデン——はユーロ採用のご近所に比べてずっと楽そうだ。だったらいま苦境のヨーロッパ諸国はあっさり引き返して、独自通貨に戻ればいいんだろうか？

そうとも限らない。ぼくのようなユーロ懐疑派ですら、いまユーロを解体すればかなり深刻なコストが生じることはわかる。まず、ユーロ離脱しそうだと思われた国ではすべて、銀行に巨額の取り付け騒ぎが生じる。預金者たちは自分の資金をもっとしっかりしたユーロ諸国に移そうとするからだ。さらに、ドラクマやペセタ復活は法的にすさまじい問題を作り出す。みんなユーロ建ての負債や契約の扱いに困ってしまうからだ。

さらに、ユーロについて方針転換すれば、経済統合を通じた統合と民主主義というもっと大きなヨーロッパプロジェクトの壮絶な政治的敗北となる。このプロジェクトは、本章の冒頭で述べた通りヨーロッパだけでなく、世界全体にとってとても重要だ。

だから何とかユーロを救う方法が見つかればそれがいちばんいい。どういう手が考えられるだろう？

ヨーロッパがまず、今すぐやるべきなのはパニック攻撃を阻止することだ。何らかの方法で、十分な流動性を保証しよう——政府が市場パニックによる現金枯渇に陥らないという保証をするのだ。これは自国通貨で借り入れする政府が持っているのと同じような保証となる。これをやるいちばん簡単な方法は、ＥＣＢがユーロ諸国の国債をいつでも買えるようにすることだ。

第二に、コストや物価が適正値よりずいぶん高い諸国——巨額の貿易赤字を続けてきたけれど、もうこれ以上は無理な国——は競争力改善への道として納得してもらえるものが必要だ。短期的には、貿易黒字国は、赤字国の輸出品に対する強い需要を提供する必要がある。そして長期的には、この道が赤字国にきわめて高価なデフレを強制しないためには、黒字国側が穏やかながらそこそこのインフレになる必要がある。そしてユーロ圏全体でも、それよりは低いがそこそこのインフレ率——三〜四パーセントくらい——になる必要がある。ということはつまり、ＥＣＢはとても拡張的な金融政策を採用する必要があるし、ドイツ以下の数ヶ国では財政刺激策を実施しなくてはならない。

最後に、財政問題は核心ではないとはいえ、赤字国は現時点で確かに債務と財政赤字問題を抱えているので、しばらくは財政を立て直すために、かなりの緊縮財政が要る。

というわけで、ユーロを救うにはこれくらいが必要だろう。いまの手札にはこれに類するものがあるだろうか？

ＥＣＢは、総裁がジャン＝クロード・トリシェからマリオ・ドラギになってから、いい方にみんなを驚かせてくれた。確かにドラギは、危機諸国の国債を買い上げろという要求を断固として突っぱねた。でも、裏口からおおむね似たような結果を実現する方法を見つけた。ＥＣＢは民間銀行に無制限の融資を提供し、その担保としてヨーロッパ政府の国債を認めるというものだ。結果として、自己成就的なパニックによりヨーロッパ諸国の国債に天文学的な金利がつく可能性は、執筆時点ではかなり減った。

でも、これをやったとしても、いちばん重症の国——ギリシャ、ポルトガル、アイルランド——は民間資本市場からは閉め出されたままだ。だからかれらは、ヨーロッパの強国政府とＥＣＢ、ＩＭＦの「トロイカ」による、その場しのぎの融資プログラムに頼ってきた。残念ながら、トロイカはずっとあまりに少額をあまりに遅くしか提供してこなかった。さらにこうした緊急融資の代償として、赤字国は即座に、壮絶な支出カットと増税プログラムを強制された——こうしたプログラムはかれらをさらに深い停滞に押しやるし、財政だけで見ても、経済が収縮すれば税収が減るので財政再建すら実現できないありさまだ。

一方で、赤字国が競争力を回復できる環境を作り出す方策は、まったく何も行われていない。赤字国が荒っぽい緊縮に追いやられているときですら、黒字国自身も緊縮プログラムを始め、輸出増の期待を潰している。そしてちょっと高めのインフレの必要性を認めるどころか、ECBは二〇一一年前半に、自分たちの脳内にしか存在しないインフレの脅威を抑えるためと称して、金利を引き上げた（その後、また引き下げられたけれど、その時点ではすでに被害の相当部分が起こった後だった）。

なぜヨーロッパは危機にこれほどまずい対応をしたんだろうか？　すでに答の一部は示唆した通り。大陸の指導層のほとんどは、話を「ギリシャ化」したがり、トラブルに陥ったすべての国――ギリシャだけではない――が放漫財政でそうなったのだと決めつけているからだ。そしてこのまちがった信念がある以上、当然ながら処方箋もまちがったものとなる。財政的な浪費が問題なら、財政規律こそが解決策なのだ、というわけだ。これはつまり、経済学とは道徳劇だという立場で、しかもそこで下されている罰というのが実は単なる濡れ衣に対するものだという追加のひねりも加わっている。

が、これは話の一部でしかない。その真の問題を把握できず、まちがった問題への対応にこだわり続けるのは、決してヨーロッパに限った話じゃないのだ。二〇一〇年に大西洋両岸の政策エリートたちは、負債、インフレ、成長に関するからみあった一群の誤謬で大混乱に陥ってしまった。次の章では、こうした誤謬を説明し、ずっとむずかしいことだけれど、なぜかくも多くの有力者たちがそんなものを受け容れたがるのか、というのを説明してみよう。

第11章

緊縮論者《オーステリアン》

――次々に金利引き下げですね。多くの経済学者は、明らかにデフレの危険があると言っています。これをどうごらんになっていますか？

そんなリスクが実現するとは思いません。それどころか、インフレ期待は驚くほど我々の定義したもの――二パーセント以下、二パーセント近く――に驚くほどしっかり固定されていますし、最近の危機でもそれは変わっていません。経済について言えば、財政緊縮が停滞を引き起こすという考えはまちがっています。

――まちがっている、ですって？

その通り、実はこうした状況にあっては、家計、企業、投資家が公共財政の持続可能性について抱く安心感を高めることはすべて、成長と雇用創出の実現に有益なんです。わたしは現状において、安心感を高める政策は経済回復を阻害するどころか促進すると固く信じています。今日では、安心こそが重要な要因だからです。

――欧州中央銀行（ＥＣＢ）総裁ジャン＝クロード・トリシェ、イタリアの新聞「ラ・レプブリカ」インタビュー、二〇一〇年六月リーマンブラザーズ破綻に続くおっかない数ヶ月間には、ほとんどあらゆる主要行政府は民間支出の急な崩壊を相殺すべきだと合意して、被害を抑えるべく財政支出拡大と金融緩和に向かった――政府支出を増やし、税金を減らし、マネタリーベースをたくさん刷る。そうすることで、かれらは教科書のアドバイス通りのことをやっていた。もっと重要な点として、大恐慌からのつらい教訓を実践していたことになる。

でも二〇一〇年に変なことが起きた。世界の政策エリートの多く――通説を定義づける銀行家や金融当局――は教科書や歴史の教訓を投げ捨てることにして、下が上だと宣言した。つまり、大量失業なのに支出カットや増税や金利引き上げをするのが突然流行になってしまった。

そして、この突然は本当に突然だった。即席の緊縮信者たち――金融アナリストのロブ・パレントーがいたずらっぽく名づけた「オーステリアン」〔訳注：緊縮を意味するオーステリティと、オーストリア派を意味するオーストリアンをかけたもの〕――は二〇一〇年春に、経済協力開発機構（ＯＥＣＤ）が経済見通しの最新報告を出した時点で確固たる存在になっていた。ＯＥＣＤはパリに本部を持つシンクタンクで、先進国政府のクラブがお金を出している。だからときには経済先進国のことを単に「ＯＥＣＤ諸国」と呼ぶこともある。このクラブの入会資格は、おおむね経済先進国というのと同義だからだ。そういうわけで、ここは必然的にかなり因習的な組織で、文書は段落ごとに慎重に協議されて、主要プレーヤーのご機嫌を損ねないようにする。

そしてこの因習的な通説の筆頭とも言うべき機関が、低インフレ、高失業、連邦政府の借り入れコストが史上最低近かった二〇一〇年春に、アメリカに対して出したアドバイスとは何だっただろうか？　アメリカ政府はすぐに財政赤字を削減し、ＦＲＢは短期金利を年末までに大幅に引き上げるべきだ、というものだった。

ありがたいことに、アメリカ当局はそんな助言には従わなかった。オバマの景気刺激策が尽きたことで、「受動的な」財政引き締めはあったけれど、全面的な緊縮に向かうようなことはなかった。そしてＦＲＢは低金利を維持しただけではない。弱い回復をもっと後押しすべく、国債購入プログラムに乗り出した。でもイギリスでは、選挙により保守党と自由民主党の連立政権が誕生し、それがＯＥＣＤの助言を鵜呑みにしてしまい、予防的な支出削減プログラムを実施してしまった。イギリスもアメリカと同じで、高失業ときわめて低い借り入れコストに直面していたというのに。

一方、ヨーロッパ大陸では緊縮が大流行となった――そしてＥＣＢは、ユーロ圏経済が深い停滞に入ったままで、納得のいくインフレ脅威なんか皆無だったにもかかわらず、二〇一一年初頭に金利引き上げを始めたのだった。

また、不況に直面しているのに金融財政引き締めを要求したのはＯＥＣＤだけじゃない。他の国際機関、たとえばバーゼル本拠の国際決済銀行（ＢＩＳ）もそこに加わった。またシカゴ大のラグラム・ラジャンなど有力な経済学者や、ピムコのビル・グロスをはじめ有力なビジネス界の人々も参加した。ああそうそう、それにアメリカの主要共和党員たちも緊縮支持策の各種議論を利用して、自分の歳出削減支持と金融引き締め主張の裏付けにした。確かに、そうしたトレンドに逆らう人々や組織もあった——特筆すべきでありがたかったのは、国際通貨基金（ＩＭＦ）はぼくから見れば政治的な正気の声と思えるものを発し続けた。でも、二〇一〇年から一一年にかけて、ブロガーのダンカン・ブラックを真似てぼくが「お真面目な方々」と呼ぶ連中——影響ある地位の高い人々が適正とする見解を述べる人々——は、そろそろ締め付けの時期だという見方にきわめて強く傾いたようだ。金融危機やその後の惨状からの完全回復と呼べるものはまったくなかったのに。

こうした政策ファッションの急変の背後には何があったんだろう？　実は、これに答えるには二つの方法がある。緊縮財政や金融引き締めを支持する議論の中身を検討してみてもいいし、失業に対する戦いに背を向けたくてたまらない人々の動機を理解しようとしてみてもいい。

本章ではこの両方の面から問題を検討するけれど、まずは中身から見よう。

でも、これはちょっとやりにくい。緊縮論者《オーステリアン》たちの議論を整理しようとすると、議論がいつの間にかコロコロ変わるのに気がつくからだ。特に金利については、高金利支持者たちの主張はしばしばカルヴィンボール——マンガの『カルヴィン＆ホッブス』に出てくるゲームで、プレーヤーたちがしょっちゅう新しいルールをでっちあげる——さながらに思える。ＯＥＣＤ、ＢＩＳ、その他各種経済学者や金融屋たちは、金利が上がるべきだと確信はしているようなんだが、なぜ上がるべきかという説明は絶えず変わり続けるのだ。こうした変わりやすさを見ると、引き締め要求の真の動機は経済学的な客観評価によるものじゃないな、と匂うわけだ。また同時に、ぼくも緊縮と高金利を求める決定版の議論に批判を提供するのは無理だ。いろんな議論があって、しかもときにはそれが相互に矛盾していたりするからだ。

まずはいちばん勢力を持っていた議論から始めよう。恐怖だ――具体的には、高失業だろうと刺激策をやめて緊縮に向かわない国は、ギリシャと同じような債務危機に直面するという恐怖だ。

恐怖という要因

緊縮論者《オーステリアン》たちはどこからともなく登場したわけじゃない。リーマンブラザーズ破綻直後の数ヶ月ですら、赤字支出とお金の印刷による主要国の救済策を糾弾する声は一部にあった。でもそのときは緊急事態だったから、至急の財政金融拡大行動を呼びかける人々の声で、そうした声はほぼかき消されてしまった。

でも二〇〇九年末には、金融市場と世界経済はおおむね安定し、緊急行動の必要性も減ったように思えた。そこへギリシャ危機がやってきた。反ケインズ派たちはここぞとばかり、財政規律という狭く細い道にしたがわないと、他のみんなもこうなるぞという見本に使ったのだった。

第10章ですでに指摘したように、ギリシャ債務危機はヨーロッパ内ですらかなり特殊だ。ユーロ圏の他の国は、金融危機の結果として債務危機に陥ったのであって、その逆じゃない。一方で、独自通貨を維持した国は、国債に対するギリシャ式の取り付け騒ぎはまったく起こしていない。彼らだって、巨額の債務や財政赤字を――アメリカだけでなく、イギリスや日本のように――持っているのに。

でもこうした考察は政策議論ではまったく意に介されなかった。政治科学者ヘンリー・ファレルが、今回の危機でのケインズ経済学の台頭と衰退の研究で述べたように「ギリシャにおける市場の安心感崩壊は、財政浪費のリスクを示す寓話として解釈された。深刻な財政困難に陥った国は、市場の安心崩壊と、ひょっとすれば全面的な破滅のリスクを負っているとされた」。

　実際、地位の高い人々は財政赤字削減にいますぐ動かなければ大災厄がやってくるという黙示録じみた予言を発するのが大流行となった。長期的な財政赤字削減計画をたてるはずのパネルの共同議長――しかも民主党の共同議長！――だったアースキン・ボウルズは、そのパネルが合意に達せなかった数ヶ月後の二〇一一年三月に議会で証言し、債務危機がいつ起こってもおかしくないと警告した。

> この問題は起こります。ＦＲＢの元議長も言いましたし、ムーディーズも言った通りで、この問題はわれわれが対決せねばならん問題なのです。それはほれ、あと二年かもしれず、もう少し長いか、もう少し短いかもしれませんが、あっちのアジアにいる銀行家たちが、我が国が負債をしっかり返さないんじゃないかと信じ始めたら、債務を返せないんじゃないかと思ったら、連中がうちの国債を買うのをやめたら何が起こるか、ちょっとでも考えてごらんなさい。
> 　金利はどうなるでしょうか、アメリカ経済はどうなるでしょうか？　この問題と対決しな

い限り、市場はわれわれを完膚無きまでに叩きつぶすでしょう。この問題は本物ですし、その解決策は苦痛に満ちておりますが、行動せねばなりません。

するとその共同議長アラン・シンプソンが出てきて、その危機は二年以内に起きると主張した。ところが実際の投資家たちはまるで気にしていないようだった。アメリカ長期国債金利は、ボウルズとシンプソン証言のときでも歴史的に低い水準だったし、その後さらに二〇一一年のうちに記録的な低さにまで下がった。

他に三つのポイントを指摘しておこうか。まず二〇一一年初期には、すぐにも危機がやってくるという深刻な警告と、低金利継続との一見した矛盾について、都合のいい言い訳があった。FRBが「量的緩和」策の下で負債を買い続けているために、金利は人工的に引き下げられているというのだ。その説では、量的緩和が六月に終われば金利は跳ね上がる、とのことだった。でも、跳ね上がらなかった。

第二に、債務危機の到来は近いという説教師たちは、二〇一一年八月に格付け機関スタンダード&プアーズ（S&P）がアメリカ国債の格付けをAAAから引き下げたことで勝利宣言をした。「市場の宣告が下った」というに等しい発言があちこちで聞かれた。でも宣告を下したのは市場じゃない。ただの格付け機関でしかなかった――この機関はお仲間すべてと同じく、すぐに有害廃棄物と化した金融商品にAAA格付けを与えていたところだ。そしてS&P格付け引き下げに対する市場の実際の反応は……なにもなし。それどころか、アメリカの借り入れ費用はかえって下がった。第8章で述べたように、これは日本の経験を研究していた経済学者にとっては意外でもなんでもなかった。二〇〇二年、日本の状況が二〇一一年のアメリカに似ていたときに、S&Pもその競合ムーディーズも日本の格付けを引き下げた。でも何も起きなかった。

最後に、今にも到来する債務危機についての警告を真面目に受け取ったとしても、いますぐ緊縮財政を敷いたくらいで――いま経済が深い停滞のさなかにあるときに、支出削減して増税するくらいで――その危機の到来が防げるのか、まるではっきりしない。経済が完全雇用にかなり近いときに、支出削減や増税を行い、中央銀行がインフレ上昇を避けるために金利を引き上げるというなら話はわかる。そういう場合なら、支出カットは経済を圧迫しない。中央銀行は金利を下げたり、少なくとも上げなかったりすることで支出削減の圧迫効果を相殺できるからだ。でも経済が深い停滞に入っていて、金利がすでにゼロ近くなら、支出削減は相殺できない。だからそれは経済をさらに圧迫する――そしてこれは税収を引き下げ、想定された赤字削減の少なくとも一部はそれで消えてしまう。

だから安心喪失の可能性を懸念している人や、長期的な財政状況を心配している人でも、経済の論理から考えて緊縮は先送りするほうがいいはずだ――長期的には支出削減や増税の計画はあってしかるべきだけれど、経済が強くなるまでそれは発効すべきではない。

でも緊縮論者《オーステリアン》たちはその論理を拒絶し、安心感の回復には今すぐ削減が必要なんだと固執した――そしてその安心回復により、支出カットは経済を拡張させるものとなり、経済収縮にはつながらない、と。そういうわけで、話は次の議論の一派に移る：停滞経済での財政緊縮が産出と雇用に与える影響をめぐる論争だ。

安心感の妖精

本章の冒頭で、ジャン＝クロード・トリシェの発言を引用した。かれは二〇一一年秋までECBの総裁で、この引用は驚くほど楽観的な——そして驚くほどバカげた——ドクトリンを示している。でもこれは二〇一〇年に権力の座にある人々の間に猛威をふるったドクトリンだった。このドクトリンは、政府支出を削減する直接効果は需要を減らし、他の条件が同じであれば、経済下降と高い失業をもたらすという点は認めている。でもトリシェのような人々が固執するところでは、「安心感」がこの直接効果を補って余りあるものとなるのだそうだ。

ぼくは早い時期に、このドクトリンを「安心感の妖精」信仰と呼んで、この呼び名はどうやら定着したようだ。でもこれはそもそもどういう話なんだろう？　政府支出を減らすことで、実際に需要が増えたりするなんてあり得るんだろうか？　うん、あり得る。実際、支出カットが原理的には需要増大につながる経路がいくつかある。支出カットで金利が下がる経路、そして人々が将来の減税を期待するようになったりする経路だ。

金利の経路はこんな具合だ。投資家は、政府の財政赤字削減努力に感動して、将来の政府借り入れに関する期待を引き下げ、つまりは将来の金利水準についての期待を引き下げる。今日の長期金利は将来金利についての期待を反映しているので、こうした低い将来借り入れの期待は、いますぐ低い金利につながる。そしてこうした低金利は、いますぐ高い投資支出をもたらせる。あるいは、いま緊縮をすると、消費者たちが感動するかもしれない。政府の削減熱意を見て、将来の税金は予想したほど高くはならないかもしれないと思う。そして税負担が低くなると思うので金持ち気分になり、支出もこれまた今すぐ増えるというわけ。

すると問題は、緊縮策が本当にこうした経路を通じて経済を拡張させられるのか、ということだ。金利を通じてだろうと、税金の期待を通じてだろうと、そうしたよい影響が、政府支出低下による直接的な景気圧迫効果を相殺できるほど大きいと信じられるか、ということだ。特に現在の状況ではどうだろうか？

ぼくや、その他多くの経済学者にとって、答は明らかに思えた。拡張的緊縮というのは一般論としてもきわめて考えにくいし、特に二〇一〇年やその後二年の世界状況を考えると、まったくあり得ない。繰り返すと、要点としてはジャン＝クロード・トリシェの「ラ・レプブリカ」紙での発言を正当化するためには、そうした安心感に関連する効果が存在するというだけでは不十分だ。それは緊縮がいますぐにもたらす、直接の景気押し下げ効果を相殺する以上の強さを持っている必要がある。すでに金利が二〇一〇年初頭でとても低かったことを考えると（さらに執筆時点ではもっと低いことを考えると）これは金利経路では考えにくい。将来の税金経由での効果はといえば、今年の支出金額を決めるときに、現在の財政決定が五年か一〇年先の税金に対してどんな影響を持つかを推計しようとする人が、お知り合いの中に何人いるだろうか？

そんなのはどうでもいい、と緊縮論者《オーステリアン》たち。主張を裏付ける強い実証研究があるんだから、という。そしてこの話はちょっとおもしろい。

危機の一〇年前の一九九八年、ハーバード大学の経済学者アルベルト・アレシナが「財政調整の物語」なる論文を刊行した。これは大規模な財政赤字を減らそうとしたいろいろな国を調べた論文だ。この研究でかれは、強い安心効果があると論じ、それがとても強いので緊縮が実際に経済拡張につながった例がたくさんある、という。これは驚くべき結論だけれど、当時は思ったほどは注目されなかった——批判的な検証も受けなかったというべきか。一九九八年には、経済学者の間での一般的な見解はまだ、ＦＲＢなどの中央銀行がいつも経済安定化に必要なことをできるので、財政政策の影響はどのみちあまり重要でないというものだった。

もちろん二〇一〇年になると状況は一変し、刺激策増加VS.緊縮という問題は経済政策論争の中心となっていた。緊縮支持者たちはアレシナの主張に飛びついた。またシルヴィア・アーダナによる新しい論文が多くの国や時代での「財政政策の大きな変化」を集めて、拡張的緊縮の事例がたくさんあったと主張したので、これも一躍注目された。

こうした主張は、歴史的な事例を挙げることでさらに強化された。一九八〇年代のアイルランドをごらん、あるいは一九九〇年代半ばのカナダでもいい、ほかにもいくつかあるよ、とかれらは言った。こうした国々は財政赤字を大幅に減らしたけれど、経済は停滞するどころか活況になったじゃないか。

通常の時代なら、最新の学術研究が現実世界の政策論争に大きな影響を与えることなんかほとんどないし、またそれが正しいあり方だ——政治的な興奮の中で、ある教授の統計分析の質を評価できる政策立案者がどれだけいるだろう？　通常の学術論争や検討プロセスに時間を与えて、しっかりしたものといい加減なものを選り分けさせたほうがいい。でもアレシナ／アーダナ論文はすぐに、世界中の政策立案者や緊縮支持者たちに採用されて、錦の御旗となった。これは残念なことだった。というのも、拡張的緊縮を実証するとされた統計的な結果も歴史的な事例も、みんながそれを細かく検討し始めると、ちっとも検証に耐えなかったからだ。

どんな具合に？　鍵となるポイントは二つあった。まず疑似相関の問題、そして財政政策というのは通常は唯一の手段ではないのに、現在はそれしか手がないということだ。

一つ目については、アメリカが一九九〇年代末に、財政赤字から財政黒字に大きく移行した例を考えてほしい。この動きは好景気と関連したものだった。するとこれは拡張的緊縮を証明するものだろうか？　いやちがう。好景気と赤字削減は、主に第三の要因であるＩＴブームとバブルに関連していた。これは経済を前進させるのには役だったし、株価も高騰してこれが税収増につながった。赤字削減と経済の強さに相関があるからといって、因果関係があるということにはならない。

さて、アレシナとアーダナは、疑似相関の源の一つである失業率については補正した。でもこの論文を見直した人々がすぐに気がついたことだが、それでは不十分だった。財政緊縮と財政刺激の事例はどちらも、実際の政策事象をまったく特定しきれていなかった——たとえば一九九五年日本の大刺激策や、一九九七年の急激な財政緊縮化は考慮されていない。

昨年、ＩＭＦの研究者たちはこの問題に対処すべく、政策変化についての直接情報を使って、財政緊縮事例を見つけようとした。すると、緊縮財政は経済を拡張するよりは停滞させることがわかった。

でも、このアプローチですら、現在の世界がいかに「ケインズ的」であるかを過少に述べているだろう。なぜかって？　政府は通常、財政緊縮の影響を相殺するための行動を取れるからだ——特に金利を引き下げたり、通貨を切り下げたりする。でもこうした手法は、現在の不況で困っているほとんどの国には使えないのだ。

別の例を考えてほしい。一九九〇年代半ばのカナダだ。カナダは一九九〇年代半ばに、財政赤字に大なたを振るい、同時に強い景気拡大を実現した。現在のイギリス政権が権力の座についたときには、カナダを事例として使って、財政緊縮策が鋭い景気後退をもたらさないという信念を正当化したがった。でも当時カナダを見ると、まず金利が大幅に下がったことがわかる——いまのイギリスではすでに金利は低すぎるから、これはできない。またカナダは好況のお隣アメリカに対する輸出を大きく増やせた。これはカナダドルの価値が大きく下がったおかげもある。これまたいまのイギリスには無理な話だ。というのもご近所——ユーロ圏——は好況にはほど遠いし、ユーロ圏の経済的な弱さのおかげで、ユーロも弱いからだ。

まだまだあるけれど、もうすでに十分すぎるだろう。つまり、拡張的緊縮の証拠とされるものの喧伝ぶりは、その証拠の強さに比べてあまりに騒ぎすぎだ。実際、拡張的緊縮論を信じるべきだという議論は、真面目な検証が始まったらすぐに潰れてしまった。政策エリートが嬉々としてアレシナ／アーダナの論文や歴史の教訓なるものを受け容れ、その堅実性をまったく検討しなかったのは、単にそうした研究がエリートたちの望み通りの結論だったからだとしか考えられない。なぜかれらはそんな話を望んでいたのかって？　いい質問だ。でもまず、ある大規模な財政緊縮実験がどんな具合になっているかを検討しよう。

イギリスの実験

ほとんどの場合、高失業なのに厳しい緊縮策を採用した国は、仕方なくそうしている。ギリシャ、アイルランド、スペインなどは、負債の借り換えができないので、緊急融資をしてくれるドイツなどの政府を満足させるには、支出を削減して増税するしかない。でも、政府がだれにも無理強いされないのに、安心感の妖精信仰のために緊縮策を採用した劇的な事例が一つある。イギリスにおけるデヴィッド・キャメロン首相の政府だ。

キャメロンの強硬政策は、政治的にはちょっと驚きだった。確かに保守党は緊縮の福音を二〇一〇年選挙前から説き続けてきた。でも政権を取れたのは自由民主党との連合の結果でしかなく、自由民主党がすこしはブレーキ役をしてくれるというのが一般の期待だった。ところが、自民党はトーリー党の狂信ぶりに引きずられてしまった。就任してすぐに、キャメロンは大幅な支出削減プログラムを発表した。そしてイギリスはアメリカとちがい、決然とした少数派がトップの下す政策を阻止する仕組みがないので、緊縮プログラムは実施された。

キャメロンの政策ははっきりと、安心感についての懸念が根拠となっていた。就任後初の予算案を発表するにあたり、財務大臣ジョージ・オズボーンは、支出削減なくしてはイギリスが以下のようなことになると述べた。

高金利、多くの倒産、失業の急増、そして安心感の壮絶な喪失と、回復の終わりを迎える。我々はそんなことを許すわけにはいかない。我が国の負債に対処するためにはこの予算案が必要である。この予算案は我々の経済に安心感をもたらすために必要である。これは避けがたい予算案なのである。

キャメロンの政策は、アメリカの保守派と自称中道派たちに絶賛された。たとえば「ワシントンポスト」紙のデヴィッド・ブローダーは熱狂的な書きぶりだった。「キャメロンやその連立政府の仲間たちは大胆に前進し、突然の厳しい薬はイギリスの経済回復を短命に終わらせて不況に投げ戻すという経済学者たちの警告を一蹴した」

で、調子はいかがだろうか？

はい、イギリスの金利は確かに低いままだった——でもアメリカや日本の金利も低いままだ。この二国はイギリスより債務水準がもっと高いのに、緊縮へ大きく方向転換したりはしていない。基本的に投資家たちは、安定した政府と自国通貨を持つ先進国については心配していないようだ。

安心感の妖精はいかがだろう？　消費者や企業は、イギリスが緊縮財政に向かったことで安心したたろうか？　実はその正反対で、事業の安心感は金融危機最悪の時期以来類を見ない水準にまで下がり、消費者の安心は二〇〇八年から二〇〇九年すら下回る水準にまで下がった。

結果としてできたのは、深い停滞にはまったままの経済だ。イギリスのシンクタンクである、国立経済社会研究所がぞっとする計算で指摘したように、イギリスでは大恐慌よりも今回の停滞のほうがひどい状況だとすら本気で言える。大恐慌では、開始後四年たったらイギリスのＧＤＰはかつてのピークに戻ったのに、今回は二〇〇八年初期の水準よりはるかに低い。そして本書執筆時点では、イギリスはまたも不景気に突入しかけているらしい。

緊縮論者《オーステリアン》たちがまちがっているという実証として、これ以上強力なものはほとんど想像がつかない。それなのに執筆時点では、キャメロンもオズボーンも、方針を死守すると述べている。

イギリスにとって唯一救いなのは、中央銀行であるイングランド銀行がその停滞を和らげるべく精一杯の努力をしているということだ。そしてその努力については特に賞賛されるべきだろう。というのも、かなり多くの声が単に財政緊縮だけでなく、金利の引き上げも要求しているのだから。

経済停滞の御業《みわざ》

停滞した経済に直面しているというのに、政府支出を削って財政赤字を減らしたいという緊縮論者《オーステリアン》たちの願望は、まちがっているかもしれない。ぼくに言わせれば、ひどく破壊的ですらある。それでも、まあ理解できなくもない。というのも赤字が続けばまずいことになりかねないのは確かだからだ。でも金利を上げろという主張は、もっと理解しにくい。実はぼくは、ＯＥＣＤが二〇一〇年五月に金利引き上げを主張したときにはかなりショックだったし、いまでもぼくには驚くほど奇妙な主張に思える。

経済が深い停滞にあり、インフレのリスクなんかほとんどないのに、なぜ金利を上げるんだろう？　その説明はいつも変わり続ける。

二〇一〇年に大幅な金利引き上げを呼びかけたＯＥＣＤは、とても奇妙なことをしていた。自分たちの経済予測と矛盾することを言っていたのだ。ＯＥＣＤのモデルに基づく予測は、今後数年にわたり低インフレと高失業を示していた。でも金融市場は、当時はまだ楽観的で（その後気がかわったが）インフレが少し上がると予測していた。予想されたインフレ上昇は歴史的な基準からすると低かったが、ＯＥＣＤは予測インフレの上昇につけこんで、金融引き締めの提言を正当化した。

二〇一一年春には、商品価格の一時的上昇で実際にインフレが起き、欧州中央銀行（ＥＣＢ）はこれを根拠に金利を引き上げた。これはもっともな行動に聞こえるかもしれないけれど、そうでない理由が二つ。まず、データを見ればこれはヨーロッパの外で起こった出来事に動かされる、一時的な現象でしかないのはかなり明らかだった。ヨーロッパ内部の基調インフレはほとんど変化しておらず、見かけのインフレ上昇はおそらく近いうちにまた下がりそうだったし、実際にそうなった。第二に、ＥＣＢは二〇〇八年にも、一時的な商品価格変動によるインフレに過剰反応を示し、世界経済が不景気に突入しつつあるときに金利を引き上げた。そのほんの数年後に、まったく同じまちがいをするなんて考えられないはずでは？　でも、ＥＣＢはまさにそれをやった。なぜＥＣＢはこれほどの見当ちがいな決意をもって行動しているんだろうか？　答は、ぼくがにらむところ、金融の世界全般で低金利が嫌われているからというだけの話で、インフレの恐れとは何の関係もなかったんだろう。インフレの恐れは、とにかく金利を引き上げたいというすでにある願望を支持するために後から持ち出されただけだ。

なぜ高失業で低インフレなのに金利を上げたがるんだろう？　うん、その根拠を説明しようとする試みはいくつかあったけれど、どれもよくても混乱しているとしか言えないものばかりだった。

たとえば、シカゴ大のラグラム・ラジャンは「フィナンシャルタイムズ」紙に「バーナンキは超低金利時代を終わらせなくてはならない」と題する記事を載せた。その中で、かれは低金利が「リスクの高い行動を招き、資産価格を高騰させる」と警告した——今ここにはっきり存在する大量失業を考えれば、ずいぶん変なことを心配するものだ。でもかれはまた、いまの失業は需要増で解決できる種類のものではないと論じた——この議論は第２章で採りあげたし、論駁できたと願いたい——そしてこう続けた：

要するに、現在の雇用なき回復が示唆しているのは、アメリカが根本的な構造改革を行って供給側《サプライサイド》を改善しなくてはならないということだ。金融セクターの質、その物理的インフラと人的資本は、すべて大規模で政治的にもむずかしい改革が必要だ。もしそれを目指したいなら、惨劇につながったのと同じ金融政策を採って、不景気前の需要パターンを復活させようとするのは賢明とはいえない。

完全雇用をもたらすほど低い金利が、なぜか経済調節を阻害するという考えは奇妙に思えるけれど、大恐慌を理解しようとして失敗した経済学者たちを検討してきた人々にとっては、これはお馴染みのものでもある。特にラジャンの議論は、ジョセフ・シュムペーターの悪名高い一節を忠実になぞっているのだ。その一節でシュムペーターは、「不況の御業《みわざ》」が実現されるのを防ぐあらゆる是正的政策に対し、警告を発している。

ここで分析した二例だけでなく、あらゆる場合に回復はひとりでにやってきた。産業システムの回復力に関する議論には、間違いなくそれだけの真実があるのである。だがこれがすべてではない。我々の分析を見ると、回復がしっかりしたものであるのは、それがひとりでにやってきた場合だけである。単なる人工的な刺激策のおかげにすぎない回復はすべて、不況の御業《みわざ》の一部を実施されぬまま遺してしまい、調整不足の未消化な名残に加え、独自の調整不足を追加することになり、これがまた精算されねばならず、おかげで事業は行く手の新たな危機に脅かされることとなってしまうのである。特に我々の議論は貨幣と信用を通じて機能する是正策に対しては強い否定的予断をもたらすものである。というのも問題は根本的には貨幣や信用にあるのではないし、こうした種類の政策は特に調整不足を維持増大させ易く、将来さらなる問題を生み出し易いのである。

ぼくが経済学を勉強していた頃、こういうシュムペーターのような主張は「精算主義」学派の典型だと教わった。この学派は要するに、不況で起こる苦しみはよいもので自然であり、それを解消するようなことをやってはいけない、と主張する。そして精算主義は現実の事象によって決定的に反駁されたとぼくたちは教わった。ケインズはさて置こう。かのミルトン・フリードマンが、この種の考え方を徹底的に糾弾しているのだ。

でも二〇一〇年には、シュムペーター（あるいはハイエク）と寸分変わらない精算主義議論が、いきなり台頭してきた。ラジャンの著作は新精算主義の最もあけすけな主張を示すものだけれど、多くの金融高官が似たような議論をするのも聞いた。なぜこんなドクトリンが墓場から復活するべきなのか、新しい証拠も慎重な理由づけもまったく提示されない。どうしてこんなものが急に魅力的に？

ここまでくると、そろそろ動機の問題に目を向けなくてはなりますまい。なぜ緊縮論者《オーステリアン》たちのドクトリンが、「お真面目な方々」たちに急に魅力的に思えるようになったんだろう？

その理由

その大著『雇用、利子、お金の一般理論』の前のほうで、ジョン・メイナード・ケインズは、経済が不十分な需要などに苦しむことはないという信念、したがって政府が需要増を検討するのは常にまちがっているという信念――かれが一九世紀の経済学者デヴィッド・リカードにちなんで「リカード派経済学」と呼んだもの――がなぜ、立派とされる見解においてかくも長いこと主流だったのかについて考察している。その考察は、書かれた当時と同じく、いまなお鋭く強力だ。

リカード派の勝利があまりに完璧だったのは不思議でもあり謎でもあります。たぶんその教義は、それが発表された環境にとって、いろいろ好都合な部分があったのでしょう。それが教育を受けていない一般人の予想とはまったくちがう結論をもたらすというのも、たぶんその知的な栄誉を高めたでしょう。その教えを実践に移すと実に厳格でしばしば受け容れがたいものになるという点は、その美徳を高めたでしょう。広大で一貫性を持った論理的上部構造を持つように手直しされたことが、それに美しさを与えました。多くの社会的不公正や明らかな残酷さを、進歩における不可欠な出来事として説明してしまえて、そうした不公正や残酷さを変えようとすれば、全体としてはかえって害を及ぼすと主張できることで、その理論は権威の地位に上り詰めました。個人資本家の自由な活動を正当化する手段を与えたことで、当局の背後にいる支配的な社会勢力の支持も得られました。

いやまったくだ。緊縮を要求する経済ドクトリンが、社会的不公正や残酷さをもっと広く正当化してしまい、それを当局に提言するという部分は、現在ではことさら慧眼に思える。

ここに、別の二〇世紀の経済学者ミハウ・カレツキの洞察を追加してもいいだろう。かれは実業界指導者にとって「安心感」への訴えがどれほど重要かを、辛辣な一九四三年論文で書いている。その指摘によれば、完全雇用回復の道が企業の安心感回復をなんとか実現する以外になければ、財界ロビーは実質的に政府行動に対する拒否権を手に入れられるというのだ。財界が嫌いなこと、たとえば増税や労働者の交渉力増強などを提案しようとすれば、それが安心感を低下させて国は不況に陥るのだという恐ろしげな警告を出せる。でも金融政策や財政政策を使って失業対策ができるなら、企業の安心感の必要性はあっさり低下してしまい、そして資本家の懸念にごまをする必要も大きく減ってしまうというわけだ。

もう一つ別の説明を追加してみよう。緊縮論者《オーステリアン》たちの求めるもの——雇用創出よりは財政赤字に注目、インフレのかけらですら偏執狂的に抑えようとし、大量失業に直面しても金利引き上げを求める——を見ると、そのすべては債権者、つまり貸し手に有利なもので、借りたり自分で生活費を稼いだりする人々には不利だ。貸し手は政府に自分たちへの返済を最優先にしてほしがる。そして低金利を維持したり、インフレで返済金の価値を低下させたりするような行動を金融政策が採ることに対しては、すべて反対するわけだ。

最後に、この経済危機を道徳劇にしたいという願望は相変わらず続いている。不況というのは以前の罪がもたらす必然的な結果であり、したがってそれを緩和してはならないというわけだ。赤字支出や低金利は、多くの人にはとにかくまちがったことに思える。そういう人々の中には、中央銀行家などの金融高官たちも含まれていて、そういう人々の自尊心というのは、「ノー」と言えるのが大人だという発想に絡め取られているらしい。

困ったことに、現状においては苦しみを永続させることにこだわるのは、大人らしい成熟した行動とはいえないのだ。それは子供っぽく（政策をその結果じゃなく、印象で判断してしまうんだから）、しかも破壊的だ。

じゃあ具体的には、何をすべきなんだろうか？　そしてどうやって方向を変えられるだろうか？　本書の残りではそれを扱おう。

第12章

何が必要か

私たちが暮らす経済社会の突出した失敗とは、完全雇用を提供できないことであり、そして富と所得の分配が恣意的で不平等であることです。

——ジョン・メイナード・ケインズ『雇用、利子、お金の一般理論』

いまのケインズのせりふは、一九三六年のものだけれど、今日でもあてはまる。いまも、当時と同じく、ぼくたちの社会は大量失業の荒野だ。いまも、当時と同じく、職不足は「よい時代」にすらきわめて不平等で不公正だったシステムの失敗を示している。

前にもこの状況があったという事実は、絶望の種なのか、それとも希望の種なんだろうか？ぼくは希望に一票。結局のところ、ぼくたちはやがて大恐慌を引き起こした問題を解決できて、ずっと平等な社会も作り出したんだから。その解決がいつまでも続かなかったことを嘆く人もいるだろう。でも、それを言うならいつまでも続くものなんてない（ただし白いソファについた赤ワインの染みは例外だが）。事実として、ぼくたちは第二次世界大戦の後、ほぼ二世代にわたり、おおむね十分な雇用と我慢できる程度の不平等ですんでいた。だから、それをもう一度やればいい。

所得ギャップを埋めるのは難しい仕事だし、長期的な取り組みが必要になるだろう。確かに前回は、所得格差は急速に減少した。これは戦争時代の通称「大圧縮」によるものだ。でも、戦時経済やそれに伴う各種の統制を始める予定はないので——少なくともそう期待したい——おそらく手っ取り早い解決を期待するのは現実的じゃない。

でも失業の問題は、純粋に経済学的な面でいえば難しくはないし、また治療にそんなに時間もかからない。一九三九年から一九四一年までに——つまり、真珠湾攻撃でアメリカが実際に参戦するまでに——連邦支出の激増で、アメリカの総雇用は七パーセント増えた。これは今日に換算すれば、一〇〇〇万の職ができたということだ。

今回はちがう、と言う人もいるだろう。でも本書の主要なメッセージの一つは、ちがわないよ、というものだ。知的な明晰さと政治的な意志さえあれば、同じ成果を繰り返せないまともな理由なんかない。どこかの三百代言が、経済は長期的な問題を抱えていて短期の方策では解決できないと言ったら、そいつは自分が賢いことを言ったつもりでも、実は残酷でバカなことを言っているんだと知ってほしい。この不況はとても素早く終えられるし、そうすべきだ。

本書を最初からお読みいただいているなら、不況終結戦略に何が入るべきかはかなり見当がつくはずだ。本章では、それをもっと明確に述べよう。でもそこに入る前に、まずは経済がすでに自力で回復し始めているという主張を検討させてほしい。

状況はちっともよくない

これを書いているのは二〇一二年二月、予想外によい雇用報告が発表された直後だ。実は過去数ヶ月にわたり、ぼくたちは雇用についてちょっと勇気づけられるニュースを得ている。雇用はかなり着実に伸びていて、失業率の数字は下がっているし、新規の失業保険申請は下がり、楽観論が台頭している。

そして確かに、経済の自然回復力がすでに動き始めたのかもしれない。ジョン・メイナード・ケインズですら、こうした回復力があると論じている。時間がたてば「利用や劣化、陳腐化」が建物や機械の既存ストックを減らし、いずれは資本の「希少性」を高め、企業は投資を始めて、それが回復プロセスを開始するのだ、と。ここに、家計負債の負担もじわじわ下がっていることを付け加えよう。一部の家族はなんとか負債を返済し終え、破産などで消えている負債もあるからだ。ならば行動の必要もなくなったんだろうか？

いや、そんなことはない。

まず第一に、人々が経済は万事快調と主張したのは、これで三度目だ。バーナンキが二〇〇九年に「緑の芽吹き」を語り、二〇一〇年にオバマ政権が「回復の夏」を告げた後では、勝利宣言するならよいデータが数ヶ月続いたくらいではどう見ても不足だろう。

でも本当に理解すべき重要なことは、ぼくたちのはまった穴がいかに深いか、そして最近の上

図 12-1　就労年齢人口の雇用率

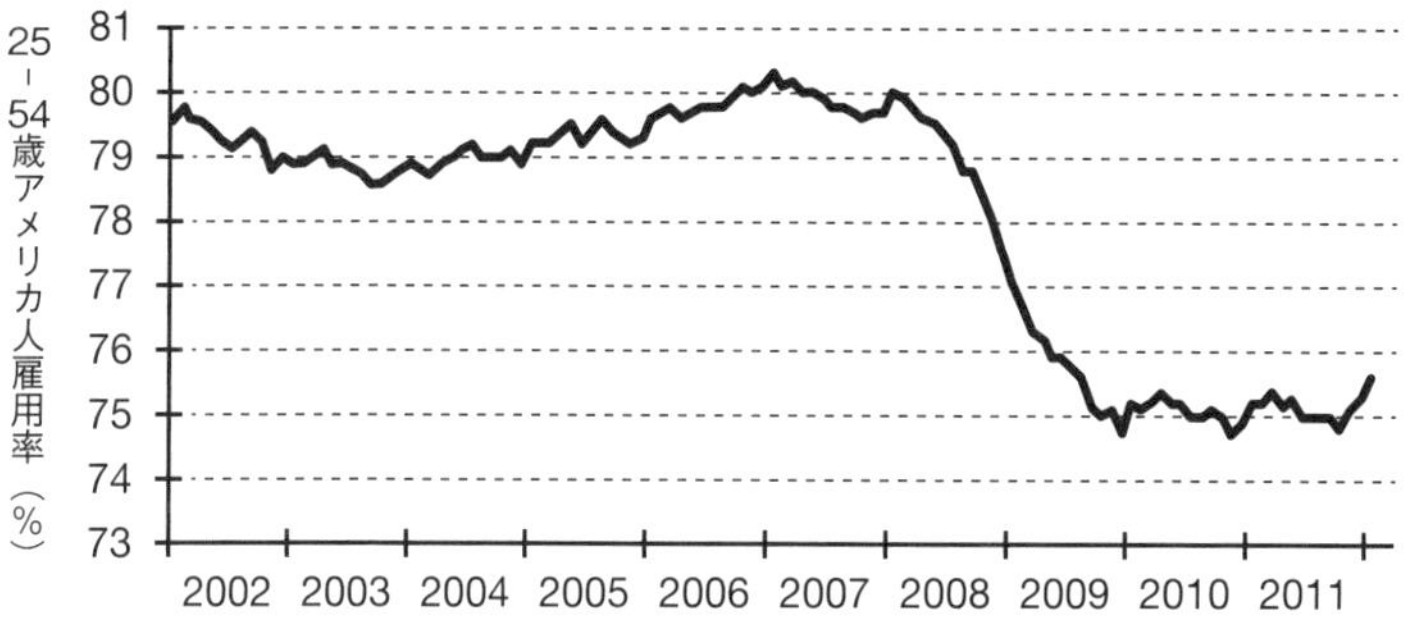

最近は少し雇用の改善が見られるが、それでもまだまだ深みにはまったままだ。
出所：アメリカ労働統計局

昇がいかに小さいかということだ。いまのぼくたちの状況について、一つ物差しを提示しよう。上のグラフは、就労年齢人口のうち雇用されている人の比率だ。この指標を使ったのは、別に若者や高齢者の仕事が重要でないからというのではない。単に、人口高齢化のようなトレンドに影響されない労働市場指標を選んで、時間を追っても一定になるようにしただけだ。はい確かに過去数ヶ月では改善が見られました――でもその改善というのは、二〇〇八年と二〇〇九年におこった激減に比べると、ほとんど情けないくらいのものでしかない。

そして最近の吉報が続いたとしても、完全雇用回復までにはどれだけかかる？　かなりの長時間だ。まともな推計で、完全回復までの時間を五年以下と推計したものは見たことがない。七年くらいのほうが数字として妥当だろう。

これはひどい見通しだ。この不況が続く一月ごとに、それは継続的で累積的なダメージを社会に与える。そのダメージは現在の苦しみだけでなく、未来の劣化という形でも生じる。もし回復を大幅に加速するための手立てがあるなら——そして実際ある——それをやるべきだ。

でも、政治的な障害はどうなる、と言うかも知れない。もちろんそうした障害は現実のものだが、多くの人が想像するほど突破不能ではないかもしれない。本章では、まずは政治は脇において、政策が大きなちがいをもたらせる三つの主要分野について話そう。まずは政府支出からだ。

今支出して支払いは後

アメリカ経済の基本的な状況は、いまだに二〇〇八年以来変わっていない。民間セクターは生産能力を完全に使うだけの支出はしたがらず、したがって働きたいのに職がない何百万ものアメリカ人を雇えない。そのギャップを埋めるいちばん直接的な方法は、政府が民間セクターの支出しないところで支出することだ。

こうした提案には、ありがちな反対論が三つある：

1、経験的に見て財政刺激は機能しない。
2、財政赤字拡大は不安を招く。
3、お金を使うためのよいプロジェクトがない。

最初の二つの反対論は、本書ですでに潰した。ここではその議論を簡単にまとめて、三番目を見よう。

第7章で説明した通り、オバマ刺激策は失敗してはいない。単に刺激策が実施されたときに起こっていた、大規模な民間による支出の手控えを相殺できる金額に達しなかっただけだ。高い失業が続くことは考えられたどころか、確実なことだった。

ここで検討すべき本当の証拠は、政府支出の変化が経済産出と雇用に与える影響を分析した、いま急速に増えつつある経済学研究だ。こうした研究は、戦争や軍備増強などの「自然実験」に頼るものもあれば、歴史的な記録を慎重に分析して、財政政策の大きな変化を見つけるものもある。本書の後記では、そうした研究への重要な貢献をいくつかまとめている。そうした研究が述べているのは、実に明確かつはっきりと、政府支出が産出や雇用を同じ方向に変える、ということだ。もっと支出を増やせば、実質ＧＤＰも雇用も上がる。支出を減らせば、実質ＧＤＰも雇用も下がる。

安心感はどうなる？　第8章で説明した通り、かなり大規模な刺激策でも、投資家がアメリカ国債を買いたがらなくなると考えるべき理由はない。それどころか、成長が高まる見通しが生じれば、債券市場の安心はかえって高まるかもしれない。一方、政策が実体経済の刺激を図れば、消費者の安心も企業の安心も実際に高まる。

最後の反対論、使い道がないという話は、もっと強力だ。もともとのオバマ刺激策が考案されていたときには、よい「すぐにシャベルが使える」プロジェクトの欠如は本当に懸念材料だった。

でもぼくは、当時ですら支出制約は多くの高官が想像したほど厳しいものではなかったと言いたい。そして現時点では、一時的な大規模支出増を実施するのは比較的簡単だ。なぜかって？　州や地方政府に対して課された、破壊的な財政引き締めをやめさせるだけで、経済に大きな刺激が与えられるからだ。

この財政引き締めについてはすでに述べたけれど、短期的に経済を助けるために何ができるかを考えるとこれは実に重要となる。連邦政府とはちがって、州や地方政府は概ね毎年財政均衡を求められる。つまり不景気になったら、支出を削るか増税するか、その両方かが必須となる。オバマ刺激策は、州にかなりの補助金を出して、こうした経済圧迫行動を避けようとしていたけれど、その資金は初年度ですら不十分で、すでに使い果たされて久しい。結果として、275ページのグラフに示した通り、大規模な支出削減が行われた。このグラフは、州や地方政府による雇用を示している。現時点で、こうした地方政府の労働者の数は、五〇万人以上減っている。そして失職した大半は教育分野の人々だ。

さて、州や地方政府が財政引き締めを強制されなかったらどうなっていたか考えよう。明らかに、そんな大量の学校教師がレイオフされることはなかっただろう。それどころか、雇用人数は増え続けていたはずだ。少なくとも人口増に対応するくらいの増分はあるはずだからだ。破線は、政府雇用が人口に比例して、およそ年率一パーセントで増え続けていたらどうなっていたかを示すものだ。この大ざっぱな計算を見れば、十分な連邦支援さえあれば、こうした地方政府が現在よりおよそ一三〇万人ほど多い労働者を雇っていたはずだとわかる。支出側で似たような分析を

図 12-2　州政府／地方政府の雇用

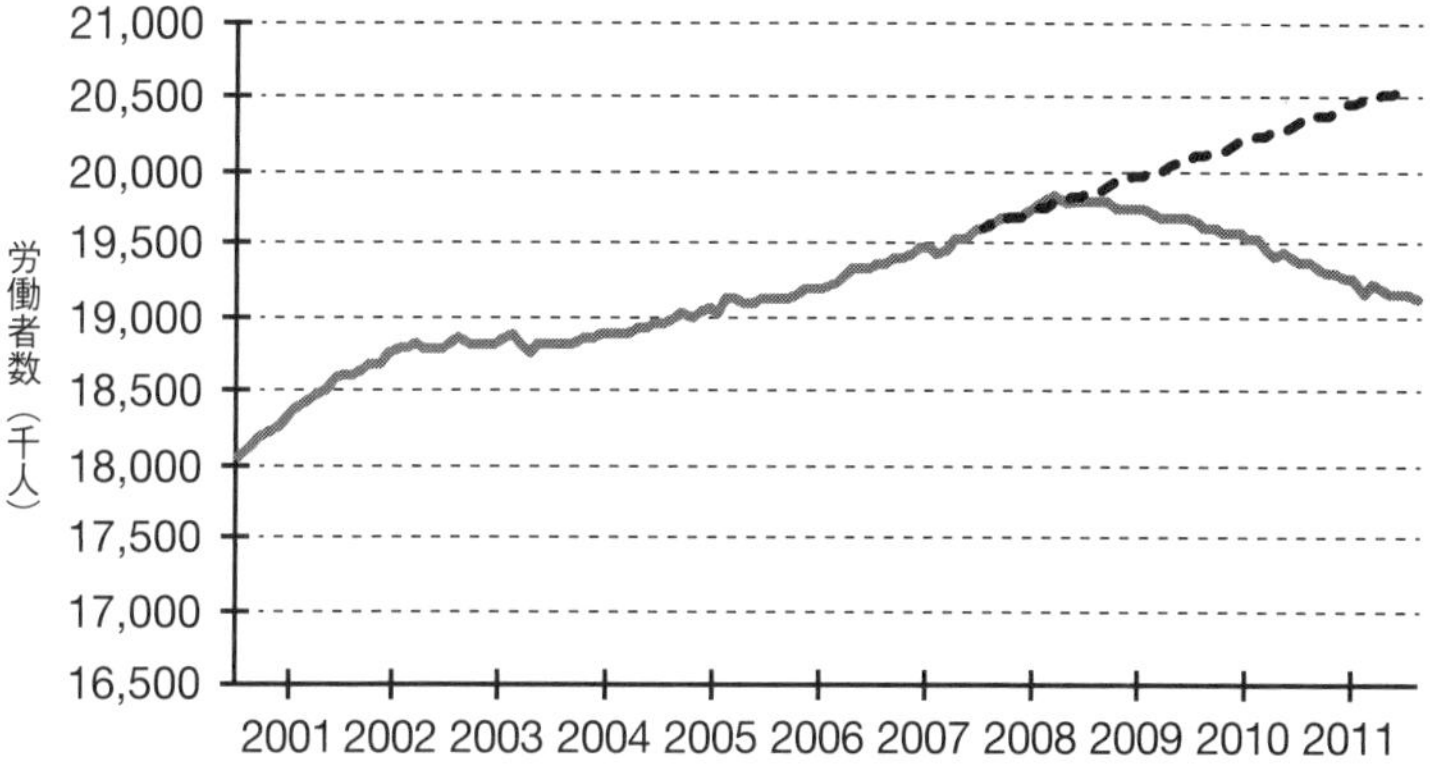

州や地方政府での雇用も、人口に伴って増えるべきなのに激減しており、本来あるべき雇用より100万人も少なくなっている。その多くは学校の先生だ。
出所：アメリカ労働統計局

すると、厳しい予算制約がなければ州と地方政府は、現在より年三〇〇〇億ドルほど多い支出をしていただろう。

だから、州や地方自治体に十分な補助金を出して最近の予算カットをやめさせれば、それだけで年額三〇〇〇億ドルの刺激策となる。直接一〇〇万以上の職が作り出され、おそらく間接効果まで考慮すれば三〇〇万人くらいになるだろう。そしてこれは素早くできる。というのも新しいプロジェクトを始めるのでなく、単に削ったものを復活させるだけの話だからだ。

そうは言いつつも、新規プロジェクトだって必要だ。超高速鉄道のような目を見張るプロジェクトでなくてもいい。主に、道路や鉄道補修、水道などへのつまらない投資でいい。州や自治体レベルでの強制引き締めの結果として、インフラ支出が激減し、プロジェクトが先送りされたりキャンセルされたり、維持管理が減らされたりなどしている。過去数年に延期されたりキャンセルされたりしたものをすべて復活させるだけで、支出はかなり爆発的に増えるはずだ。

でも、そうしたプロジェクトの一部が開始までにしばらくかかり、竣工までに経済が完全に回復してしまったらどうしよう？　正しい答は、それがどうかしましたか？　というものだ。この不況の始めから、対策が小さすぎるリスクは、対策をやりすぎるリスクよりずっと大きいのは明らかだった。もし政府支出が経済の過熱につながれば、ＦＲＢが予定より少し早めに金利を上げることで簡単に抑えられる。ぼくたちが最初から恐れるべきだったのは、政府が雇用創出のためには不十分な支出しか行わず、ＦＲＢがゼロ近い金利を下げられないという、今まさに本当に起きてしまった事態だった。

そうは言いつつ、ＦＲＢにできるしやるべきことはもっとある。その話に移ろう。が、その前にまず、政府支出が経済にかなり急速な活性化をもたらす経路が、少なくとももう一つあることを付け加えておこう。困窮した個人にもっと支援を行うのだ。そのためには失業手当などのセーフティネット制度を一時的に増額すればいい。もとの刺激策にもこれは多少はあったけれど不十分だったし、あまりにすぐに消えてしまった。困っている人々の手にお金を渡せば、かなり確実に使ってくれる。それこそまさに、ぼくたちが求めていることだ。

というわけで、大規模な新しい財政刺激策――経済を活性化させるための大規模な新しい政府支出プログラム――に対する技術的な障害は、多くの人が想像しているよりもずっと小さい。これをやればいい。そして、もしＦＲＢがもっと活躍してくれるなら、その効果は一層高まる。

ＦＲＢ

日本は一九九〇年に、しつこい停滞に突入した。そしてその停滞からいまだに完全には脱出していない。これは経済政策の大失敗を示すもので、部外者たちは口々にそれを指摘した。たとえば二〇〇〇年に、ある有力なプリンストン大学の教授が、日本銀行がもっと強い行動を採らないといって厳しく批判する論文を刊行した。この教授は、日本銀行が「自縄自縛の麻痺状態」に陥っていると主張した。そして日本銀行が採るべき各種の具体的な行動を示唆すると同時に、強力な経済回復を実現するために、日本銀行はできることは何でもいいからやるべきだという一般的な主張も行った。

その教授の名前は、一部の読者はもうおわかりだろうが、ベン・バーナンキと言って、いまはＦＲＢを率いている人物だ――そしてこの機関は、バーナンキ自身が他の機関について嘆いて見せた、自縄自縛の麻痺状態に苦しんでいるように見える。

二〇〇〇年の日本銀行と同様に、今日のＦＲＢはもはや伝統的な金融政策を使えない。つまり、短期金利を使って経済にさらなる刺激を与えることができないという意味だ。というのも短期金利はすでにゼロで、それ以下には下がれないからだ。でも当時のバーナンキ教授は、短期金利が「ゼロ下限」に貼り付いていても、金融当局がとれて有効性を持つ方策が他にもあると論じていた。そうした方策としては以下のようなものがあった。

・新しく刷ったお金を使い「非伝統的」な資産、たとえば長期債や民間債権を買う
・新しく刷ったお金を使って一時的な減税を埋め合わせる
・長期金利の目標を設定——たとえば、一〇年物国債の利率を四～五年にわたり二・五パーセント以下にすると宣言し、そのために必要ならＦＲＢにそうした国債を買わせる
・外国為替市場に介入して通貨の価値を低く抑え、輸出部門を強化する
・今後五年から一〇年にわたり、高めのインフレ目標、たとえば三～四パーセントを設定する

バーナンキは、こうした政策のどれも成長と雇用に本当のプラスの影響を持つという経済学的な分析と証拠が大量にあることを指摘した（インフレ目標のアイデアは、実はこのぼくが一九九八年に発表した論文からきたものだ）。また、細かいところはおそらくあまり重要ではなくて、本当に必要とされているのは「ルーズベルト的な決意」なのだと論じた。つまり、「過激で実験的になる意欲、国を再び動かすために必要なことはなんでもやるという意欲」が必要なんだ、と。

残念ながら、バーナンキ議長はバーナンキ教授の助言に従わなかった。公平を期すなら、ＦＲＢは右の第一点についてはある程度の動きを見せた。「量的緩和」というひどく混乱をまねく名前の下で、長期国債と不動産担保証券を買い入れた。でも、必要なことは何でもやるというルーズベルト的な決意を示すものではない。過激で実験的になるよりも、量的緩和にこわごわと歩み寄った感じで、経済がことさら弱く見えるときにはたまにやるけれど、ちょっとでもニュースがよ

い方向に動いたらすぐやめてしまう。

議長の著作を見れば、ＦＲＢはずっとずっと多くのことをやっているべきだ。それがなぜかくも臆病なんだろうか？　答の一つは、ＦＲＢが政治圧力を怖がっているというものだ。議会の共和党は、量的緩和で大騒ぎをして、バーナンキが「ドルを毀損した」と批判した。テキサス州知事リック・ペリーは、バーナンキがテキサス州にやってきたら、彼の身に何か「手荒な」ことが起こるぞと警告したことで有名だ。

でも、話はそれだけではないかもしれない。ジョンズ・ホプキンス大学のローレンス・ボールは、当人も立派なマクロ経済学者だが、ＦＲＢ会合議事録からよみとれるバーナンキの見方の変化を研究した。

ボールの分析を敢えてまとめるなら、バーナンキはＦＲＢボーグに取り込まれてしまったのだというのがその示唆だと言おうか〔訳注：ボーグは、テレビＳＦ「スタートレック」に登場する、個人の意志を持たない集合生命体〕。集団思考の圧力と、みんなと仲間になりたいという誘惑のために、バーナンキはやがてＦＲＢの目標を穏健にして、経済をありとあらゆる手で助けるよりは、機関にとって仕事を楽にすることが優先されるような立場に押しやられてしまったんだ、と。悲しいアイロニーは、二〇〇〇年にバーナンキは、まさにそうした態度を取っているといって日銀を批判したということだ。日銀が「うまくいくと絶対的に保証されていないことは一切」やろうとしない、というのがかれの批判だったのに、その当人がそうなってしまっている。

ＦＲＢの受け身ぶりの理由がどうあれ、バーナンキ教授がまさにこんな時のために主張したのに、バーナンキ議長が実行していない行動のすべては、いまでも実行できる。この点は大いに主張したい。元ＦＲＢ高官で、現在はピーターソン国際経済研究所にいるジョセフ・ギャグノンは、ずっと過激な量的緩和のための具体的な計画を提案している。ＦＲＢは、この計画かそれに類するものを、今すぐやるべきだ。また、今後五年間にわたり、そこそこ高めのインフレ率、たとえば四パーセントくらいを約束すべきだ――あるいは、似たようなインフレ率を意味するＧＤＰドル額の目標値を設定すべきだ。そして、それが不十分ならもっとやるだけの準備をすべきだ。

こんな過激なＦＲＢ行動は成功するだろうか？　絶対とはいえない。でもバーナンキ自身がかつて論じていたように、重要なのはやってみることだし、一発目で不十分ならさらに試し続けることだ。過激なＦＲＢの行動は、先に述べたような財政刺激策が伴えば特にうまく機能する見込みが高い――そしてまた、住宅についての強い行動が伴えばなおさらいい。それが回復戦略の三本目の柱となる。

住宅

ぼくたちの経済問題の相当部分は、バブル期に住宅購入者たちが抱え込んだ負債が原因だ。だから状況を改善する明らかな方法の一つは、その債務負担を減らすことだ。でも、住宅所有者救済の試みは、はっきり言って、完全に失敗した。なぜか？　ぼくに言わせれば、それは想定外の債務者が減免措置を受けてしまうと政治的な反発を招きかねないという恐れから、債務減免の計画とその実施方法が歪められたせいが大きい。

だからルーズベルト的な決意、つまり「一回で成功しなければ、またやって、もう一度やれ」という原理にしたがって、債務減免をまたやるべきだ。今回は経済がそうした救済をひどく必要としているという認識から始め、そして過去に無責任な活動をした人々が債務減免策の恩恵を受けてしまうかもしれないという懸念など、その前には取るに足らないことだと理解すべきだ。

が、それですら話の全体ではない。州や地方政府の厳しい支出削減により、倒錯した形だが財政刺激は二〇〇九年初期よりやりやすくなったことをさっき指摘した。そうした削減を元に戻すだけで大きな刺激になるからだ。ちょっとちがった形とはいえ、経済停滞が長引いたことで、住宅救済も簡単になっている。というのも、経済停滞で金利も下がり、住宅ローン金利も下がったからだ。絶頂期の伝統的な住宅ローンは、金利六パーセント以上のことも多かったが、いまやそれが四パーセント以下だ。

通常なら、住宅所有者はこの金利低下を活用すべく、借り換えを行い、金利支払いを減らし、余った資金を他のことにまわして経済を活性化させる。だがバブルの遺産のため、多くの住宅所有者は住宅の純資産価値部分がほとんどないか、かなり多くの場合にはマイナスの純資産価値となっている——ローン残高のほうが家の市場価値より高いのだ。そして一般に、貸し手は借り手が十分な住宅資産価値を持っているか、追加の頭金を支払えるかでない限り、借り換えを認めてくれない。

解決策は明らかだろう。住宅ローンを返済免除するか、少なくとも返済条件を緩和するような手立てを見つけることだ。そしてオバマ政権は実際、それを狙った住宅借り換え促進プログラム（ＨＡＲＰ）というのを作っている。でもかつての住宅政策と同じく、それはあまりに用心深くて制約が多すぎた。必要なのは、大規模な借り換えプログラムだ――そして多くの住宅ローンはファニーメイやフレディーマックの保有下に入っているし、この両機関はいまや完全国有なので、やりやすいはずだ。

これはまだ実現していない。その原因の一部は、ファニーメイやフレディーマックを監督する連邦住宅金融局の長官がもじもじしているからだ（かれは大統領から指名されている――でもオバマは明らかに、これをやらないとクビだと告げる意欲がないようだ）。でもこれは、まだそれをやる機会が残っているということだ。さらに、ピーターソン研究所のジョセフ・ギャグノンが指摘するように、大量借り換えはＦＲＢが住宅ローン金利を引き下げようと積極的に動けば、特に効果が高い。

借り換えは、さらなる債務減免策の必要性をなくすことはない。それは州や地方の緊縮財政をやめても、追加の財政刺激の必要性はなくならないのと同じだ。でもポイントは、どちらの場合にも過去三年の経済状況変化が、技術的に簡単でありながら、驚くほど大規模な経済活性化行動の機会をもたらしてくれたということだ。

それ以外

いまの政策一覧は、網羅的なものじゃない。政策が動けるし動くべき方面は他にもある。特に貿易の分野だ。そろそろ中国などの通貨操作国に対してはもっと厳しい対応をして、必要なら制裁をかけるべきだ。環境規制ですらよい効果を発揮できる。特定の排出物や温室ガスについての、是非とも必要な削減目標を発表し、それを段階的に導入するルールを決めることで、政府は事業がいますぐ環境改善の更新に投資するインセンティブを作ることになる。その投資は経済回復加速を支援できる。

疑問の余地なく、ぼくがここで書いた政策の一部は、実際にやってみると思ったほどの成果はあがらないだろう。でも、予想外にうまく行くものもあるはずだ。どんな細かい話より重要なことは、何かをするという決意で、雇用創出の政策を推し進め、完全雇用という目標が実現するまでやめないことだ。

そして最近のデータで吉報の兆候が見られるというのは、むしろ過激な行動待望論をさらに強化するものだ。少なくともぼくから見れば、アメリカ経済はギリギリのところにいるようだ。経済エンジンは、回り始める寸前で、自律的な成長が確立しようとするギリギリのところかもしれない——でもそれは保証の限りではない。だから今こそアクセルを踏み込むべき時だ。アクセルから足を離してはいけない。

もちろん大きな問題は、権力の座にある人が、もっと行動を起こしてくれと懇願するぼくたちの声に耳を貸せるか、貸そうとするか、ということだ。政治や政治的な不協和が邪魔になるのでは?

うん、なるだろう――でも、だからといって諦める理由にはならない。それが最終章のテーマとなる。

第13章

この不況を終わらせよう！

ここまできたら、少なくとも一部の読者は、いまはまっている不況が基本的には人為的なものなんだと納得してくれたと期待したい。これほどの苦痛に苦しみ、これほど多くの人生を破壊する必要なんかないのだ。さらに、だれも想像できないほど急速かつ簡単に、この不況を終わらせることができる——だれもといっても、本当に不況経済の経済学を学び、そうした経済に政策がどう作用するか歴史的な証拠を検討した人々は除くけれど。

でも、前章末にくるまでには、ぼくに好意的な読者ですら、経済分析をいくら積み重ねても意味がないんじゃないかと思い始めていることと思う。ぼくが述べたような路線での回復プログラムなんて、政治的な問題としてそもそもあり得ないのでは？　そんなプログラムを主張するだけ時間の無駄では？

この二つの疑問に対するぼくの答は、必ずしもそうとはいえない、そして絶対に無駄ではない、というものだ。過去数年の財政引き締めマニアをやめて、雇用創出に改めて注目するという本物の政策転換の可能性は、通説に言われるよりもずっと高い。そして最近の経験が教えてくれる重要な政治的教訓がある。穏健で物わかりのいいふりをしようとして、基本的には論敵の議論を受け容れてしまうよりも、信念のために立ち上がり、本当にやるべきことを主張するほうがずっといいのだ。どうしても必要ならば政策では妥協してもいい——でも真実については決して妥協してはいけない。

まずは政策の方向性を決定的に変える可能性についての話から始めよう。

成功に勝る成功なし

評論家たちはいつも、アメリカの有権者が何を求めて信じているかについて、聞いた風な発言をする。そしてこうした世論とされているものにより、しばしば大きな政策変化の提案はすべて（少なくとも左派からのものは）一蹴されたりする。アメリカは「中道右派の国」だと言われ、新しい政府支出をもたらす大規模な政策はすべて排除される。

そして公平を期すなら、左派でも右派でも、この一線を越えたら選挙で惨敗するという一線はある。ジョージ・W・ブッシュは、二〇〇四年選挙で社会保障を民営化しようとしたときにこれを思い知った。国民はこの発想に大反発して、この提案を祭り上げようとする試みは即座に停止させられた。リベラル派の提案も、世間的な許容度から同じくらい逸脱すれば——たとえばヘルスケア制度をすべて、退役軍人健康保険のような政府プログラムにする「社会化医療」の提案など——おそらく同じ運命をたどるだろう。でもここで論じているような政策手段——経済を変えるのではなく、単に活気づけようとする手段——なら、世論はどう考えてもそこまで一枚岩ではないだろうし、ありがちな評論家談義で言われるほど意見が一方的だということは絶対にない。

評論家や、言いたくはないがホワイトハウスの政策分析者たちも、有権者が何を考えているのかについて、ずいぶん詳細に見てきたような話をしたがる。二〇一一年に「ワシントンポスト」紙のグレッグ・サージェントは、雇用創出よりも支出削減重視を正当化するときにオバマの側近たちがどんな議論をしたかまとめた。「大きな取引をすれば、我が国が舵取りを失っているのではないかと恐れる無党派層は安心する。ワシントンを再び機能させるようにした大人としてオバマを位置づけるべし。大統領は民主党に対し、給付金制度に着実な財政基盤を与えたと告げるべし。そして他の重要事項を後に施行すべく舞台を整えるべし」

ま、有権者の選挙行動を実際に研究した政治科学者にだれでも話をすれば、有権者たちがこんなややこしい理屈を少しでもこねるという発想なんかせせら笑われる。そして政治科学者は一般に、「スレート」誌のマシュー・イグレシアスが評論家の誤謬と呼ぶものをバカにしている。その誤謬とは、あまりに多くの政治コメンテーターの持っている信念で、自分が重要だと思っている問題こそ有権者たちが奇跡的にも一番気にしているものだという思いこみだ。本当の有権者たちは、自分の仕事や子供や人生一般で忙しい。政策問題を細かく検討するような暇も意欲もないし、まして政策の細かいニュアンスについて、投書欄めいた分析なんかするわけがない。かれらが気がついて投票するのは、経済がよくなるか悪くなるかということだ。統計分析によれば、選挙の結果を左右する圧倒的に重要な要因とは、選挙前の三四半期ほどで、経済成長率がどのくらいだったかということだそうだ。

つまり——オバマのチームが残念ながら、試合終盤まで学ばなかった教訓ではあるが——政治的にいちばんうまく行く経済戦略は、世論調査なんかで好評な戦略ではないし、まして「ワシントンポスト」論説欄でほめてもらえる戦略なんかではない。実際に結果を生む経済戦略が政治的にもいちばんいいのだ。来年ホワイトハウスにすわる人物はだれであれ、経済的な観点から正しいことをするのが、当人の政治的な利益にもいちばんかなっていることになる。これはつまり、いまの不況を終わらせるために必要なことはなんでもする、ということだ。拡張的な財政政策と金融政策に、債務免除でこの経済が動き出すなら——そして少なくとも一部の読者はそう納得してくれたと信じたい——そうした政策は、国の利益にもかなうし、政治的にも賢いものとなる。でも、これが実際に法制化される見込みが少しでもあるんだろうか？

政治的な可能性

もちろん二〇一二年一一月には選挙があるし、その後の政治的な風景がどんなものかは、まったくわからない。だが、どうも三つの主要な可能性がありそうだ：オバマ大統領が再選され、民主党が議会の多数派を回復する可能性。共和党員、おそらくミット・ロムニーが大統領選に勝ち、共和党が下院に加え、上院でも多数派を占めるという可能性。そして大統領は再選されるが、議会の上院か下院は少なくとも共和党が多数派になる可能性。それぞれの場合に何ができるだろうか？

第一の場合――オバマが勝つ場合――は、アメリカが完全雇用実現に必要なことをする見通しが最も高い。実質的に、オバマ政権はやり直しの機会がもらえる。二〇〇九年には失敗した強い方策を実施できる。オバマはおそらく、上院で圧倒的多数は得られないだろうから、民主党が医療保険制度改革で使い、ブッシュが減税二つを通すのに使った調停プロセスを使う必要もあるだろう。それはそれで仕方ない。顧問たちが不安がって、政治的に悪影響があるかもと警告するようなら、オバマは第一期の厳しい教訓を思い出すべきだ。政治的に見て最高の経済戦略は、中身のある進歩をもたらす戦略なのだ。

ロムニーが勝てば、当然ながらまったくちがう状況が出てくる。ロムニーが共和党の正統教義に従うなら、もちろんぼくが提案したような路線の行動はすべて拒絶するだろう。

でも、ロムニーがいま口走っていることを自分で少しでも信じているかどうかははっきりしない。かれの主任経済顧問二人、ハーバード大学のN・グレゴリー・マンキューとコロンビア大学のグレン・ハバードは、熱心な共和党員だが、マクロ経済についての見方はかなりケインズ派だ。実はこの危機の初期に、マンキューはFRBがインフレ目標を大きく引き上げるべきだと主張したんだが、この提案は当時もいまも、共和党の大半が大嫌いなものだ。この提案は予想通り大反発をくらい、その後マンキューはこの点について黙ってしまった。でも少なくとも、ロムニーの側近は候補者自身の演説よりずっと現実的な見方をしているという希望くらいは持てる。そして、一度大統領の座についたら、ロムニーが仮面を脱ぎ捨てて、真の現実主義的／ケインズ派的な本性をあらわしてくれるのではと期待できる。

いやわかってますって。ある政治家が、自分の口走っている信念なるものを実はまったく信じていない、根っからのインチキ野郎であることを期待するというのは、偉大な国を運営する方法としてはまともなものじゃない。そしてもちろん、そんな政治家に投票すべきでもない！　それでも、共和党が一一月にすべてを掌握したとしても、雇用創出が重要だと主張するのは無駄ではないかもしれない。

最後に、オバマが大統領留任だが、議会は民主党支配にならないという、そこそこありそうな場合はどうだろう？　オバマはどうすべきで、行動の見通しはどうだろうか？　ぼくの答は、大統領も、他の民主党員も、公的な地位にあるあらゆるケインズ的な経済学者たちも、雇用創出をすべきだという議論を強く頻繁に行い、雇用創出の努力を邪魔している議会の連中に圧力をかけ続けるべきだ、というものだ。

オバマ政権は、最初の二年半はそういう動きをしなかった。いまや二〇〇九年から二〇一一年の政権内における内部決定プロセスについて、いろいろ報告が登場しているけれど、どれも示唆しているのは、大統領の政治顧問たちは、手に入れられないかもしれないものは決して要求するなと大統領に促したということだ。理由は、もしそれが手に入らなければ大統領が弱く見えてしまうから、というものだ。さらに、雇用創出にもっと支出すべきだと主張したクリスティ・ローマーのような経済顧問は、世間はそんな手段を信じていないし財政赤字を懸念しているとの理由で否定された。

この用心の結果は、大統領ですら財政赤字にこだわって緊縮を呼びかける中で、国の議論すべてが雇用創出から遠ざかってしまうことだった。その間、経済は弱いままだった――そして世間はもちろん大統領のせいだと思う、というのもオバマは共和党と明らかにちがう立場をまったく打ち出していないんだから。

二〇一一年九月になって、ホワイトハウスはやっと方向性を変え、雇用創出提案を行った。それはぼくが第12章で提示したものよりはるかに小さかったが、それでも予想されていたものよりはずっと大きかった。この計画が、共和党支配の下院を通る可能性はなかったし、「ニューリパブリック」誌のノーム・シュライバーはホワイトハウスの政治分析官たちが「パッケージの規模が障害になりかねないと心配しはじめ、がり勉学者どもに規模を縮小するように言った」と語っている。でもこのときには、オバマは経済学者たちを支持した――そしてその過程で、政治分析官たちは自分の仕事もまともにできないことが証明された。世間の反応はかなり好意的なものだったし、共和党はそれを邪魔したために非難された。

そして二〇一二年初頭には、論争の焦点が明らかに雇用創出に戻り、共和党は守勢を余儀なくされた。結果としてオバマ政権は、求めていたものの相当部分を手に入れた――社会保障税減税の延長で労働者のポケットの現金を増やし、失業手当の短めの延長を実現し、特に大きな妥協はしなくてすんだ。

つまるところ、オバマ政権の第一期の体験が示唆しているのは、雇用創出法制が可決できると思わないからというだけで雇用の話をしないというのは、政治的戦略としてですら機能しないということだ。逆に、雇用創出の必要性を何度も強調するのは政治的にも有効だし、相手側に圧力をかけて、もっといい政策を出させることにもつながる。

あるいはもっと単純にいえば、この不況についての事実を語らない理由なんかない――ということで、本書の出発点に戻ってきたことになる。

道徳的な使命

というわけで、いまやぼくたちはアメリカ経済が景気後退に突入してから四年以上たっている――そして後退は終わっても、停滞は終わっていない。失業はアメリカでは少し下がり気味だが（でもヨーロッパでは上昇中だ）、しばらく前ならば考えられない水準にとどまっている。同胞市民たちが何千万人も、すさまじい苦労にさらされており、今日の若者たちの将来見通しは、月ごとに悪化している――そしてそのすべてが、起こる必要のないものなのだ。

というのも、この不況から脱出するための知識も道具も、ぼくたちにはあるのだ。実際、昔ながらの経済学の原理（それも近年の出来事で有効性が確認される一方の原理だ）を適用することで、急速に、おそらくは二年以下で、おおむね完全雇用に戻れるのだ。

回復を阻害しているのは、知的な明晰さと政治的な意志の欠如だけだ。そして、事態を変えられるあらゆる人――専門の経済学者から政治家、懸念する市民まで――は、その欠如を補うためにできる限りのことをすべきだ。この不況は終わらせられる――そしてそれを実現する政策を求めて戦うべきだ。それも今すぐに。

後記：政府支出については実際のところ何がわかっているの？

本書の主要テーマの一つは、深刻な不景気に陥った経済で、金融当局が左右できる金利がゼロ近くにあるときには、政府支出は減らすのではなく増やすべきだ、ということだった。大恐慌を終わらせたのは、連邦支出の急増であり、今日のぼくたちも、それに類するものがどうしても必要だ。

でも、政府支出を増やせば成長と雇用を本当に促進できるんだろうか？　なんといっても、多くの政治家はこの発想に熾烈に反対して、政府は職を作れないと固執している。一部の経済学者も平然と同じことを言う。だったら結局のところ、自分の属する政治派閥の一人らしい人の言うことを聞くしかないのか？

えーと、そんなことはないはずだろう。派閥的な忠誠心は、マクロ経済学についての見方とは関係ないはずだ。それは政治的な派閥が進化論とか気候変動に関する見方と関係ないのと同じで……いや待てよ、この議論はここらで止めたほうがよさそうだ。

いずれにしても、要するに経済の仕組みに関する問題に答を出すなら、証拠に基づくべきで、偏見に基づくべきではない。そしてこの不況についての数少ない長所は、政府支出の変化に関す

年	税金比率(%)	失業率(%)
2000	20.6	4.0
2003	16.2	6.0
2007	18.5	4.6
2010	15.1	9.6

る証拠に基づいた経済学研究が増えたことだ。その証拠は何と言っているだろうか？

その質問に答える前に、まずは避けるべき落とし穴についてちょっと話しておく必要がある。

相関の困ったところ

政府支出が経済に与える影響を評価するには、単に支出水準と他のもの、たとえば経済成長や雇用との相関を見ればいいだけだと思うかも知れない。実のところ、もう少し物知りであるべき人々でさえ、時には相関と因果を混同するという罠に陥る（第8章の負債と成長の議論を参照）。でも、相関を見るだけでいいというみなさんの誤解を解くために、関連する別の質問の話をしよう。税率と経済実績との関係だ。

みなさんもご存じの通り、アメリカの右派は、低税率こそが経済的成功の鍵だという信念を抱いている。でも、税金——厳密には、連邦の徴税額のGDP比——と失業率の相関を、過去一二年について見たらどうだろう。上の表のような具合になる：

おお、税金比率の高い年のほうが失業が低く、その逆もなりたっている。明らかに、失業をなくすには増税したほうがいい！

はいはい、減税マニアにまったく賛成できない人々ですら、こんなことを思ったりはしない。なぜかって？　ここで見ているのは明らかに見かけ上の相関だからだ。たとえば二〇〇七年の失業が比較的低かったのは、経済がまだ住宅ブームで上昇していたからだ――そして強い経済と巨額のキャピタルゲインの組み合わせで連邦収入は増え、税金が高くなったように見える。二〇一〇年になるとそのブームは破綻し、経済と税収の両方が低下してしまった。実際の税収水準は他の出来事の結果であって、経済を左右する独立変数ではない。

歴史的な相関を使って、政府支出の影響を評価しようという試みにはすべて、こうした問題がついてまわる。実験室で行える科学なら、条件を揃えた実験をやってみれば問題は解決できる。が、経済学ではそれはできない。計量経済学――こうした状況に対処するはずの、統計の専門分野――は実際の因果関係を「同定する」各種の技法を提供してくれる。でも実際には、経済学者ですら、こむずかしい計量経済分析で納得することなどほとんどない。特に手持ちの問題が、これほどの政治的な色合いを帯びているならなおさらだ。だったら、どうすればいいだろう？

最近の多くの研究だと、その答は「自然実験」を探すことだ。自然実験とは、政府の支出変化が経済的な出来事とは関係なく起こり、他の経路で経済を左右するような力にも動かされていないことが確実と思える状況だ。そうした自然実験はどこで見つかるだろう？　悲しいかな、それは主に惨事に伴って見つかる――戦争や戦争の脅威、そして財政危機などで、政府が経済の状態とは無関係に支出カットを余儀なくされる場合などだ。

災害、銃、お金

さっき述べたように、今回の危機が始まってから、財政政策が経済産出と雇用に与える影響に関する研究が急増した。こうした研究群は急速に増えているし、その多くはここでまとめるにはあまりに専門的だ。でも、いくつか注目すべきものを挙げよう。

まず、スタンフォード大学のロバート・ホールはアメリカ政府の調達が大幅に変わったときの影響を見た——というのはつまり戦争ということで、具体的には第二次大戦と朝鮮戦争だ。300ページの図は、アメリカの軍事支出変化と実質GDPの変化を対応させたものだ——どちらも前年のGDPとの比率で見ている。一九二九年から一九六二年（これ以降はあまり目当った動きはない）にかけてこれを検討しよう。第二次大戦の間の巨大な軍事費増強に対応する時期と、その直後の大規模な軍事費削減の点をマークした。明らかに、軍事支出には大した変化がない時期にも、大きなGDP変動があった。特に一九二九年から一九三三年にかけての停滞と、一九三三年から一九三六にかけての回復期がそれだ。でも大規模な支出増があった年にはすべて、強い成長が見られる。そして第二次大戦後の軍事費の削減があった年は、GDPが激減した年でもあった。

これは明らかに、政府支出増が確かに成長をもたらし、職を生むということを示唆している。次の問題は、その支出がどのくらいの効果をもたらすのか、ということだ。アメリカの軍事支出は、この点でちょっとがっかりするもので、一ドルの支出は〇・五ドルしか成長を生まない。だ

政府支出と経済成長、1929年-1962年

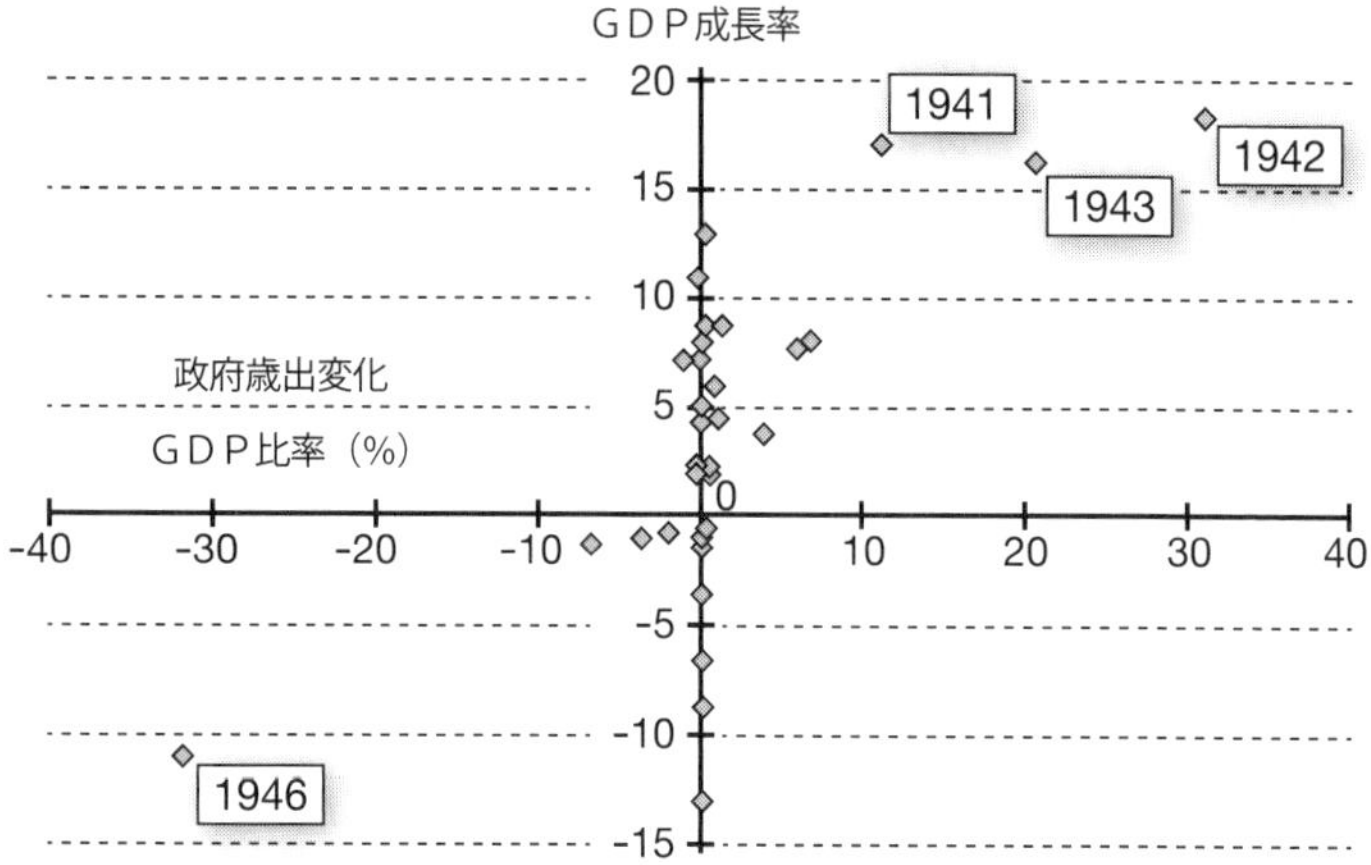

第二次大戦や朝鮮戦争前後の政府支出の激増や激減に対して、経済全体もそれに応じた好況や不況となった。
出所：経済分析局

が戦時史について多少なりとも知識があれば、その年の支出増で何が起こるかについて、これがあまり参考にはならないことはわかるだろう。なんといっても第二次大戦中の民間セクターの支出は、配給制と民間建設の制限により、意図的に抑えられていたのだから。朝鮮戦争では、政府は急激な増税によりインフレ圧力を避けようとした。だから今日の支出増は、もっと大きな見返りを与えてくれる見込みが高い。

どのくらい大きいか？　この質問に答えるには、今日ぼくたちが直面している問題と似たような状況での政府支出の影響について教えてくれるような自然実験があると有益だ。残念ながら、第二次大戦ほどわかりやすく明確なものはない。それでも、この問題を検討するための有

益な方法がいくつかある。

一つはもっと過去にさかのぼることだ。経済史家のバリー・アイケングリーンとケヴィン・オロークが指摘するように、一九三〇年代にヨーロッパ諸国は次々と軍拡競争に突入したが、当時は高い失業率とゼロ金利近い状況で、現在とかなり似ている。当時のショボいデータと言わざるを得ないものを使いつつ、学生たちとの作業を通じて、かれらは軍拡競争による支出変化がGDPに与えた影響を推計した。結果は、支出額に対する見返りははるかに大きなものだった。

別の選択肢は、アメリカ国内の地域を比べることだ。コロンビア大学のエミ・ナカムラとジョン・ステインソンは、一部のアメリカ州が他よりずっと大きな防衛産業を持っていたことを指摘する。たとえば、カリフォルニア州は昔から防衛産業が大量に集積していたが、イリノイ州にはない。一方、国レベルでの防衛支出はかなり変動が激しく、レーガン政権では急増し、冷戦後には下がった。全国レベルでは、こうした変化の影響は他の要因、特に金融政策で隠れてしまう。一九八〇年代初期、ちょうどレーガンによる戦費増大が起きているときには、FRBは金利を大幅に上げたし、一九九〇年代初期には大幅に下げた。それでも、州ごとの影響の差を見ることで、政府支出の影響はかなり理解できる。ナカムラとステインソンはこの差にもとづいて推計を行い、支出一ドルはGDPを一・五〇ドルほど押し上げると示している。

こんなふうに、戦争の影響——戦争に先立つ軍拡競争や戦後の軍のダウンサイズも含む——を見ることで、政府支出の影響についてはかなりのことがわかる。だがこの問題を検討するには、戦争を見るしかないのか?

政府支出の大きな増加となると、答は残念ながらイエスだ。大規模支出プログラムは、戦争への対応か戦争の脅威への対応以外では滅多に起こらない。でも大規模な支出カットは、ときには別の理由で起こる。国の政策担当者たちが、大規模な財政赤字や債務を心配して、なんとかしようとして支出カットを実施するのだ。だから戦争だけでなく引き締めも、財政政策の影響について情報を与えてくれる。

ちなみに、実際の支出だけでなく、政策の変化を見るのが重要だ。税と同じで、現代経済の支出も経済の状態に応じて変わるので、偽の相関が生じてしまいがちだからだ。たとえばアメリカの失業手当向け支出は、近年は経済の弱さにもかかわらず急増しているけれど、この因果関係は、失業のために支出が増えたのであって、支出増で失業が増えたのではない。財政引き締めの影響を見るためには、そうした引き締めを実施するために使われた実際の法制を細々と検討する必要がある。

ありがたいことに、国際通貨基金（ＩＭＦ）の研究者たちが面倒な作業をやってくれて、一九七八年から二〇〇九年の間に先進国でなんと一七三件もの財政緊縮の事例を見つけた。そして、財政緊縮政策の後には経済の収縮と失業の増加が起こることを突き止めたのだった。

話はもっともっとあるのだが、この手短な概観で、ぼくたちの知っていることやなぜそれがわかるかという感触を得てもらえればと願う。特にぼくやジョセフ・スティグリッツやクリスティ・ローマーが、不況に直面して支出削減をするのはそれを悪化させるだけで、一時的な支出増が回復に有益だと主張しているのを読んだときには、「まあこれはこいつら個人の意見だよな」と

は思わないようになってくれたことを願いたい。ローマーが財政政策についての研究に関する最近の演説で述べたように、

財政政策が重要だという証拠は、かつてないほど強くなっています――財政刺激は経済が職を増やすのに役立ち、財政赤字を減らそうとすれば少なくとも短期的には成長を引き下げてしまうのです。それなのに、この証拠は立法プロセスには伝わっていないようです。

ぼくたちはそれを変えねばならない。

謝辞

本書は、この不況がすぐに直せるし、そうすべきだというメッセージを広めようとした経済学者全員の貢献を反映している。原稿執筆においては、いつものように、妻ロビン・ウェルズの洞察をあてにしたし、またノートン社のドレイク・マクフィーリーから多くの助けを受けた。

訳者解説

1　はじめに

本書はPaul Krugman *End This Depression Now!*（W. W. Norton, 2012）の全訳である。翻訳にあたっては、出版社より提供されたｐｄｆファイルを使っている。

2　本書の概要

本書の主張はきわめて単純明快。いま（二〇一二年）はまだ、リーマンショック以後の不景気が続いていてまともに回復していない。そして失業者の技能や労働市場での価値の低下から、その害が一時的なものではなく、長期的な被害になりつつある。だから景気回復策をきちんとやろうということだ。

そして、その手法も明快。昔ながらのケインズ的な財政出動をやろう。赤字国債を出して、大量の公共事業をやろう。いままで行われている景気刺激策は小さすぎる。これまでの規模の数倍をどーんとやるべきだ。ちゃんとGDPの需要と供給とのギャップを見て、それを埋める規模のものを一気にやるべきだ。そして中央銀行はそれを金融緩和で徹底的に支援すべきだ。それに伴う財政破綻だの金利上昇だのは、悪しき固定為替制度の下にある、ユーロ圏のスペインやイタリアのようなかわいそうな国以外は、まったく心配する必要はない。

以上のきわめてシンプルな主張をまとめたのが本書となる。

さて、ご存じの通りいまはこうした施策は行われていない……わけではない。財政刺激策も行われている。金融緩和も行われている。

でも、これまで実施されているものは、その規模があまりに小さい。さらに、その不十分なものがうまくいかなかった（というより、規模が小さかったために小さい成果しか出なかっただけなのだが）ことを理由に、「財政刺激も金融緩和も役に立たない」といって対策をあきらめてしまおうとする動きがますます強くなっている。

対策をあきらめるだけならまだいい。でも実際に行われようとするのは、本来やるべき財政刺激と金融緩和の正反対だ。財政再建が必要だと称して緊縮財政が主張され、一部の国では派手な増税まで実施されてしまう。そんなことをしてはダメだ、というのはもう数十年前に確立されている。一九三〇年代にそれをやったために大恐慌が悪化し長引いたというのはほぼ常識に属する。不景気になったら、金利を引き下げてそれでも足りなければ財政出動、というのは定番の処方箋だ。ところが、それが無視されて、その正反対のことがろくな理屈も説明もなしに実施されようとしている。

そして、それを支持する一知半解の議論が大量に出ている。金融緩和をすればハイパーインフレになってしまうとか、国債の大量発行でクラウディングアウトとか。そういう議論は、いまの不完全雇用と流動性の罠の下ではまったく成立しないのに、一部の評論家は無知か党派的な歪曲かその両方で、ひたすら事態を悪化させるような主張をあちこちで垂れ流す。

そしてそれは変だというべき専門の経済学者たちも、経済学業界内部の小競り合いのためか、そこで声を揃えることもできない。それどころか、こうした財政出動と金融緩和という標準的な政策について、古くさいケインズ経済学だからというだけで一蹴してみせたりする。経済全体で見れば、どこかでお金を使う人がいなければ、失業している人や設備を使おうという人も出ない——それだけの話で、これはいかに古くさかろうが疑問の余地はないけれど、学者は学者で、ほとんど現実的に意味はないような些末な論点を持ち出し、あれこれケチをつけては悦に入ってみる。

またヨーロッパでは、ユーロ温存という政治的な要請のために、ギリシャやスペインは異様な緊縮財政を強いられ、すさまじい失業と不景気に耐えることを（ドイツに）強制されている。ドイツは、こうした諸国の不景気を緩和するような施策は一切しない。おかげでこうした周縁国の経済的な不安定をさらに高め、するとユーロ不安はさらに高まり、そこで緊縮圧力はさらに高まり、それが他国にも飛び火する、という悪循環が果てしなく繰り返されている。でも、それが改善される気配は一向にない。

本書は、こうした状況を克明に描き、とにかくいま、どうすればアメリカやヨーロッパは不景気から脱出できるのかを具体性を持って説明している。短い本だし、各章の論点はかなり明快だ。ささっと流し読みでもすれば、言いたいことはすぐわかるはずだ。

でも、こうした基本的な話についてあらためて解説が必要だというのが、現在の経済議論の異常なところでもある。そしてまた、この議論をめぐる著者クルーグマン自身の立場も少しずつ変化しており、おかげで混乱が生じている面が多々ある。おまけにかれがしばしば使う、反語的な皮肉がわからない（またはわからないふりをしている）人が大量にいて、そうした皮肉を真に受けてなおさら話がややこしくなったりもしている。そんなわけで、ここで少しクルーグマン自身の紹介もかねて、かれによる不況の経済学の歩みを整理しておこう。

3　ポール・クルーグマンと不況の経済学

3.1　ポール・クルーグマンの歩み

著者ポール・クルーグマンについては今さら紹介はいらないはずだ。二〇〇八年にノーベル経済学賞を受賞した大経済学者だ。

その活躍の分野も多岐をきわめる。まずは一九七〇年代末からクルーグマンの名声を確立した、収穫逓増下の貿易理論。何かの偶然で秋葉原に電気屋が少し集まったら、それが電気製品を求める客をどんどん秋葉原に集め、その客を狙ってさらに電気屋が立地し、やがて秋葉原は電気街として電気製品取引の拠点となる。そうした貿易のあり方を理論化したのがクルーグマンだ。さらに、そこから経済地理学の分野を大きく発展させたのも功績だ。いまの秋葉原の説明は、なぜ都市が生まれ、いろんなものの生産が一カ所に集中しがちか、という理論になる。これは、最近流行の複雑系の理論にもつながる考え方でもある。

一方で、貿易につきものの為替レートについての研究も大きな功績だ。なぜ為替レートはこんなに変動が激しいのか？　クルーグマンはその原因を、人々の様子見に求めた。為替レートが変動しても、企業はすぐには行動を変えない。それはまさに、為替レートが変動しやすいからだ。でもその様子見行動のおかげで当初の変動に対する補正が遅れ、これが不安定さを増幅させる。この為替レートに関する研究は、本書でも扱われているユーロ問題の検討にも広く引用されているものだ。こうした業績で、一九八〇年代末から一九九〇年頃には、クルーグマンの学者としての評価は揺るぎないものとなっていた。

クルーグマンの研究のスタイルは、細かくモデルを精緻化したりデータを丹念に追ったりするよりは、一般常識では当然なのに経済学の中では見落とされている枠組みを見つけ、それをシンプルなモデルとして提示し、大きな分野を開拓するというものだ。だから、軽い冗談めかした論文も多い。またアシモフ『銀河帝国の興亡／ファウンデーション』シリーズに登場する心理歴史学者ハリ・セルダンにあこがれて経済学者になったというだけあって、ＳＦマニアっぽい物言いも随所に登場し、「恒星系間貿易の理論」（一九七八）などというとんでもない論文まである（邦訳もあるのでググってみてほしい）。

そうした冗談好きと、細部よりは全体的な枠組みを即座に捕らえる能力は、他の面でも生きている。名著『クルーグマン教授の経済入門』（メディアワークス、一九九八／ちくま学芸文庫、二〇〇九）を皮切りに、クルーグマンは通俗エコノミストやビジネス雑誌のダメな経済議論を各種コラムで明快に批判しつつ、きわめて正統な経済学の立場での知見を人々にわかりやすく説明する、経済コラムニストとしても頭角をあらわした。そして二〇〇〇年頃に「ニューヨークタイムズ」のコラムを担当するようになってからは、ブッシュ政権の各種経済政策の欺瞞を明快に説明し、ますます批判性を失うマスコミの中で数少ない、独立派の良心を代弁する声となっていった。こうしたコラムは『嘘つき大統領のデタラメ経済』『嘘つき大統領のアブない最終目標』（ともに早川書房、二〇〇四）などで読める。

そしてもう一つ、クルーグマンの業績として大きく出てきたのが、不況の経済学、特に流動性の罠の下にある不況の経済学（これはまた、おおむねデフレ経済でもある）の研究だ。

3.2 不況と流動性の罠

流動性の罠とは、名目金利がゼロになってしまい、景気刺激策として金利引き下げが最早不可能になってしまった状態だ。それでもまだ不況が続いていたらどうすればいいだろう。そこから逃れる道はあるんだろうか？

ある、とクルーグマンは指摘した。本書で述べられている通り。そして最初にクルーグマンが注目したのは、金融政策だった。

この発端となったのは一九九八年にウェブで発表された「日本がはまった罠」だ。さらに同年、「復活だぁっ！　日本の不況と流動性の罠の逆襲」がブルッキングス経済研究所で発表（いずれも拙訳『クルーグマン教授の〈ニッポン〉経済入門』〔春秋社、二〇〇三〕所収）。当時（そして今もまったく同じだが）は、日本はすでにバブル崩壊後の不景気が続いており、金利はどんどん引き下げられてゼロ近くなっていた。それでも不景気は終わらない。これはケインズが指摘した流動性の罠そのものに見える。でも当時は、流動性の罠が現実にあり得るかどうかさえ眉唾と思われていた。クルーグマン自身も、たぶん流動性の罠はあり得ないだろうと考え、モデルを作ってみたところ……それが起こり得ることが証明されてしまった。そして、そこから逃れる道もわかった。

具体的に何がわかったのか？　まず、一回限りの一時的な金融緩和は効かない。みんなお金を貯め込むだけだ。でも、長期的なインフレの期待を高めれば、これは将来の実質金利が下がるのと同じ効果を持つ。だから景気刺激効果がある！

いまの一節の前半、一回限りの一時的な金融緩和は効かない、という部分はしばしば誤解されたり、悪質な歪曲に使われたりする。ほらみろ、金融緩和はきかないとクルーグマンも言ってるじゃないか、というわけ。でもそうじゃない。一、回、限、り、一、時、的、で、あ、る、の、が、問題だというだけだ。継続的で長期的な金融緩和は、将来インフレになるという期待を高める。だから効く。

さて、この論文が出た頃、日本のリチャード・クーは景気対策として財政出動を訴えていた。でもそれに対してクルーグマンは懐疑的だった。財政出動はしてもいいが、財政問題もあるし、それでは話は解決しないんじゃないか、というわけだ。それどころか、財政出動の効果を疑問視するようなペーパーすら書いている。「十字の時：公共投資で日本は救えるか？」（一九九九）がそれだ。一時的な財政出動をしても、それがなくなったら元の木阿弥だ、というのがこのペーパーの主張だった。

でもその後、財政出動に関する研究が進むにつれて、クルーグマンの主張も変化していった。特に、本書にあがっている第二次世界大戦の事例は重要だ。大恐慌での大量失業は、軍備増強に伴う需要増によりすぐに吸収された。そしてそれより重要な点として、戦後になって軍需が消えても、景気は大恐慌の状態には戻らず、完全雇用のまま大消費ブームが起こった。財政出動で完全雇用になったら、財政出動をやめても経済は自立回復をとげたわけだ。クルーグマンの主張も、だんだん財政政策重視になっていった。

それと並行してアメリカが二〇〇〇年代半ばにだんだん不景気になってきた。そしてかつての日本と似たようなゼロ金利状況になったとき、アメリカのＦＲＢは――そしてその議長で、かつて日本銀行に対してもっと断固たる対応を求めたバーナンキは――思ったほど断固たる行動はとれなかった。金融緩和はしつつも、そこそこの水準でとどまってしまった。

ちなみにこのとき、クルーグマンが嫌みで、「かつて日銀の弱腰をけなして、アメリカのＦＲＢならもっと毅然と対応するぞと言ったけど、やっぱり同じような弱腰でした。けなしてすみません」と述べたら、「クルーグマンがまちがいをみとめた、だから金融緩和を手控えた日銀は正しかった」というひどい歪曲が多発した。でもそうじゃない。確かにクルーグマンは金融政策に対する失望を述べるようになったけれど、かつてのインフレ期待醸成の有効性は一度たりとも否定していない。単に、いまの政治環境の中でそれを実施するのが困難ではないか、という認識を深めただけだ。金融政策はやれれば一番、でも政治的につらそうだ。だから、金融政策はおいといて、まずは財政政策に目を向けよう、という立場になった。

そしてその後、クルーグマンは財政出動——特に流動性の罠での財政出動についての研究を深めていったし、他の人々からの成果も出てきた。流動性の罠の下では、財政出動をして赤字国債を出しても、それが民間の投資機会を奪ってしまうようなクラウディングアウトは発生しない。だからそれにより金利上昇も生じない。したがって財政危機によるハイパーインフレだの財政破綻だのは起きないのだ。そして二〇〇八年にリーマンショックから世界金融危機が生じ、アメリカやヨーロッパが悲惨な状況になった中で、クルーグマンは本書の立場を強力にうちだす。つまり、どーんと財政出動すべきだし、そのために緩和的な金融政策を大胆に実施すべきだ、というもの。両方がんばってやれ、ということだ。

まずは金融政策（期待インフレ、つまりリフレ政策）をどっちかといえば重視、続いて財政政策をどっちかといえば重視、そして最終的には両方。クルーグマンですらこれほどの紆余曲折を経て今の立場にいる。しかも、ちょっと細かい議論になるところも多い。今後、「いやクルーグマンだってXX政策は否定した」とかいった主張を見るときには、それが過去のこうした一時的な主張のごく一部だけをとったものでないことをよく確認してほしい。そして、かれのいまの主張に関しては、本書の本文に是非とも進んでいただきたい。

とはいえ、この紆余曲折の結果として結局彼がたどりついたのは、経済学の専門家には悪名高いIS-LMモデルが語るものとほぼ同じだった、というのはちょっと感慨深い。ここでIS-LMモデルの説明をする余裕はないけれど、ご存じの方も多いだろう。大きな財政政策と金融緩和の組み合わせはつまり、LM曲線とIS曲線を同じだけ右にシフトさせればいい。金利は変わらない。また、国民が持つ国債の量も変わらずに済む。増やしたお金で中央銀行が国債引き受けをすればいいだけだ。これは、ロバート・ゴードンの定番教科書『マクロ経済学』*にすら、デフレ日本への処方箋として書かれていることだ。実はクルーグマンは、流動性の罠と不況について考え始めるのと同時期の一九九八年に、IS-LM軽視の風潮を嘆き、それがいかに優秀かを述べるエッセイを書いている。

　ちなみに、本書にあがったような議論について、クルーグマンは論文も書かずに無責任な放言をしているとか、他に支持している人がいないといったデマを流す人が出ないように書いておくと、本書の議論のほとんどは、経済モデル的にはGauti B. Eggertsson and Paul Krugman "Debt, Deleveraging, and the Liquidity Trap: A Fisher-Minsky-Koo Approach" (New York: Federal Reserve Bank of New York, 2012) に基づくものとなっている。また、他の学者が流動性の罠の状況における財政出動の効果を分析したものとしては、Bradford DeLong and Lawrence Summers "Fiscal Policy in a Depressed Economy" (Brookings Papers on Economic Activity, 2012) を挙げよう。やっぱり古典ケインズ流の財政出動はちゃんと効くし、流動性の罠の下では、財政赤字出動したほうがかえって長期的な負担は減る、という結果になっている。

3.3　クルーグマンの悪いクセ

クルーグマンの議論がしばしば誤解されたり歪曲されたりする、という点をさっき指摘した。これはもちろん、誤解、歪曲する側の責任は大きいのだが、一方でクルーグマン自身のせいもかなりある。

たとえば、この流動性の罠と不況の議論で当初、クルーグマンは金融政策に注目していた。そのときに財政政策の重要性についてだれかが指摘すると、それに対して妙に反発して、財政なんかどうでもいいような書き方をしてしまう。また本書では、二〇一二年の共和党大統領候補になりそうなロムニーの経済ブレーンであるマンキューが、自分と同じ調整インフレ論を唱えた、という話が出てくる。が、そのときクルーグマンは、そんなの自分がとっくの昔に考えたがうまく行かないよ（政治的に受け入れられないよ）という、何だかトホホな言いがかりをブログに書いた。変なケチをつけずにマンキューを素直に支持していたら、この議論だってもう少し世間的にウケがよかったのでは？　そしてこれを見て「ほら、昔のあの論文で言ってたことはもうダメだってさ」という変な誤解をする人も出てくる。

また最近では、バーナンキがインフレ目標二パーセントをうちだした。そのときもクルーグマ

＊Robert J. Gordon, *Macroeconomics* 8th ed., Addison Wesley Longman, 2000, pp.137-38.

ンは即座に、こんなセコイ目標なんかぜんぜんダメだと罵倒している。確かに理屈からいえばもっとほしい。クルーグマンが一九九八年に主張して、本書にも出てくるブランシャールも指摘した通り、四パーセントくらいあったほうがいいともいえる。でもそこで、弱腰だ役立たずだと罵っても意味があるのか？　少なくとも目標を明示的に打ち出したことは評価しつつ、どうやってもっと高い目標の有効性を訴えていくのか考えた方がいいんじゃないか？

　こうしたクルーグマンの直情的なところは、長所でもあるし、短所でもある。何か裏の意図があるんじゃないかという心配はしなくていい。が、怒らせなくていい相手まで怒らせるし、段階的な対応も考えられず、その時点での白黒でばっさり切りすぎてしまう。また本書はあまり党派的にならないようにしたとクルーグマンは語るものの、やっぱりその中身はかなり反共和党的な色合いが強くなっていることは指摘せざるを得ない。もちろん、共和党が実施してきた各種の政策がきわめて不満の残るものだったことについては異論はない。でも、ときに見られる、だれそれは業界から便宜供与されてるので自説を曲げたとでもいわんばかりの書きぶりは、クルーグマンの大ファンであるこの訳者ですらときに顔をしかめざるを得ない。

　また、ロムニーが大統領になってしまった場合に本書に書かれた政策のようなものを推進してくれる可能性について、実はロムニーがまったくのウソつきで選挙演説で言っていることをすべてひっくり返してくれれば実現可能性がある、とかいう言い方はどうよ。経済ブレーンにマンキューみたいなわかっている学者もいるから、そうした人が活躍して説得してくれるのを祈る、とでも書いておけば角が立たずにすむのに。まったく、そうした部分さえなければ……

4　不況議論の注意点

が、閑話休題。さて、本書のような話をだれか——それも、こうした議論に敵対的な人々——とする場合に、いくつかありがちな議論にしばしばぶちあたる。その多くは、まったくのピント
はずれではあるのだけれど、しばしばマスコミなどでは幅をきかせている。そうしたものを少し
挙げて、注意を促しておこう。

まず気をつけるべき議論。それは「金融緩和か財政出動か」という二者択一の議論だ。財政出動はこれ以上無理だから金融緩和しかないとか、金融緩和を支持するなら財政出動は不要だというのか、といった議論だ。

当然ながら、だれもこのどっちかしかやってはいけないなんて言ったことはない。どっちのほうが効くか、という議論はしてもいいだろう。そして片方がある状況で通常より効きがいいか悪いか、という話もできる。でも、両方やるのがいちばんいい、というのは本書でも明言されているし、ほとんど疑う余地はないだろう。こうしたありもしない二者択一には追い込まれないようにする必要がある。

それと似たような議論として、財政出動とかインフレ目標をやるべきだ、と主張すると、それだけではダメだ、という反応がしばしば返ってくる。そして、だからそれをやれという主張はまちがっている、という話になる。これは金融緩和とか、金融政策とか、財政出動とか、ほとんど

なんでもいい。似たような論法として、日銀による金融緩和が重要だと唱えると、日銀は万能ではない、だからそうした主張はまちがっているといった話がされる。あるいはインフレ目標については、目標をアナウンスするだけで景気が回復するなら苦労しない、とか。

もちろん、そうしたもの「だけ」ではだめかもしれない。でも、それだけですませる必要はまったくない。財政出動はたくさんやるべき。それにあわせた金融拡大も必要。それを日銀がちゃんと実施するのも重要だし、その一環としてインフレ目標のアナウンスも効く。もちろん、目標をアナウンスしたら、それを実現するための各種施策は当然必要だ。なるべく多くの施策をいっしょにやるのが重要だ。それ単独では、効き目は限定的かもしれない。金融緩和だけではダメ、日銀だけではダメ、インフレ目標アナウンスだけではダメ。でも、だからといってそれらをまったくやらない理由にはならない。

たとえばインフレ目標については、日本銀行が目標でないと言いつつ、物価上昇一パーセントを目安にと言ったら、それだけで株価は上がった。目標をアナウンスするだけでも、少しは効果がある。それに伴って、日銀が各種の資産買い入れをやればもっといい。それとあわせて政府が大きな公共投資をやればさらにいい。それだけではダメ、よってそれはダメ、いう論法はたいがいインチキだ。すべてが一かゼロかではないのだ。

財政支出は、将来に禍根を残す、という物言いもよく聞かれる。赤字国債を出せば、それを返済するのは将来世代となる。いまの世代のために、将来にツケを回していいのか、という議論だ。

これへの答はもちろんおわかりだろう。財政出動しなかったらどうなるのか？　増税したらどうなるのか？　財政赤字は減るかも知れない。でも、失業者はその分増えるし、公共インフラの保守整備も遅れる。失業者がいかに将来世代のツケとなるかは、本書に書かれた通りだ。所得も低いまま、すでに身につけた技能すら活かす機会のないままに腐って、低い所得に甘んじるしかなくなる。将来の技能が下がるだけではない。そうした人々は、将来所帯を持って子供を作るのもむずかしくなり、その分だけ将来の若者たちの一人当たり福祉負担は増えてしまう。これが将来へのツケでなくてなんだろうか？

いま財政出動をケチるというのはそういうことだ。そして本書にあるとおり、その財政出動で経済成長が戻れば返済の負担は大いに下がる。ひょっとしたら、返すまでもなく利子だけ払い続ければすむかもしれない。それを考えずに、財政再建のために増税が必要だなんて言い出すのは、将来への財政以外のツケを増やすだけだ。いや、財政面でも結局は景気悪化による税収減で、十分にツケは残ってしまいかねない。

また金融緩和については、すでに述べたように、一回限りの一時的な金融緩和は効かない、という議論をかってにねじまげて、だから金融緩和は効かない、量的緩和をやっても無駄だ、よって今後金融政策にできることは何もない、それを要求するリフレ派はお門違いだ、といった主張がしばしば聞かれる。

これはすでに述べた通り。確かに、一回限りの一時的な金融緩和は効かない。将来までインフレが当分続くというインフレ期待を作らなくてはならない。

でも、どうすればそんな期待はできる？　まず、いま金融緩和し、明日も金融緩和し、それをしばらく続けるうちに「あ、これは当分続くかも?」と人々は思うようになる。

確かに今の緩和だけでは効かない。とはいえ、やった時点では、それが一回限りかどうかはわからない。それが続くか続かないかも、はっきりとはわからない。でも効果がゼロではない。今緩和することで緩和が続く可能性は出るので、将来のインフレ期待も少し上がり、少しは景気に効く。だからこそ、量的緩和策はあちこちで、すこしは効いている。その緩和を続けると、さらにその期待は高まる。ついでに「この調子でインフレXパーセントまで持っていきますから」と中央銀行が宣言すれば、その期待はなおさら確固たるものになる。

つまり、将来のインフレ期待をつくるには、まずいまの金融緩和は必須だ。いまの金融緩和だけでは(あまり)効かない。でも、だからと言ってやめずに金融緩和を続けることが、期待インフレを押し上げて景気回復につながる。ここらへんの議論をきちんと仕分けして理解することが重要なのだ。

5 最後に:日本への示唆など

本書には、日本についての分析は直接的には登場しない。でも、含意は明らかだろう。日本は過去二〇年にわたり、デフレ基調の不景気が続き、ゼロ金利近い流動性の罠そのものの状況だ。本書で言われているとおり、思い切った財政出動と大規模な金融緩和によって一気にこの状態から脱出しなければならない。

ところが新政権になって公共投資を減らし、無駄をなくし、財政支出をなくすというお題目が幅を利かせるようになった。また日本銀行は、これ以上は何もできない、不景気もデフレも日銀の責任じゃないと逃げるばかり。リーマンショックに伴う世界金融危機で、世界の主な中央銀行はすさまじい金融緩和を行った。日銀はほとんど何もしていない。そして本稿執筆時点では、消費税の引き上げまでが決まりそうだ。本書に書かれた、ダメなことをすべてやらかしている。

二〇一一年の東日本大震災は、大きな不幸だったが、日本経済にとってはまたとないチャンスだった。震災からの迅速な復興を望まなかった日本人（いや世界の人）がいるだろうか。この時にこそ、一気に巨大な公共投資を行い、同時にさらなる大規模な金融緩和をやって、震災復興と日本経済の回復とを同時に実現する大きな機会があった。

ところが、復興のための各種対応は遅々たるものだった。細かいことを詮索するより、まずドーンとばらまくことが必要だったのに、あれこれくだらない会議だの委員会だのをたくさん設けているうちに、どんどん好機は失われ、そうした委員会のほとんども、なんと復興に便乗した増税の正当化に使われるという有様。そしてせっかく確保された復興予算は、きちんと使われることはなかった。二〇一二年には、復興予算の相当部分が余っていることが判明し、来年に繰り越し。

そして世間の識者と称する人々は——いや、ホントもっと見識も知識もあると思われる学者たちですら——増税して財政再建しないとハイパーインフレになるとか、金利が急上昇するとか、果ては増税すれば景気回復するとか、トンデモな発言を繰り返している。そして生活保護を引き締めろとか学生は起業しろとか就職できない連中は甘えているとか、どうしようもない目先の印象だけのシバキ議論が横行している。どうしたものやら。

本書を読んで、一人でも多くの人が現状の各種政策の愚かさに気がついてくれればとは思う。財政出動しようよ。かなり手遅れとはいえ、復興まともにやって、教育やインフラ補修にどんどん予算だそうよ。そして予算つけるだけでなく、それをちゃんと消化しようよ。必要なら予算執行の細かい基準とか緩めようよ。日銀は、すでにやっている国債引き受けをもっと認められた枠いっぱいにやろうよ。それ以外にも、自分たちの保身だけでなく、日本の人々のこともっと考えてよ。そして増税なんて今やることじゃないでしょうに！　そういうことを理解してくれる人が、少しでも増えてくれれば——

こう書きながらも、それがどれほどはかない望みかは、知らないわけじゃない。それでも、一人でもそうしたごく基本的な部分を理解できる人が増えることで、日本経済の未来はすこしはよくなるはずだ、とぼくは信じている。報われない信仰かもしれないけれど……

そのために、本書がごくわずかでも役立つことがあれば、大いなる幸せだ。

6　謝辞その他

本書はかなり平易だし、特に大きな問題点はなかったので、大幅な誤解や誤訳はないはずだが、それでも何かしらの見落としはあるだろう。お気づきの点があれば、訳者まで是非ご一報いただきたい。明らかとなったまちがいや訂正については随時、以下のサポートページで公開する：
http://cruel.org/books/enddepression/
私事ながら、本書は『クルーグマン教授の経済入門』以来のクルーグマン単行本翻訳となる（日本独自編纂の論集はあったが）。訳文に関しては、『経済入門』と同じくらいの軽快さを目指そうかとも思ったが、あの本の刊行以来すでに二〇年以上たって、クルーグマンもずいぶんえらくなってしまったこともあるので、多少普通の訳文にしてみた。とはいえ、それでもかなり軽く、直截だろうと思う。クルーグマンはいまだに冗談まみれの（そして直情的な私情まみれの）文を書く。特に最近ではリベラル派として、不景気に苦しむ一般のアメリカ国民に対する同情と、その事態改善を阻む一部の富裕層に対する怒りを込めた文章を書く。それを反映した原著の、重厚な学者文とはほど遠いユーモアと怒りの共存した文を、この訳書が再現できていることを祈りたい。
本書を任せてくれたうえ、熾烈なチェックを入れてくれた早川書房編集部の富川直泰氏と校閲部の谷内麻恵氏に感謝する。ありがとう。そして読者のみなさんにも、手に取ってくれてありがとう。これが少しでも日本のデフレ不況脱出に貢献しますように。

二〇一二年六月三〇日　チェンナイ／東京にて

山形浩生（hiyori13@alum.mit.edu）

さっさと不況《ふきょう》を終《お》わらせろ
2012年7月25日　初版発行
2012年8月20日　5版発行
*
著　者　ポール・クルーグマン
訳　者　山《やま》形《がた》浩《ひろ》生《お》
発行者　早　川　浩
*
印刷所　三松堂株式会社
製本所　大口製本印刷株式会社
*
発行所　株式会社　早川書房
東京都千代田区神田多町2－2
電話　03-3252-3111（大代表）
振替　00160-3-47799
http://www.hayakawa-online.co.jp
定価はカバーに表示してあります
ISBN978-4-15-209312-7　C0033
Printed and bound in Japan
乱丁・落丁本は小社制作部宛お送り下さい。
送料小社負担にてお取りかえいたします。

繁栄（上・下）

——明日を切り拓くための人類10万年史

The Rational Optimist

マット・リドレー

大田直子・鍛原多恵子・柴田裕之訳

46判上製

フィナンシャル・タイムズ&ゴールドマン・サックスが選ぶビジネスブック・オブ・ザ・イヤー2010候補作

世界は確実に良くなっている——今も、これからも。「アイデアの交配」と「分業」こそが人類進歩の源であることを論証し、豊富なデータと圧倒的説得力で、環境破壊や経済崩壊といった悲観的未来予測を覆す。名著『やわらかな遺伝子』の著者による希望の人類史